KB129091

THE ART AND SCIENCE OF MINDFULNESS

Integrating Mindfulness Into
Psychology and
the Helping Professions

예술과 과학이 융합된
마음챙김

• 심신건강 분야에서 마음챙김의 활용 •

Shauna L. Shapiro · Linda E. Carlson 공저
Jon Kabat-Zinn 서문
안희영 · 이재석 공역

학지사

The Art and Science of Mindfulness:

Integrating Mindfulness Into Psychology and the Helping Professions

by Shauna L. Shapiro, and Linda E. Carlson

Copyright © 2009 by the American Psychological Association

This Work was originally published in English under the title of: The Art and Science of
Mindfulness: Integrating Mindfulness Into Psychology and the Helping Professions as a
publication of the American Psychological Association in the United States of America. Copyright
© 2009 by the American Psychological Association (APA). The Work has been translated and
republished in Korean language by permission of the APA. This translation cannot be
republished or reproduced by any third party in any form without express written permission of
the APA. No part of this publication may be reproduced or distributed in any form or by any
means, or stored in any database or retrieval system without prior permission of the APA.

Korean Translation Copyright © **2014** by Hakjisa Publisher, Inc.
The Korean translation rights published by arrangement
with the American Psychological Association
through KCC(Korea Copyright Center Inc.), Seoul.

All rights reserved.

이 책은 (주)한국저작권센터(KCC)를 통한
저작권사와의 독점계약으로 학지사(주)에서 출간되었습니다.
저작권법에 의해 한국 내에서 보호를 받는 저작물이므로
무단 전재와 무단 복제를 금합니다.

역자 서문
Foreword

    이 책과의 인연은 필자가 유학 시절, 미국 MBSR 본부(CFM)가 주최하는 임상가, 연구자, 교육자를 위한 연례 국제 학회에서 이 책의 저자 중 한 명인 샤우나 샤피로 박사를 만나면서부터 시작되었다. 마음챙김 치유 기제에 대한 그녀의 발표가 매우 명료하고 설득력이 있었다. 몇 년 후 만난 마음챙김에 근거한 암 치료 전문가인 린다 칼슨 박사의 발표도 매우 인상적이었기에 이 책에 대한 관심이 커졌던 것이다.

    책의 제목에도 잘 나타나 있듯이 이 책은 환자와 임상가 모두에게 도움이 되는 방식으로 마음챙김에 대해 꼭 필요한 전문 지식을 잘 정리하여 담고 있다. 잭 콘필드, 데이비드 스피겔, 대니얼 시걸, 로저 웰시, 진델 시걸 등 마음챙김 명상 및 임상 등의 세계적 권위자들이 추천을 하고 MBSR의 창시자인 존 카밧진 박사가 서문을 쓴 사실만으로도 내용이 궁금해지는 책이다.

    책의 내용을 보면 '마음챙김이 무엇인가'로부터 시작해서 마음챙김 치료자에 대해 상세히 기술하고 있다. 마음챙김 응용치료, 정신 및 신체 건강을 위한 마음챙김 개입법, 마음챙김의 작동 기제 등은 물론 마음챙김을 통한 임상가들의 자기 관리, 마음챙김의 미래 등을 폭넓게 다루고 있어 마음챙김을 공부하고자 하는 모든 이에게 필수적인 전문 지식을 개괄적으로 제공한다.

저자가 밝히고 있듯이 이 책의 목적은 마음챙김이 심리치료 및 건강 돌봄 영역에서 어떤 역할을 하는지 정확히 정의하고, 다양한 환자 집단에 대한 임상적 개입으로서의 마음챙김을 탐구하는 동시에 건강 전문가의 자기 돌봄을 촉진하는 수단으로서, 그리고 환자의 긍정적인 성장과 발달에 대한 촉매제로서의 마음챙김을 탐구하는 것이다. 이 책의 기저에는 마음챙김 임상 프로그램의 효시가 된 MBSR이 놓여 있는 것을 알 수 있는 데, 두 저자 모두 MBSR 프로그램에서 많은 영향을 받은 임상가다.

이 책은 불교명상의 핵심이라 할 수 있는 마음챙김을 서구 심리학과 의학의 맥락 속에서 정리하고 있다. 마음챙김의 불교적 기원을 존중하면서도 인간의 보편적인 능력으로서 정의하고 그것을 건강과 웰빙을 위해 응용하는 데 초점을 맞추고 있다. 이렇게 잘 정리된 학문적 임상적 설명이 이론이나 관념에 그치지 않으려면 직접 마음챙김 수련을 해야 함을 기억하는 것이 중요하다. 마음챙김은 하나의 관념이 아니라 지금 이 순간에 대한 자각이며, 이 자각 속에 머무르는 것이 명상의 핵심이기 때문이다. 마음챙김 자각이 각자의 삶에서 살아 있을 때 삶 전체는 명상이 된다.

공역자 이재석 선생과 출간의 기쁨을 함께 하며, 그 과정에서 많은 도움을 주신 분들, 특히 학지사 김진환 사장님, 편집부 김선영 과장님을 비롯한 편집부 여러분께 깊은 감사의 말을 전한다.

2014년을 시작하며
안희영

서 문

Foreword by **Jon Kabat-Zinn**

빠르게 성장하는 분야이자 약속의 영역, 잠재적 관심의 분야인 마음챙김에 관해 이토록 분명하고 구체적인 설명을 해 준 샤우나 샤피로(Shauna Shapiro)와 린다 칼슨(Linda Carlson)에게 축하를 전한다. 두 저자는 마음챙김 분야의 연구 발전과 마음챙김에 근거한 접근법 및 기타 새로운 마음챙김 적용법의 실질적 임상 적용에 크게 기여하고 있는 주요 공헌자다. 두 사람은 마음챙김의 예술과 과학, 그리고 치유의 기준 틀로서의 마음챙김에 대한 탐험과 관련하여 자신들의 체험과 참여의 입장에서 이야기한다. 그들은 인간이란 무엇인가, 그리고 현재 순간에 우리에게 가능한 자유의 정도는 얼마인가라는 문제를 탐구하는 데 있어 마음챙김이 갖는 가치에 대해 심도 깊은 연구를 진행하고 있다.

마음챙김을 예술로 보는 입장에서, 나는 이 분야에 새롭게 입문하는 분들이 기억해 주었으면 하는 몇 가지 요점을 강조하고자 한다. 하나는 임상 장면에서 마음챙김을 가르치는 것은 실로 하나의 예술이라는 점이다. 무엇보다 개별 내담자와 환자, 참여자를 하나의 전인적 인격체로 대하고, 그들이 가진 인간 본유의 위엄과 주체성을 인정할 필요가 있다. 불교에서는 이것을 '불성'이라고 부른다. 이것은 물론 의사들이 하는 이른바 히포크라테스 선서의 핵심이기도 하다. 그런데 이것은 마음챙김을 자신의 작업에 도입하려고 하는 모든 당사자가 끊임없이 질문하고 전심으로 실현해야 하는 것이기도 하다. 우리의 환자와 내담자들이 자신 안에서 일어나고 있는 일에 대해 우리보다 훨씬 많이 알고 있다는 것을—비록 그들이 그것을 의식적으로 인지하지 못하고 자신의 내적 자원에 대해 확신하지 못한다 하더라도—기억할 필요가 있다. 자신의 건강과 안녕에 대한 책임을 지는 것도 그들 자신이고, 자신을 위한 '무위(non-doing)'의 내면 작업에 참여하면서 주의력과 의도, 자기연민을 키우도록 요구받고 도전받고 격려받는 사람도 바로 그들 자신이기 때문이다. 그리고 어떠한 마음챙김에 근거한 개입에서도, 심지어 마음챙김을 응용한(mindfulness-informed) 치료와, 오직 치료자만이 마음챙김을 할 뿐인 치료 관계에서도, 모든 에너지와 치유의 원천은 환자 자신이기 때문이다. 모든 사람은 스스로 타고난 천재성, 독특성, 그리고 '기적의 존재'로서의 본성을 갖고 있다는 점을 상기한다면 치료 관계에서도 그것을 진정으로 인정하고 받아들이는 자세가 반드시 필요하다. 우리는 단지 '말'을 넘어, 타인 존재의 전일성에 대해 말없이 인식할 필요가 있다. 칼 로저스(Carl Rogers)의 무조건적인 긍정적 존중(unconditional positive regard)은 모든 훌륭한 치료의 핵심에 자리 잡고 있는 의도적인 지지(holding)와 존중(honoring)을 보호하고 깊게 하는 데 있어 교사나 치료자로서의 우리에게—그리고 실로 모든 인간관계에—요구되는 바로 그것이다. 진실로 요구되는 것은 모든 기교와 가식을 넘은 그 실현과 체현이다. 이것은 임상 관계에 있어 단지 특정한 이론적 모델에 전적으로 의존해서는 안 된다는 것을 의미한다. 진정한 기술은 현존과 마음챙김, 친절과 연민의 참된 체현(embodiment)에 있다. 두 저자가 지적하듯이, 이러한 마음의 자질은 오직 수련을 통해서만 지속적으로 계발되고 다듬어지고 이해될 수 있다. 만약 어느 순간 '나' 혹은 '내 것'에 집착하고 있는 자신을 발견할 때, 우리는 특별한 결심과 개방성 그리고 유머감각으로 그에 주의를 기울이고자 해야 한다. 그렇게 할 때 그것은 결국 우리 모두를 자신의 체험에 대한 겸손한 학생으로 만들어 줄 것이다.

마음챙김이라는 예술은 특히 내담자나 참가자가 명상이나 불교에 특별히 관심이 없고 다만 자신이 겪고 있는 고통 때문에 치료자를 찾는 임상 상황에서는 치료자가 명상 수련에 대해 적절히 풀어서 설명해 줄 필요가 있으며, 과학과 임상의학에 의해 지지되는 믿을 만하고 보편적인 법칙의 맥락에 그것을 위치시킬 필요가 있다. 마음챙김이라는 예술은 또한 내담자와 참가자가 현재 어떤 상태에 있건 간에 바로 그곳에서부터 학습과 성장, 치유와 변화의 가능성을 효과적으로 점화시키는 기술도 요구된다. 이와 관련된 기술이 내담자와 참가자들이 진심과 꾸준함으로 수련할 수 있는 내적 동기를 자극하고, 타인과 세상에 대한 관계의 도전에 더 큰 마음챙김으로 응대하는 법을 가르치는 것이다.

그리고 이 모든 것은 말할 필요도 없이 마음챙김 요가와 마음챙김에 근거한 개입의 마음챙김 동작을 효과적으로 통합하고 가르치는 데 요구되는 상당한 수준의 예술이다. 그리고 그것은 불편한 감정의 표현에 대한 순수한 수용의 여지를 만들어 주는 것이기도 하다. 또 환자의 내적 체험을 함께 탐험하는 데 있어 예민하고 존중하는 경청과 질문, 대화를 능숙하게 이용하는 것이기도 하다. 다양한 명상 수련을 이해하고 그것이 우리에게 펼쳐지는 실제, 그리고 그것이 통찰과 성장을 종종 가로막는 내면의 스토리 및 숨은 가정과 어떻게 상호작용하는지를 이해하기 위해서는 더 큰 예술이 필요하다.

그리고 비언어적인 영역도 있다. 즉, 신체 언어, 공간 관계(spatial relationship), 얼굴 표정, 순간 스쳐 가는 인식, 치료자나 지도자로서의 자신 내면의 코멘트, 그리고 이 모든 것을 낭만주의에 호소하지 않고, 또 수련 자체나 그것의 잠재적 이익을 이상화하지 않고 산파하는 도전도 있다. 이 모든 영역을 전문 훈련 기회와 커리큘럼을 통해 계발하고 심화할 필요가 있으며, 임상 및 치료 현장에서 마음챙김의 효과적인 교수와 계발에 필요한 핵심 요소에 대한 우리의 이해를 심화하면서 향후 경험적 연구를 통해 더 조사할 필요가 있다. 그것은 마음챙김(mindfulness)과 가슴챙김(heartfulness)의 친밀한 관계를 체계적으로 탐험하는 것이며, 달리 표현하면 치료자와 내담자의 안녕을 증진하는 데 있어서 연민과 자기연민의 빈틈없는 역할, 그리고 마음챙김의 틀 안에서의 통합을 체계적으로 탐구하는 일이다. 바로 이 지점에서 예술과 과학은 복잡하지만 잠재적으로 유익한 인터페이스에서 합치하게 된다.

마음챙김이라는 과학과 관련하여 아마도 현재 가장 중요한 이슈는 마음챙김에 근거한 개입에 대한 엄정한 질문을 던지고, 관심 집단 혹은 특정 진단과 질병이 있는 환자를 대상으로 신경과학 데이터로부터든 혹은 좀 더 임상 위주의 측정법을 통해서든 임상적으로 의미 있는 결과를 도출하는 데 가장 중요한 요소가 무엇인지를 경험적으로 탐구하는 일일 것이다. 저자들이 지적하듯이, 이것들 중 가장 중요한 질문은 관찰된 임상 결과가 얻어지는 특정한 생물학적 기제를 밝혀내는 문제다. 그리고 마음 및 그것이 몸과 건강과 맺는 관계에 대한 우리의 기본적 이해를 심화시키는 것이다. 분명히, 마음챙김에 근거한 개입이나 커리큘럼의 모든 요소를 적절히 균형 맞춘, 적극적이고 상상적으로 설계된 통제 개입을 이용한다면 다음 세대의 연구자들이, 특정 마음챙김 수련이 특정 환자 집단의 특정한 결과에 있어 어떤 역할을 하는지 규명하는 데 도움이 될 것이다. 혹은 특정 환자 집단에서 관찰되는 긍정적 결과가 얼마나 불특정 요소(즉, 마음챙김의 계발 자체보다 그것 이외의, 치료 장면이나 개입 실행의 수월성, 주의력, 교사나 치료자의 열정, 암묵적인 믿음 등)에 의한 것인지도 밝힐 수 있게 될 것이다. 이것은 결코 쉽게 해결될 질문이 아니지만 그래도 우리가 주의를 기울여 탐구할 가치가 있는 주제다. 또 하나의 유망한 연구 방향은 다양한 명상 전통에서 고도의 수련을 쌓은 명상가의 개인적 체험과, 그러한 전통에 특별한 관심을 갖지 않지만 그 수련에서 상당한 이익을 얻을 수 있는 환자들을 위한 쉬운―그러면서도 그러한 수련의 비이원적 지혜에 여전히 충실한―마음챙김에 근거한 프로그램의 개발 사이에 잠재되어 있는 시너지를 탐구하는 것이다. 이 책의 두 저자는 이러한 문제들을 지적하고, 그 시너지가 자아와 인식, 학습의 본성에 관한 다양한 이론적 모델을 개발하는 데 이용될 수 있음을 보여 준다. 이러한 작업을 통해 우리는 마음챙김이 어떻게 우리가 목격하는 그러한 효과를 발휘하는지 그 촉매적 역할에 대해 이해할 수 있게 된다.

나는 이 책이 마음챙김 분야에서 이미 수련하고 있는 사람들, 그리고 아직 마음챙김을 충분히 경험하지는 못했지만 이제 막 그것에 이끌리는 사람들 모두에게 아주 중요하고 영감을 주는 자료가 될 것으로 확신한다. 이 책은 마음챙김 분야의 발전에 상당한 기여를 할 것이다. 또 마음챙김을 심리학이나 자신의 심리치료에 적용하고자 하는 병원과 클리닉, 각급 학교와 다양한 심리치료 현장의 많은 전문가가 마음챙김이 무엇이고 그것을 향후 어떻게 활용하고 연구할 수 있는지 이해하는 데 도움을 줄 것이다.

2008년 12월 31일

존 카밧진

매사추세츠 우스터 매사추세츠 주립대학교 의과대학

서 문
Foreword

어떤 프로젝트나 시도, 여행에서 의도(목적)가 무엇보다 중요하다. 우리는 이 책이 독자들과 그들이 도움을 주고자 헌신하고 있는 사람들(환자, 내담자 등) 모두에게 도움이 될 것이라는 심대한 의도를 가지고 이 책을 시작하고자 한다. 우리의 목적은 동양의 지혜와 서양의 심리학 이론 및 과학에 중점을 두면서 마음챙김이라는 이 예술이자 과학에 대해 알아보는 것이다. 우리는 마음챙김이 모든 도움 전문가(helping professional)의 효과적인 치료에 근본적이라고 생각한다. 그리고 이 분야의 발전을 위해서는 마음챙김에 대한 탄탄한 경험적 조사가 필요하다고 본다. 우리는 이 책이 마음챙김을 자신의 작업에 통합하고자 하는 심리치료사, 건강 돌봄 제공자, 돌봄 제공자, 교육자, 학생, 연구자 등 다양한 독자에게 읽히기를 바란다.

이 책의 목적은 2,600년간의 불교 수련에 기초한 마음챙김이라는 개념의 신비를 벗기는 것이다.[1] 그리고 마음챙김이 현대 서양의 심리

---

1) 우리가 이 책에서 연구하고자 하는 것은 불교, 특히 상좌부(Theravada) 전통의 마음챙김 수련으로부터 영감을 받은 것이지만, 이 책에서 우리는 보편적인 개념으로서의 마음챙김을 소개하고자 하며, 또한 그것을 서구 의학과 심리학의 맥락 속에 두고자 시도할 것이다.

학 및 생물의학적 모델에서 가질 수 있는 잠재력에 대해 알아보는 것이다. 시대를 초월하는 마음챙김의 통찰과 서구 전통의 통합은 건강 돌봄 영역에 특별하고 심오한 치유 요인을 제공해 줄 수 있다. 현재 건강 돌봄 영역에서 새로운 흐름에 대한 요구가 커지고 있다. 마음챙김은 이 영역 전문가들이 자기와 타인, 세상을 바라보는 새로운 시각을 소개한다. 마음챙김은 자기, 타인, 건강, 치유에 대한 우리의 시야를 확장해 주고, 우리가 더 큰 현존과 생생함, 경이로움을 가지고 우리 자신의 몸과 가슴, 정신에 머물 수 있도록 초대한다.

수련 중인 치료사들에 대한 작업과 수천 명의 건강 돌봄 전문가들을 상대로 한 교육 워크숍을 이끌면서, 우리는 그들을 처음에 치유의 직업으로 이끌었던 그 깊은 소명과 다시 연결을 맺고자 하는 그들의 열망을 확인할 수 있었다. 수련가들은 종종 좌절과 환멸, 소진의 감정을 토로하곤 한다. 처음에 그들을 치유 전문가의 길로 이끌었던 그 목표 의식이 이제는 끝없는 스트레스와 압박감에 파묻혀 버렸다고 이야기한다. 그들은 이제 자기 주변과 자기 안에 있는 혼란과 고통에 새롭게 관계 맺을 수 있는 안식처, 정직성, 진정성을 구하고 있다. 그들은 자신과 상대의 치유를 촉진할 수 있는, 존재의 전인성과 현존을 구하고 있다. 그런데 마음챙김이 그러한 길을 제시할 수 있다.

이 책의 의도는 마음챙김과 그것의 심리치료 및 건강 돌봄 영역에서의 역할을 분명하게 정의하고, 경험적으로 지지받는, 다양한 환자 집단에 대한 임상적 개입으로서의 마음챙김을 탐구하는 것이다. 또 건강 전문가의 자기 돌봄을 촉진하는 수단으로서, 그리고 증상에 대한 집중을 넘어 환자의 긍정적인 성장과 발달에 대한 촉매제로서의 마음챙김을 탐구하는 것이다.

이 책은 3부로 나뉘어 있다. 1부 '마음챙김이란 무엇인가, 마음챙김은 임상 작업에 어떻게 적용될 수 있나'는 네 개의 장으로 구성되어 있다. 1장은 마음챙김에 대한 정의로, 명상 수련으로서의 마음챙김, 그리고 인식과 존재의 근본적인 방식으로서의 마음챙김이 지닌 다차원적인 성질을 밝히려는 시도다. 2장부터 4장까지는 마음챙김 치료자(mindful therpaist, 2장)와 마음챙김 응용치료(mindfulness-informed therapy, 3장), 그리고 마음챙김에 근거한 치료(mindfulness-based therapy, 4장)의 관점에서, 심리치료 영역에서 마음챙김을 어떻게 응용할 수 있는지를 다룬다.

2부 '마음챙김은 도움이 되는가, 된다면 어떻게 도움이 되는가'에서는 심리적(5장), 의료적(6장) 환자들에 대한 마음챙김 기반 개입법에 관한 연구를 요약한다. 또 마음챙김의 유익한 변화 효과의 작동 기제에 대해서도 논의한다(7장). 3부 '패러다임의 확장'에서는 건강 돌봄과 정신건강 영역을 확장하여 전체 건강 돌봄 시스템의 필수적인 일부로 임상가의 안녕까지 포함하는 새로운 관점을 제시하고(8장), 건강과 인간 잠재력에 대한 기존의 정의를 확장시킬 것이다(9장). 마지막으로, 10장에서는 향후의 연구와 마음챙김의 적용 방향에 대해 이야기할 것이다.

마음챙김은 아직은 새롭게 부상하는 분야이기 때문에, 우리는 기초적인 토대를 제공하고 그것이 가장 최근의 연구와 이론, 임상 응용에 의해 지속적으로 확대될 수 있도록 했다. 즉, 우리의 의도는 건강 도움 직업에 있는 전문가들이 마음챙김을 자신의 직업과 삶에 통합할 수 있는 가능성을 탐색하도록 토대를 제공하려는 것이다. 이 책은 학술 서적이지만 건강과 치유의 시각을 탐험하고 확장하는 도구로서 심리학 및 도움 전문 영역 내에서의 폭넓은 대화의 일부로 제시되었다. 우리는 독자들이 이 책을 일종의 마음챙김 명상으로 읽기를 기대한다. 또 이를 통해 자기 및 자기가 돌보는 사람들과 함께하는 새로운 방식을 발견하게 되기를 희망한다. 우리는 또한 이 책 전반에 걸쳐 '마음챙김 안내(mindful reminder)'라는 작은 글상자를 제시해 독자들이 책을 읽으면서 이따금 마음챙김을 직접 체험해 볼 수 있도록 했다. 독자들이 이것을 읽고 잠시 시간을 내어, 책에 대해 더 깊고 완전하게 이해할 수 있도록 의식의 여유 공간을 마련할 수 있었으면 한다.

무엇보다 우리는, 이 책이 독자들에게 마음챙김의 풍요로움과 아름다움을 여행하는 계기가 되기를 바란다. 우리는 여러분 스스로 무엇이 진실인지 발견하게 되기를 기대한다. 붓다는 다음과 같이 말했다.

> 단지 어디서 들었다고 그것을 진실로 믿지 말며,
> 단지 많은 사람이 그렇게 말한다고 해서 그것을 진실이라고 여기지 말라.
> 책에 씌어 있다고 해서 사실로 받아들이지도 말고,
> 스승이나 연장자처럼 권위 있는 사람의 말이라고 해서 무작정 옳다고 여기지도 말라.
> 또 오래전부터 전해 오는 것이라고 무조건 받아들이지 말라.
> 오직 관찰과 분석을 한 뒤에
> 이성에 합당하고 자신과 모든 사람에게 옳고 유익한 것,
> 그것만을 받아들이고 그에 따라 살라.
>
> (Kalama Sutta, pp. 188-193)

차 례
Contents

Part 1
마음챙김이란 무엇인가,
마음챙김은 임상 작업에 어떻게 적용될 수 있나

Part 2

마음챙김은 도움이 되는가,
된다면 어떻게 도움이 되는가

Part 3
패러다임의 확장

마음챙김이란 무엇인가,
마음챙김은 임상 작업에
어떻게 적용될 수 있나

chapter 01

마음챙김이란 무엇인가

어제는 기억이고

내일은 아직 모른다.

지금이 우리가 알 수 있는 모든 것이다.

– 붓다

마음챙김의 임상적 응용이 확산되는 것은 몇몇 일반적 원칙에 기초하고 있다. 마음챙김이 가진 단순성과 힘으로 인해 임상적 중재로서의 마음챙김의 효과와 이론적 정향, 그리고 중요한 임상기술을 치료자에게 훈련시키는 도구를 살펴보는 문헌이 증가하고 있다. 우리의 의도는 마음챙김의 다양한 측면을 밝히고 그것을 심리학

이 장은 Shapiro, Carlson, Aston, Freedman (2006), 임상심리학회지 62호 373-386쪽에 실린 내용을 "마음챙김의 기제" 라는 제목으로 통일한 것이다.

과 건강 관리 분야에 적용하는 것이다.

마음챙김에 관해서 학문적이고 개념적인 방식으로 서술하고자 시도하는 것은 어떤 면에서 마음챙김의 본질과 정반대되는 것인지 모른다. 마음챙김의 본질은 경험 과정 그 자체이기 때문이다. 그러나 마음챙김이 서구 의학과 심리학에 통합되고자 한다면 우리는 마음챙김의 비개념적이고 비이원적이며 역설적인 성격을 임상가와 환자, 학자들—우리 모두—이 이해하고 동의할 수 있는 언어로 전환하는 방법을 찾아야 한다. 이 책은 마음챙김을 심리학과 치료 직업에 통합하는 가능성을 밝혀 보려는 시도의 하나다.

마음챙김이라는 개념이 불교와 가장 흔하게 관련되기는 하지만 마음챙김의 현상학적 성격은 서구의 철학과 심리학 사조뿐만 아니라 대부분의 종교적, 영적 전통 속에 스며들어 있다(Brown & Cordon, 2008; Walsh, 2000). 이 작업에서 우리는 불교 가르침의 풍요로움과 지혜로부터 많은 것을 얻는다. 그러나 우리의 의도는 마음챙김을 보편적인 인간의 능력으로 제시하는 것이다. 마음챙김에 대한 우리의 이해가 불교의 2,600년 전통에 영감을 받지만 우리는 마음챙김을 서구 심리학과 의학의 맥락 속에서 정의하고자 한다. 그것은 그렇게 함으로써 건강 관련 전문가들 누구나 마음챙김에 쉽게 접근할 수 있다는 생각에서다.

마음챙김이란 무엇인가

마음챙김(mindfulness)은 팔리어 '사티(*sati*)'와 '삼파자나(*sampajaña*)'

에 대한 영어 단어다. 그것은 전체적으로 자각이나 세심한 주의, 분별, 보유 등으로 번역될 수 있다. 상좌부 전통 학자이자 승려인 Bhikkhu Bodhi는 이러한 다중적 정의를 종합했다. 즉, "자신의 즉각적인 체험 속에서 일어나고 있는 것에 관심과 분별을 가지고 주의를 기울일 것을 기억하는 것"이라는 것이다(Wallace & Bodhi, 2006).

여기서 혼란을 줄 수 있는 것이 마음챙김이란 하나의 과정(마음챙김 수행)인 동시에 하나의 결과(마음챙김 자각)를 가리키기도 한다는 사실이다. 『불교 명상의 핵심(The Heart of Buddhist Meditation)』이란 책에서 불교 학자이자 승려인 Nyanaponika Thera는 다음과 같이 적고 있다.

마음챙김은 마음을 '아는' 확실한 만능열쇠다. 마음을 '만드는' 완벽한 수단인 마음챙김은 우리 마음의 초점이 된다. 그리고 마음의 자유를 성취한 고귀한 표현으로서의 마음챙김은 마음이 이룬 성취의 정점이기도 하다(Kabat-Zinn, 2005, p. 108에서 인용).

이런 가르침을 따라 우리는 이러한 명료함과 뉘앙스를 우리의 마음챙김 논의에도 가져올 것이다. 우리의 논의에서 마음챙김은 다음 두 가지 모두를 가리킨다. ① 마음챙김 자각(mindful awareness): 영속하는 현존 혹은 자각, 마음의 자유로 나타나는 깊은 앎(예: 반사적 조건화와 미망에서 벗어난 자유), ② 마음챙김 수련: 의도적으로 열린, 그리고 관심과 분별 있는 방식으로 주의를 기울이는 것을 체계적으로 훈련하는 것. 거기에는 마음을 알고 만들어 가는 것이 모두 포함된다. 이 두 측면 모두를 고려하여 우리는 마음챙김이라는 개념을 '열린 마음으로, 관심과 비판단적인 방식으로 의도적으로 주의를 기울이는 수련을 통해 일어나는 자각'으로 정의한다.

마음챙김 자각 : '대문자 M' 마음챙김(Mindfulness)

마음챙김에 대한 정의를 탐색할 때는 우선 간단한 것부터 시작한 다음 복잡한 것으로 나아가는 것이 도움이 된다. 우선 단순한 호흡에 대한 자각과 같은 순수한 자각(bare awareness)에서 시작해 보자. 당신 은 지금 이 순간 호흡을 하고 있는가? 자신이 호흡하고 있다는 것을 '알고' 있는가? 이러한 앎은 인지적이고 개념적인 앎일 수도 있지만 느껴진 감각(felt sense), 그러니까 당신의 전(全) 존재를 가지고 아는 앎일 수도 있다. 들숨을 쉬며 당신의 전 존재로 '들숨을 쉬는' 것이 다. 날숨을 쉴 때도 당신의 전 존재로 '날숨을 쉬는' 것이다.

지금 이 순간 당신의 마음 상태를 관찰해 보라. 마음 상태가 명료하 고 활기가 있는가? 아니면 둔하고 피곤한가? 마음이 집중되어 있는 가? 지금 이 순간 자신의 마음 상태를 평가하지 않고, 그것에 관해 생 각하지 않고, 그것을 변화시키려 하지 않고 아는 것이 바로 마음챙김 이다. 지금 이 순간 자신의 감정 상태(기쁨, 슬픔, 공포 등)를 아는 것이 마음챙김이다. 여러분은 여러분이 경험하는 무엇이든 그것을 경험하 는 바로 그 순간에 그것을 아는 훈련을 이 책에 간간이 소개되는 마음 챙김 안내(reminder)를 통해 계속하게 될 것이다.

붓다는 다음과 같이 가르쳤다.

느낌은 그것이 일어나는 과정에서 이해되고, 그것이 현재에 머물

러 있는 상태에서 이해되며, 또한 그것이 사라지는 과정에서 이
해된다. 생각도 그것이 일어나는 과정에서 이해되고, 그것이 현
재에 존재하는 상태에서 이해되며, 또한 그것이 사라지는 과정에
서 이해된다. 인식도 그것이 일어나는 과정에서 이해되며, 현재
에 머물러 있는 과정에서 이해되며, 또한 그것이 사라지는 과정
에서 이해된다(Sanyutta Nikaya, 47:35, Bodhi, 2002에서 인용).

마음챙김 자각이란 기본적으로 존재의 방식이다. 즉, 자신의 몸과
마음, 순간순간의 경험 속에 머무는 방식인 것이다. 그것은 또한 깊은
자각으로 삶을 그것이 일어나고 사라지는 매 순간에 알고 경험하는
것이다. 마음챙김 자각이란 자신의 모든 경험—긍정적이고 부정적이
고 중립적인—과 열린 방식으로 그리고 수용적인 방식으로 관계 맺
는 것이다. 이런 자각은 움켜쥐고 있는 것으로부터의 자유, 무엇이든
지금과 달랐으면 하고 바라는 갈망으로부터의 자유다. 이 자각은 지
금 여기에 있는 것을 다만 알고 수용한다. 마음챙김은 자각을 방해하
는 자신의 조건화된 인식 패턴을 통하지 않고, 상황을 특정 방식으로
규정짓지 않고 분명하게 보는 것에 관한 것이다. 이런 방식으로 보는
법을 배우는 것은 무척 중요하다. 왜냐하면 매 순간에 대해 그가 인식
하고 틀 짓는 방식이 바로 그 사람의 실재를 창조하기 때문이다.

상좌부 전통 학자이자 승려인 Bhikkhu Bodhi는 가장 단순한 형태
의 마음챙김을 '순수한 주의(bare attention)'이라고 표현했다(Wallace
& Bodhi, 2006). 그러나 그는 이어 "순수한 주의는 결코 아무것도 없는
상태가 아니다."라고 했다(Wallace & Bodhi, 개인적 교신, 2006년 10월).
수련에 임하는 맥락과 의도가, 그리고 어떻게 수련하는가가 매우 중

요하다(Wallace & Bodhi, 2006). '순수한 주의'가 의미하는 바는 조건화된 '정서적 반응, 평가, 판단, 개념적 덧칠'이 없는 주의다(Wallace & Bodhi, 개인적 교신, 2006년 10월). 마음챙김은 지금 일어나고 있는 일에 아무것도 더하지 않고 일어나는 그대로 다만 아는 것이다. 즉, 자기가 원하는 것(즐거움, 안전)이라고 해서 더 갖고, 원하지 않는 것(두려움, 분노, 수치심 등)이라고 해서 밀쳐 내려는 것이 아니다.

마음챙김의 관점에서 볼 때 고통은 실제로 존재하는 것과 반대되는 것으로 존재하는 것에 관한 자신의 반응과 판단에서 일어난다. 이를 잘 보여 주는 이야기가 있다.

제자들과 함께 걸어가던 한 스승이 매우 커다란 돌덩이를 가리키며 말한다. "저기 저 돌이 보이는가?" 제자들은 "예, 보입니다. 스승님, 저기 저 돌덩이 말씀이시죠?"라고 대답한다. 스승은 또 묻는다. "저 돌이 무거울까?" 제자들은 "예, 아주아주 무겁죠."라고 말한다. 스승의 대답은 이랬다. "들지 않으면 무겁지 않지."

사람들은 자기 삶의 '큰 돌덩이'를 그것이 있어야 한다고 생각되는 곳으로 끊임없이 움직인다. 지금 이곳에 존재하는 것에 대한 이러한 멈추지 않는 반응과 저항은 상당한 고통을 야기한다. 여기서 마음챙김은 이와는 다른 관계의 방식, 다른 존재의 방식을 제안한다. 마음챙김은 있는 그대로의 것에 저항하려는 경향을 자각하고 돌덩이를 다른 곳으로 옮기려는 시도 자체를 놓는 것이다. 마음챙김은 지금 이 순간 여기에 돌덩이가 있고 내가 그것을 좋아하지 않는다는 사실, 그리고 그래도 괜찮다는 사실을 다만 아는 것이다. 이러한 상태에 있는 것은 어떤 느낌일까? 몸에는 긴장이 느껴지고 지금 이 순간 호흡은 얕아졌다. 지금 이 순간에 존재하는 생각과 감정, 그리고 마음의 상태가 있다. 우리는 마음챙김을 가지고 자신의 경험을 바꿀 필요가 전혀 없다. 다만 지금 현재 자신의 경험을 깊이 있고 친밀하게 알면 된다.

그러나 그렇다고 해서 현재 순간을 수용의 자세로 안다는 것이 불필요한 고통과 불의를 허용한다는 뜻은 아니다. 다만 지금 여기서 일어나는 것은 무엇이든 그것이 이미 여기 존재하고 있다는 사실로 인해 수용하는 것일 뿐이다. 그런 다음 분명한 자리에서 자신에게 무엇이 필요한지를 분별하여 적절하고 능숙한 방식으로 대응할 수 있다.

불교심리학에서는 고통이 지금 있는 그대로의 것과 다르게 되었으면 하고 원하는 것에서 생긴다고 본다. 사람들은 어떤 경험은 갈망하고 어떤 경험은 거부하고 물리치려 한다. 실재를 자신이 원하는 대로 바꾸려고 하는 것이다. 그러나 한순간 자신이 원하는 대로 되었다고 하더라도 바로 그다음 순간 사정은 또 바뀐다. 그래서 사람들은 계속해서 저항하고 고통을 겪는다.

마음챙김은 이러한 고통에 대한 해결 방법이다. 마음챙김은 자신의 '모든' 경험과 함께 존재하는 것이다. 그것은 일어나는 것은 무엇이든 허용하는 것이다. 다만 그것이 이미 존재하고 있다는 사실 때문에 허용하는 것이다. 앞에서 이야기했듯이, 여기서 허용한다고 하는 것은 결코 수동적 포기가 아니라 '이것이 바로 지금 여기에 실재하는 것이다.'라고 분명하게 보면서 수용하는 것을 말한다.

마음챙김 자각(mindful awareness)은 열려 있고 수용적인 주의다. 그러나 그것은 또 분별력 있는 주의다. 그러므로 통찰이 생긴다. 마음챙김 자각은 어떤 경험이 자신과 타인의 더 큰 고통으로 이어지고 어떤 경험이 그렇지 않은지를 분명하게 보도록 스스로에게 허용하는 것이다. 이런 방식으로 우리는 마음의 어떤 측면이 건전한지(자신과 타인의 행복으로 이끄는지), 또 어떤 측면이 건전하지 못한지(자신과 타인의 고통으로 이끄는지)를 알 수 있게 된다. 그러므로 우리가, 마음챙김은 현존하는 무엇이든 허용하고 수용하는 것이라고 말할 때 그것은 진실이다. 그러나 마음챙김은 또한 건전한 것과 불건전한 것을 분별한다.

이러한 방식으로 마음챙김은 탐구, 그리고 건전한 것과 그렇지 못한 것을 분별하는 능력에 기초한, 보편적으로 적용 가능한 윤리 체계를 제공한다. 이 '탐구로서의 윤리'(Wallace & Shapiro, 2009)는 다만 이렇게 묻는다. "나와 타인의 안녕에 가장 부합하는 행위는 무엇인가?" 명상 스승 Milindapanha가 말한 것처럼, "사티(마음챙김)는 건전한 성향과 불건전한 성향, 이로운 성향과 이롭지 못한 성향을 마음에 떠올리고 이 성향은 이로운 것, 이 성향은 이롭지 못한 것, 이 성향은 도움이 되는 것, 이 성향은 그렇지 못한 것 등으로 마음에 떠올려서 이롭지 못한 성향은 거부하고 이로운 성향은 계발하는 것이다." (Wallace & Bodhi, 2006: 37-38에서 인용)

마음챙김은 자신의 모든 경험을 열려 있고 수용적인 방식으로 그 안에 담는 비이원적 자각(nondual awareness)이다. 그것은 언제나 우리 안에 존재하고 있는 지속적인 자각이다. Kabat-Zinn(2005, p. 298)이 표현했듯이, "우리의 자각은 그 안에 들어가 존재할 수 있는 매우 커다란 공간이다. 그것은 우리의 동맹군, 친구, 성역이자 우리의 안전한 은신처다. 그것은 언제나 여기에 있다. 다만 때때로 베일에 가려 있을 뿐이다." 자신의 경험을 이러한 방식으로 수용하고 그와 함께 존재할 때, 우리는 그 어떤 것도 거기서 억지로 나오게 하지 않고도 사물의 본질에 대한 심오한 통찰이 일어날 수 있다. 우리는 ① 영원한 것은 아무것도 없다는 것, ② 탐욕과 증오, 미망으로부터 고통이 생겨난다는 것, ③ 모든 것이 서로 연결되어 있으며 홀로인 것은 아무것도 없다는 것을 깨닫게 될지도 모른다. 이제 이러한 통찰이 자신의 삶에 어떤 메시지를 던져 주기 시작하고, 마음챙김 자각은 점점 더 자신의 존재 방식이 된다.

불교의 가르침에 따르면, 이러한 자연스러운 존재 방식 혹은 자각은 이미 우리 모두에게 내재하고 있지만 종종 오래된 조건화에 의해 가려져 있다. 부모님, 선생님, 인간관계 그리고 사회는 알게 모르게 우리에게 영향을 미쳐 왔다. 그러한 패턴이 너무나 깊이 각인되어, 우리는 종종 우리가 그 패턴을 따라 행동한다는 사실을 자각하지 못한다. 사람들은 자동조종 상태(automatic pilot) 속에서 무의식적인 성향에 이리저리 떠밀리는 채 살면서 현재 순간의 실재에 온전히 깨어 있지 못하다. 이러한 조건화에 대하여 우리는 자신의 경험이 일어나고 사라지는 그 순간에 그것과 함께 있고 그것을 '아는' 타고난 능력으로 자신의 마음을 훈련시킬 수 있다. 이것은 지속적인 연습을 필요로 한다. 그것은 마음이 온화하고 분별 있는 방식으로 주의를 기울이도록 의도적으로 훈련하는 것이다. 이 훈련이 마음챙김 명상의 공식 훈련으로, 우리는 이에 대해 뒤에서 다시 이야기할 것이다.

가장 깊은 차원에서 마음챙김은 자유(freedom)에 관한 것이다. 그것은 자신의 반사적 행동 패턴으로부터의 자유, 자동적 반응으로부터의 자유, 그리고 궁극적으로는 고통으로부터의 자유다. 마음챙김은 우리가 지금 여기 존재하는 것과 맺는 관계를 바꿔 놓을 수 있다. 그 결과, 우리의 검토되지 않은 그리고 매우 조건화된 행동 패턴들의 힘이 줄어들기 시작한다. 그렇게 인식하고 반응하는 반사적 행동 습관으로부터 더 많이 자유로워질 수 있다. 우리 안에서 진실인 것을 더 분명하게 보고 더 깊이 앎으로써 우리는 더 신중한 선택을 내릴 수 있다. 그렇게 우리는 우리의 마음을 훈련할 수 있다. 마음으로 마음을 관찰하는 능력을 계발하는 것이다. 그리고 우리는 지금 현재 순간에서 시작한다. 왜냐하면 그것이 우리가 시작할 수 있는 유일한 출발점이기 때문이다.

마음챙김 수련: '소문자 m' 마음챙김(mindfulness)

마음챙김 수련은 우리가 마음챙김 자각(대문자 M, Mindfulness)을 의도적으로 계발하는 하나의 방식이다. 마음챙김 수련은 자신의 주의를 인도하고 지속하는 더 큰 능력, 더 큰 분별력과 사랑, 그리고 자신의 자아 개념을 인식하고 그것과 탈동일시하는 더 증장된 능력과 같은 기술을 의도적으로 계발하는 것이다(자세한 것은 이 책의 7장에서 다룬다). 마음챙김은 매우 풍성하면서도 단순한 수련이 될 수 있다. 그 가장 기본적인 형식에서 마음챙김 수련은 의도적으로 수용의 태도를 가지고 주의를 기울이는 것이다(Kabat-Zinn, 1990).

마음챙김 수련의 모델

마음챙김 수련의 단순성과 복잡성을 모두 밝혀 주기 위해 우리는 세 가지 핵심 요소로 구성된 마음챙김 모델을 개발했다. 그것은 의도

(intention), 주의(attention) 그리고 태도(attitude)다(S. L. Shapiro, Carlson, Astin, & Freedman, 2006). 의도, 주의 그리고 태도는 각각의 분리된 과정 혹은 단계가 아니라 단일한 순환적 과정의 한데 엮인 측면들로 서로를 지지해 주고 강화하면서 동시에 일어나는 것이다. 마음챙김 수련은 무엇보다 매 순간의 과정이다.

의도

의도(intention)는 마음챙김 수련에 가장 기본적인 것으로, 불교에서 의도란 자신과 모든 존재가 고통에서 벗어나는 것이다. 의도, 즉 왜 수련을 하는가는 불교의 가르침에서 마음챙김의 핵심 구성 요소로 중요시되며 마음챙김이라는 전 과정을 이해하는 데 필수적인 것으로 간주된다.

마음챙김 안내
바로 지금 당신의 의도는 무엇인가? 당신은 왜 이 책을 읽고 있는가?

마음챙김 수련을 정확하고 깊이 이해하기 위해서는 의도의 측면을 명확하게 구체화하는 것이 반드시 필요하다(S. L. Shapiro & Schwartz, 2000b). Kabat-Zinn이 말했듯이, "당신의 의도는 가능한 것에 대한 무대를 마련한다. 당신의 의도는 당신이 왜 애초에 수련을 하는가를 매 순간 당신에게 상기시켜 준다"(p. 32). 또한 그는 이렇게 말했다. "나는 과거에 명상 수련이 매우 강력한 힘을 가진 것이라고 생각했다. ……어쨌든 명상을 하면 당신은 성장과 변화를 경험하게 될 것이라고 생각했다. 그러나 시간은 내게 어떤 개인적 비전 또한 필요하다는 것을 가르쳐 주었다."(Kabat-Zinn, 1990, p. 46) 이 개인적 비전 혹은 의도는 종종 역동적이고 진화하는 것이다(Freedman, 2009). 예를 들어, 치료자는 처음에 자신의 스트레스를 줄이기 위해 마음챙김 수련을 시작할 수도 있다. 자신의 마음챙김 수련이 지속되면서, 그는 환자와 좀 더 공감적이고 현존하는 방식으로 관계를 맺고자 하는 의도를 추가적으로 개발할 수도 있다.

명상 수련에서 의도의 역할은 Shapiro(1992)의 연구에 잘 나타나 있다. 그의 연구는 명상 수행자의 의도를 탐구한 것으로, 명상가가 수련을 계속하면서 그의 의도가 연속선상을 따라 자기 조절(self-regulation)에서 자기 탐색(self-exploration)으로, 또 마침내는 자기 해방(self-liberation)과 이타적 봉사(selfless service)로 나아갔음을 발견했다.[1] 나아가 이 연구는 결과가 의도와 상관이 있다는 것을 발견했다. 즉, 명상 수련에 임하는 자신의 목적이 자기 조절과 스트레스 관리였다면 그는 자기 조절을 얻었고, 목적이 자기 탐색이었다면 자기 탐색을 얻었으며, 목적이 자기 해방이었다면 자기 해방과 연민에 찬 봉사로 나아갔다. 이와 비슷한 결과가 Mackenzie, Carlson, Munoz와 Speca(2007)에 의해 발견되었다. 그들은 수년 동안 명상을 수련해 온 암 환자들과 인터뷰를 가졌다. 처음에 명상 수련은 긴장과 스트레스 같은 특정 증상을 통제하기 위해 사용되었으나, 나중에는 초점이 영성과 개인적 성장으로 옮겨 갔다. 이 발견은 역동적이고 진화하는 것으로서의 의도에 대한 우리의 정의와 일치한다. 의도의 이러한 성격으로 인해 환자들은 수련과 자각, 통찰이 깊어짐에 따라 변화하고 발전할 수 있다.

자신의 의도를 분명히 하는 것이 중요할 뿐 아니라 의도가 건전한 것인지 그렇지 않은지, 자신과 타인을 이롭게 하는 것인지 그렇지 않

---

1) 자기 해방은 개아로서의 느낌을 초월하는 경험(특히 자유로워지거나 탈동일시되는)을 의미한다.

은지에 대해 생각해 보는 것도 필요하다. 가치의 문제는 종종 서구 과학 전통에서 의심스러운 것으로 간주된다. 왜냐하면 모더니즘 이론은 과학을 객관적으로 중립적인 것으로 보기 때문이다. 그러나 포스트모더니즘, 과학 그리고 기술 연구는 그러한 가정에 도전한다. 즉, 언제나 행동을 추동하는 가치가 있다는 것이다. 그러므로 중요한 것은 가치가 작동하느냐—개인에게서, 내담자-치료자 관계에서, 그리고 사회에서—하는 것이 아니라 어떻게 그리고 어느 정도로 이 가치들을 의식의 수준으로 가져오느냐 하는 것이다(Freedman, 2009).

마음챙김 수련은 ① 의식적/무의식적 가치들을 자각하게 하며, ② 그것들이 자신이 진정으로 원하는 것인지, 즉 그것들이 건전한 것인지, 아니면 단지 생물학적으로 반사적이거나 문화적으로 조건화된 것인지를 판단하게 하며, ③ 건전한 가치를 계발하고 불건전한 가치는 줄이도록 해 준다. 우리는, 보편적 가치에 토대를 두고 건전한 의도와 건전하지 못한 의도를 구분할 수 있다고 보며, 반드시 불교나 기타 종교 전통에 속해 있어야 가능한 것은 아니라고 본다. 사실 '건전한' 혹은 '올바른' 의도라는 것은 "너는 이렇게 살아야 해." 같은 도덕적 표현이 아니라 "이것이 고통에서 벗어나고 사랑과 공감, 상호 연결성을 키워 주는 삶의 방식이다."와 같은 기술적(記述的, descriptive) 표현으로 보아야 한다. '올바른' '건전한' '현명한' 의도라는 불교 개념을 취하여 그것을 서구 심리학과 철학의 도덕적, 윤리적 틀 안에서 해석하는 것은 무리가 없다. 예를 들어, '고통을 줄이는 것' '해를 끼치지 않는 것' '연민을 계발하는 것'은 불교와 서구적 맥락 모두에 잘 부합된다. 우리는 이러한 지침을 명시적으로 가르치는 것이 마음챙김 수련에서 매우 중요하다고 생각한다.

> **마음챙김 안내**
> 치유의 영역으로 들어가기 위해 당신의 깊은 의도와 재연결되기 위해 멈추어서 성찰을 시도하라.

의도는 또한 명상 수련에서 기대하는 특정 결과를 위해 '분투하거나 움켜잡는' 것과도 구분되어야 한다. 의도는 처음에 명상 수련에 임하는 기초로서 가볍게 갖는 것으로, 명상 수련을 할 때마다 적극적으로 추구해야 하는 목표나 결과로 간주되지 않는다. 명상 지도자이자 심리치료사인 Kornfield는 이렇게 말한다. "의도는 방향을 가리키는 것이지 목적지가 아니다."(개인적 교신, 2007)

주의

마음챙김의 두 번째 기본 구성 요소는 주의(attention)다. 마음챙김 수련의 맥락에서 주의를 기울인다는 것은 자신의 내적 · 외적 경험의 작동을 매 순간 관찰하는 것을 말한다. 이것은 Husserl이 말한 '물(物) 자체로의 회귀(return to things themselves)'로, 자신의 경험을 해석하는 온갖 방식을 보류하고(혹은 주시하고) 지금 여기서 현존하는 경험 자체에 주의를 기울이는 것을 말한다. 이런 식으로 우리는 주변 세계에 주의를 기울이는 법뿐만 아니라 자신의 의식의 내용에 대해서도 순간순간 주의를 기울이는 법을 알게 된다.

심리학에서는 주의가 치유 과정에서 매우 중요하다는 주장이 제기되었다. 마음챙김은 (주의 대상의) 표면만 스치는 것이 아니라 깊이 있게 관통하는 주의다. Bhikkhu Bodhi가 말했듯이, "마음챙김이 없는 마음은 대상의 표면 위에 떠 있는 것이 마치 조롱박 바가지가 물 위에 떠 있는 것과 같다. 마음챙김은 물에 던진 돌멩이가 물 밑으로 착 가라앉듯이 대상 속으로 가라앉는다"(Dhammasangani Malatika; Wallace & Bodhi, 2006, p. 7에서 인용). 그러나 우리가 일상적으로 주의를 기울이는 방식은 이러한 지속적이고 관통하는 주의가 아니라 반사적이고 피상적인 주의다. Brown과 Cordin(인쇄 중)은 다음과 같이 말했다.

> 우리의 자각 속으로 들어오는 대상은 종종 아주 짧은 순간 동안만 초점을 맞춘 주의 안에 머물다 곧 그것에 대한 인지적이고 감정적인 반응이 발생한다. ……그러한 과정의 심리적 결과는 만나는 대상 모두에 대해 개념과 꼬리표, 생각, 판단이 종종 자동적으로 붙는다는 것이다(예: Bargh & Chartarand, 1999). ……우리는 있는 그대로 치우치지 않게 실재를 경험하지 않고 습관적이고 조건화된 인지 필터를 통해 실재를 경험한다. 그 결과로 실재에 대한 피상적이고 불완전하며 왜곡된 견해를 갖게 된다.

마음챙김 수련은 분별력 있고 비반응적이며 지속적이고 집중된 주의를 계발하는 법을 배우는 것이다. 그것은 우리가 현재 일어나고 있는 것(그것이 현재 일어나고 있는 것이라면 자신의 감정적 반응을 포함하여)을 분명하게 보기 위한 것이다. Germer, Siegel와 Fulton(2005, p. 16)이 말했듯이, "불안정한 마음은 흔들리는 카메라와 같다. 당연히 사진이 흐리게 나올 수밖에 없다."

태도

'어떻게' 주의를 기울이는가도 또한 매우 중요하다. Kabat-Zinn에 따르면, 마음챙김은 "다만 순수한 주의가 아니라 사랑이 담긴 주의이기도 하다"(Cullen, 2006, p. 5). 주의에 가져오는 성질을 마음챙김의 태도적 기초라고 한다(Kabat-Zinn, 1990; S. L. Shapiro & Schwartz, 2000a, 2000b; 〈표 1-1〉 참조). Siegel(2007a)은 이와 비슷한 성질 목록을 가리키기 위해 두문자어 COAL을 사용했다. 그것은 호기심(Curiosity), 개방성(Openness), 수용(Acceptance), 사랑(Love)이다.

종종 마음챙김 자각의 성질이 명시적으로 다루어지지 않는 경우가 있지만 우리가 주의를 기울이는 활동에 가져오는 성질 혹은 태도는 매우 중요하다. 예를 들어, 주의는 차갑고 비판적인 성질을 가질 수도 있고, 열린 가슴의 사랑의 성질을 가질 수도 있다. 마음챙김에 대한

표 1-1 태도

- 비판단(Nonjudging): 치우치지 않은 목도, 평가나 범주화 없이 현재 순간을 관찰
- 애쓰지 않음(Nonstriving): 목적 지향이 아님, 결과나 성취에 초연함
- 집착하지 않음(Nonattachment): 결과에 집착하는 것을 내려놓음, 단순히 과정이 전개되도록 허용함
- 수용(Acceptance): 상황이나 사물을 현재 순간에 있는 그대로 보고 인정함
- 인내(Patience): 모든 것이 자기 페이스대로 전개되도록 허용함
- 신뢰(Trust): 자신의 경험에 대한 기본적인 신뢰를 계발
- 개방성(Openness; 초심자의 마음, Beginner's Mind): 모든 것을 마치 처음 보는 듯이 새롭게 보기
- 호기심(Curiosity): 흥미와 조사, 탐구의 정신
- 내려놓음(Letting go): 집착하지 않음, 생각과 감정, 경험을 붙잡지 않음
- 부드러움(Gentleness): 부드럽고 사려 깊고 온화한 성질; 그러나 수동적이거나 멋대로 하는 것은 아님
- 비반응(Nonreactivity): 습관적이고 조건화된 방식으로 자동적으로 반응하는 것이 아니라 의식과 명료함을 가지고 반응하는 능력
- 자애(Loving-kindness): 친절과 호의, 사랑을 체현하는 자질

주: 이 범주들은 마음챙김 수련 중에 주의를 조절하는 특정한 태도가 있다는 일반적 생각을 반영하여 자기 발견적(heuristically) 방법으로 제시되었다.

한자어 '염(念)'을 살펴보는 것이 도움이 된다. 이 글자는 지금[今]이라는 글자와 마음[心]이라는 글자가 합쳐진 것이다(Santorelli, 1999). 더욱이 동양의 언어에서는 가슴(hear)과 마음(mind)이 같은 단어다. 그러므로 동양의 언어로 마음챙김(mindfulness)을 더 정확하게 번역한다면 그것은 heartfulness가 될 것이다. 이 단어는 마음챙김의 주의를 기울이는 수련에 '가슴'의 성질을 포함시키는 것의 중요성을 강조한다.

우리는 연습과 올바른 노력을 통하여 사람들이 평가나 해석 없이 자신의 내적·외적 경험에 주의를 기울이는 법을 배울 수 있다고 상정한다. 그리고 현재 자신의 경험의 장에서 일어나고 있는 일이 자신의 오랜 바람과 기대와 충돌하더라도 수용과 친절, 개방성을 연습할 수 있다고 상정한다. 그러나 주의의 태도적 특질을 분명하게 하려는 의도를 갖는 것이 필수적이다.

이러한 태도적 특질을 수련에 적용하지 않은 채 주의를 기울이는 것은 자신의 내적, 외적 경험을 비난하거나 판단하는 수련이 될 수 있다. 그러한 방식은 수련의 본래 목적과는 상반되는 결과를 초래할 수 있다. 예를 들어, 평정과 수용이 아닌 판단과 애씀의 패턴을 계발하게 된다.

태도적 특질은 경험 자체에 아무것도 더하지 않는다. 대신 수용과 개방성, 돌봄과 호기심으로 주의의 렌즈를 채워 넣는다. 예를 들어, 마음챙김을 수련하는 중에 조급함이 일어나면 그 조급함을 수용과 친절로 알아차린다. 그러나 이 수용과 친절이 조급함을 대체하거나 그것이 사라지게 하기 위한 것은 아니다. 수용과 친절은 다만 조급함을 담는 그릇(container)일 뿐이다. 이러한 태도가 마음챙김 수련의 핵심 요소다. Kabat-Zinn(1990)이 말했듯이, "주의를 기울이는 연습에

> **마음챙김 안내**
> 당신은 당신 내부에 항상 현존하는 심원하고 지속적인 자각에 연결될 수 있는가?

임할 때 갖는 태도가…… 가장 중요하다"(p. 31). "마음속에 특정 태도를 갖는 것 자체가 수련의 일부다."(p. 32) 그 태도란 사물이나 상황을 (자신이 원하는) 특정 방식대로 만들려는 시도가 아니다. 그것은 다만 '있는 그대로의' 것과 특정한 방식으로 관계를 맺으려는 시도일 뿐이다.

의도적인 연습을 통해 우리는 매번 경험이 일어날 때 그것에 더 관심을 갖고, 자신의 경험이 사라지도록 허용할 수(즉, 집착하지 않을 수) 있다. 인내와 연민, 애쓰지 않음 같은 태도를 의도적으로 태도 연습에 적용함으로써, 우리는 기쁜 경험에 대한 추구와 혐오적 경험에 대한 거부라는 습관적 경향을 버릴 수 있다. 대신 그 순간 일어나는 것은 부드러움과 친절함, 수용의 맥락 속에서 무엇이나 있는 그대로 자각할 수 있다.

마음챙김의 계발: 공식 및 비공식 수련

마음챙김 수련은 마음챙김, 즉 개방되고 수용적이며 분별 있는 태도를 가지고 의도적으로 주의를 기울이는 기술을 '연마'하거나 계발하는 것을 말한다. 마음챙김 수련은 공식 수련과 비공식 수련으로 나눌 수 있다. 공식 수련은 앉기 명상, 바디스캔 명상, 걷기 명상 같은 마음챙김 기술을 계발하는 것을 목적으로 하는 체계적인 명상 수련을 말한다. 공식 수련에는 비교적 짧은 하루 명상 수련이나 몇 주, 한 달 혹은 그보다 긴 기간 동안 침묵 속에서 공식 앉기 명상과 걷기 명상을 오랜 시간 수련하는 집중수련이 있다(〈표 1-2〉 참조).

표 1-2   마음챙김 연습

"마음챙김을 알기 위해서는 경험해야 한다."(Germer, Siegel, & Fulton, 2005, p. 8)
마음챙김 호흡. 우선 조용하게 앉을 수 있는 편안한 장소를 마련하고, 편안하게
허리를 세우고 깨어 있는 태도로 앉는 자세를 취한다. 자신의 주의를 주의의 주 대
상인 호흡에 둔다. 배의 오르고 내림이나 콧구멍을 통해 들고 나는 들숨과 날숨을
느낀다. (호흡 이외의) 다른 현상들이 의식의 장에서 일어나면 그것을 알아차리고
부드럽게 마음을 다시 호흡으로 가져온다. 마음에서 일어난 것을 즐기거나 그것
에 마음이 흔들리는 등 어떤 반응이 일어나면 다만 그것을 즐김 혹은 흔들림으로
알아차리고 다시 호흡의 경험으로 돌아온다.

비공식 수련은 "일상생활에서 마음챙김 기술을 적용하는 것"
(Germer et al., 2005, p. 14)으로, 자신이 하는 무슨 일에나 개방되고 수
용적이며 분별하는 주의를 의도적으로 기울이는 것을 말한다. 마음
챙김 독서, 마음챙김 운전, 마음챙김 식사 등. 비공식 수련의 목적은
공식 수련에서 익힌 것을 일상생활에 확장하는 것이다. 도움을 주는
직업에 있는 사람들의 관점에서 보면 모든 임상 작업이 '비공식 마음
챙김 수련'으로 생각될 수 있다. 즉, 치료 회기를 의도적으로, 배려하
고 개방적이며 분별 있는 방식으로 주의를 기울이는 시간으로 보는
것이다. 이에 대해서는 이 책의 2장에서 더 자세히 다룰 것이다. 우리
는, 그것이 마음챙김을 심리치료에 적용하는 중심적 방식이며, 이를
자세히 다룰 필요가 있다고 생각한다.

마음챙김과 심리치료

마음챙김 자각은 모든 치료에 근본적이며, 마음챙김 수련은 치료자들이 이러한 자각을 계발하고 그것과 연결하는 데 도움을 줄 수 있다는 것이 우리의 생각이다. 이 책의 나머지 부분에서 독자들은 마음챙김을 ① 주의, 공감, 현존 같은 기본적인 치료적 기술을 기르는 데 독특하게 기여하는 임상적 훈련의 중요한 차원으로서, ② 다양한 대상 집단에 효과적인, 경험적으로 지지되는 임상적 중재로서, ③ 임상가의 자기 관리를 돕는 수단으로서, ④ 병리를 넘어서 긍정적 성장, 발달, 변화를 포함하도록 직업의 초점을 확장하는 방법으로서 탐험하게 될 것이다.

이 책이 마음챙김이라는 영역에 더 깊이 들어가면서, 우리의 목적은 환자와 임상가 모두에게 더 큰 안녕을 가져다주는 것이다. 기본적으로 우리는 마음챙김을 인간의 타고난 능력으로 본다. 이런 렌즈를 통해서 보면 마음챙김은 우리 모두가 건강과 행복, 고통으로부터의 자유를 원하는 인간이라는 것을 상기시켜 주면서 치료자와 환자 사이의 간격을 메워 줄 수 있다.

chapter 02

마음챙김 치료자

치료자는 완전히 현존하는 연습을 해야 하며 내담자에게
도움을 주기 위해 사랑의 에너지를 계발해야 한다.
　　　　　　　　　　　　　　　　　　　−Thich Nhat Hanh(2000, p. 152)

1장에서 우리는 마음챙김을 우리가 세계 속에 존재하는 방식
(Mindfulness)으로, 그리고 기술의 의식적인 개발을 수반하는 특
정한 수련법(mindfulness)으로 묘사했다. 마음챙김은 또한 "치료 관계
에서의 핵심 요소, 그리고 심리치료사가 개인적인 치료 자질을 계발
하는 기술"로도 볼 수 있다(Germer, Siegel, & Fulton, 2005, p. 9). 전자는
마음챙김 자각(mindful awareness)—깊이 지속되는 현존 혹은 자각—
의 심리적 과정을 수반하는 한편, 후자는 마음챙김 수련(mindful
practice)—개방적이고 온화하며 분별하는 방식으로 의도적인 주의를

기울이는 체계적인 연습―을 통해 개발되는 기술을 가리킨다. 심리치료를 염두에 둔 Germer 등(2005)은 마음챙김을 치료 작업에 통합하는 세 가지 방식―통틀어 '마음챙김 지향 심리치료(mindfulness-oriented psychotherapy)'라고 알려져 있는―을 개념화했다. 첫째는 치료 작업에서 마음챙김 현존을 계발하기 위한 마음챙김 명상의 개인적인 수련을 통한 것으로 '치료자 마음챙김(therapist mindfulness)'이라고 부른다. 둘째는 마음챙김과 불교심리학에 관한 이론과 연구에 의해 뒷받침되는 이론적 참조 틀을 적용하는 것으로 '마음챙김 응용 심리치료(mindfulness-informed psychotherapy)'라고 부른다. 마지막 세 번째는 '마음챙김에 근거한 심리치료(mindfulness-based psychotherapy)'로 내담자 자신의 마음챙김을 키워 주기 위해 내담자에게 마음챙김 기술과 훈련법을 직접 가르친다(Germer et al., 2005). 이 장에서 우리는 마음챙김 치료자[1]에 집중하여, 치료자의 마음챙김이 내담자 향상에 결정적인 공통 치료 요인들을 지지함으로써 치료율을 향상할 수 있다는 앞서의 주장을 확장하고자 한다(Germer et al., 2005; Martin, 1997).

공통 치료 요인

공통 치료 요인에 대한 심리치료 문헌들은 다음과 같은 진술로 요약

---

1) 우리는 사물을 경화시키는 방식으로 언어를 사용한다. '마음챙김 치료자'는 당신이 마음챙김을 올바르게 한다면 당신이 '마음챙김 치료자'일 것이라는 인상을 주는데 이것은 일종의 이상화를 가져온다. 우리는 이러한 뜻으로 이 용어를 사용하는 것이 아니라 마음챙김에 관심을 가지고 수련하는 치료자를 지칭하기 위해 사용한다.

될 수 있다. "우리는 겉으로 보기에 서로 다른 유형의 심리치료가 작동한다는 것을 안다."(Seligman, 1995, Germer et al., 2005, p. 4에서 인용) 혹은 "모두가 우승했으므로 모두가 상을 받아야 한다"(Rosenzweig, 1936). 이 결론은 소설 『이상한 나라의 앨리스(Alice in Wonderland)』에서 도보 시합을 판결하는 도도새(17세기 말에 절멸한 거위만 하여 날지 못하는 새-역자 주)가 처음 언급했다고 하여 '도도새의 평결'이라고 불린다(Luborsky, Singer, & Luborsky, 1975). 그것은 서로 다른 치료 방법들에 있어서 그 치료적 지향과 적용되는 특정 기술과 무관하게 치료 결과는 정작 큰 차이가 없다는 것을 가리킨다(Seligman, 1995). 서로 다른 치료법이 비슷한 결과를 보이는 이유에 대한 Rosenzweig의 최초의 개념적 해석은 그러한 향상이 다양한 치료가 공유하는 공통된 치료 요인 때문일지 모른다는 것이다. 이러한 관찰로 인해 탄생한 많은 연구 자료에 대한 메타(상위)분석 결과, 다양한 치료법과 내담자들에 걸쳐 치료 결과에 큰 차이가 없다는 것이 드러났다(Luborsky et al., 2002). Rosenzweig가 1930년대에 내놓은 결론은 그로부터 80년 후의 다수의 증거로 뒷받침되고 있다.

그러나 도도새의 평결이 모든 심리치료사와 연구자에 의해 만장일치로 받아들여지고 있는 것은 아니다. 심리치료 결과에서 특정 요인 대 공통 요인에 관한 논쟁은 지금도 활발하게 진행되고 있다(예: DeRubeis, Bortman, & Gibbons, 2005; Lohr, Olatunji, Parker, & DeMaio, 2005). 특정 장애에 대해 특별히 효과가 있는 것으로 밝혀진 치료법들이 있다. 예를 들면, 강박장애에는 노출 및 재발방지 치료, 공황장애에는 인지행동치료(CBT), 외상후 스트레스 장애에는 노출치료, 사회공포증에는 그룹 CBT 등이다(DeRubeis et al., 2005). 공통 치료 요인

대 특정 치료 요인의 상대적 중요도에 대한 문제는 아직 미해결로 남아 있으며 문제되는 심리적 장애와 증상에 따라 중요도가 달라질 것이지만, 대부분의 치료 양식에 공통적으로 존재하는 치료 요인의 중요성을 부정하는 학자는 별로 없다.

전체적으로, 치료 결과의 편차에서 가장 큰 비중(약 40%)을 차지하는 것은 나이와 성별, 우울증의 과거력, 사회적 지지 그리고 기타 치료 외적 요인과 같은 상대적으로 정적인 요인이었다(Lambert, 1992). 편차의 15%는 환자의 기대, 즉 위약(placebo) 효과와 관련 있었으며, 또 15%는 각 치료 양식의 독특한 특정 기술과 관련이 있었다. 이제 치료 결과의 편차에 30%가 남는데, 이것은 대부분의 치료적 만남에 존재하는 공통 요인과 관련이 있는 것으로 생각되고 있다(Lambert, 1992).

모든 치료법에 공통되는 치료 요인이 치료 결과의 상당 부분을 차지한다는—특정 치료 기법에 따른 편차(15%)보다 두 배나 크다(30%)—발견은 겉으로 보기에는 다른 것 같아도 효과는 유사한 치료법들 사이에 공통으로 존재하는 치료 요인을 찾게 만들었다. 현재로서 이에 대한 개념적 설명은 몇 가지 핵심 요인을 찾아냈다. Weinberger (2002)는 다섯 가지 중요한 공통 치료 요인을 다음과 같이 열거한다. 치료자-내담자 관계 변수(relationship variables), 예상 (expectancy), 당면한 문제(confronting problem), 숙련(mastery) 그리고 결과의 귀인(attribution of outcomes)이 그것이다. 이 중 가장 중요하고 강력하게 치료 결과를 예측하는 것은 관계 변수인 것으로 나타났다. 공감과 무조건적인 긍정적 존중으로 특징지어지는 관계 그리고 치료자-내담자의 조화(congruence)가 가장 이로운 것으로 밝혀졌다

(Bohart, Elliott, Greenberg, & Watson, 2002). Carl Rogers(Rogers, 1957)와 초기의 Rosenzweig(1936) 모두 공감과 진정성이라는 치료자 특성과 무조건적인 긍정적 존중(Rogers, 1961)이 변화를 촉진하는 데 필요조건일 뿐 아니라 충분조건이라고 생각했다. Lambert는 "신뢰, 이해, 수용, 친절, 인간적 지혜"(p. 856)에 의해 특징지어지는 치료적 관계를 공통 치료 요인으로 지목했다(Lambert, 2005). 따라서 좋은 치료 관계로 이어지는 분위기를 만들 수 있는 치료자는 특정 치료 양식에 상관없이 내담자의 고통을 줄여 주는 데 더 도움을 줄 수 있다. 이 장에서 우리는 치료자에 있어서 마음챙김 자각과 마음챙김 수련이 치료 관계를 증진시키는 방식에 주로 초점을 맞출 것이다. 마음챙김이 다른 공통 치료 요인들도 증진시켜 준다는 것은 분명하다. 그러나 우리의 초점은 가장 중요한 공통 치료 요인인 치료적 관계에 있다.

마음챙김 치료자

현존, 따뜻함, 신뢰, 연결, 내담자에 대한 이해 등으로 특징지어지는 치료적 관계의 중요성에 비추어 볼 때, 많은 연구자가 치료적 정향에 관계없이 모든 성공적인 치료적 만남의 공통 요인으로 마음챙김을 제시하고(Germer et al., 2005; Martin, 1997), 명상 훈련을 핵심 임상적 특징을 계발하는 수단으로 추천한 것(Anderson, 2005; Shapiro et al., 2008)은 놀라운 일이 아니다. 우리의 목적은 치료 관계의 강화를 통해 환자의 치료 결과를 향상하는 마음챙김 치료자의 특성을 기술하는 것이다. 우리는 이러한 특성들이 치료자 측의 마음챙김 자각에 의해

마음챙김 안내
가장 최근의 당신의 임상적 만남을 생각해 보라. 당신은 내담자에게 진정으로 현존하고 있었는가?

지지를 받으며 또한 마음챙김 수련을 통해 그것을 습득할 수 있는 잠재력을 지니고 있다고 생각한다. 다양한 특성이 내담자와 강력한 치료적 연대를 형성하는 치료자의 능력을 향상할 수 있다. 그중 몇몇은 경험적으로 조사되었고, 어떤 것은 조사를 기다리고 있는 것도 있다. 우리는 다음과 같은 치료자의 특성에 대해 살펴볼 것이다. ① 주의를 기울이는 능력과 치료자 현존, ② 치료 도중에 적용되는 태도, ③ 치료자의 자기연민과 자기 조율, ④ 내담자에 대한 치료자 공감과 조율, ⑤ 치료자의 감정 조절과 역전이(countertransference) 관리.

주의와 치료자 현존

우리는 마음챙김 자각이 언제나 성공적 심리치료의 내재적 일부라고 생각한다. 주의를 기울이고 주의를 지속하는 능력은 치료에 필수적이며 다양한 치료적 정향(orientation)에 의해 명시적으로 언급되어 왔다. 예를 들어, 치료 세션에 대해 "고르게 떠 있는 주의"를 기울이라는 Freud의 제안과 "주의는 그 자체로 치료적이다."라는 Perls의 진술이 가장 잘 알려져 있다.

이러한 유형의 주의를 기울이는 것은 긍정적 치료 관계를 키우는 데, 그리고 치료 회기 자체를 진행하는 데 분명히 매우 중요하다. 치료자가 특정 치료 정향에 아무리 오랜 시간 훈련을 했다 하더라도, 혹은 자신의 도구상자에 아무리 잘 습득한 기술을 갖고 있다 할지라도, 그가 치료 도중에 유지할 수 없거나 여러 대상(예: 환자의 말, 치료자 자신의 신체적 경험 등)으로 주의를 전환할 수 없다면 좋은 라포를 형성하거나 치료 회기에서 일어나고 있는 모든 것을 받아들이고 그에 따라 적절히 반응할 수 없을 것이다. 주의를 기울이는 능력, 지속되는 주의와 집중을 달성하고 그것을 위해 노력하는 것은 치료적 만남에서 진정으로 현존하는 데 필수적이다.

나에게 주의를 기울이지 않는 사람과 상호작용하는 것이 어떤 느낌인지 우리는 누구나 알고 있다. 그 사람의 눈은 방 여기저기를 헤매고 다니며 흐릿한 모습이 보인다. 그 사람은 자기 생각에 빠져서 나와는 몇 천 킬로미터나 떨어져 있는 것 같고 나의 말과 행동에 적절히 반응하지도 않는다. 아니면 한동안 내 말을 듣는 듯하더니 이내 딴 곳으로 가버리고 만다. 이를 당신과 일관되게 조율해 주는 사람과 비교해 보라. 그는 당신의 얼굴을 들여다보며 자신의 눈과 몸으로 당신의 감정과 분명하게 공명하고 있다. 그는 당신이 하고자 하는 말을 귀 기울여 듣는 데 집중해 있다. 후자의 경험이 바로 현존하는 사람과 함께하는 경험이다. 그는 매 순간 자신의 경험에 주의를 기울인다. 즉, 마음챙김을 하고 있는 사람과 함께하는 경험인 것이다. 이런 유형의 연결을 경험한 사람이라면 이런 주의를 통해 당신이 상대에게 보이고 들리고 또 이해받는다는 것을 알 것이다. 마음챙김을 가지고 현존하는 능력은 누구에게나 내재해 있다. 그러나 이런 능력을 키우고 좀 더 확실히 그리고 일관되게 현존하기 위해서는 체계적인 수련이 필요하다. 우리는 마음챙김 현존과 주의는 공식적인 마음챙김 명상 수련을 통해 가장 적절하게 계발될 수 있다고 믿는다.

마음챙김과 주의에 관한 연구 자료들은 이러한 가정을 지지하고 있다. 마음챙김 명상이 주의를 향하고 지속하는 능력을 키워 준다는 것을 보여 주는 통제 연구의 수가 점점 증가하고 있다(Jha, Krompinger,

& Baime, 2007; Slagter et al., 2007). 어느 신경생물학 연구에 의하면, 경험 많은 마음챙김 명상 수련가의 대뇌 피질—지속되는 주의 및 자각과 연관되어 있는 우측 전두 피질과 우측 뇌섬엽—은 명상을 하지 않는 통제 참가군의 대뇌피질에 비해 더 두꺼운 것으로 나타났다(Lazar et al., 2005). 이와 유사한 방식으로, Jha 등(2007)은 8주간의 마음챙김 명상 훈련을 받은 명상 초보자와 한 달간의 집중수련을 마친 더 경험이 많은 명상가에 대해 주의 네트워크 테스트(Attention Network Test: ANT)로 반응 시간을 측정하였다. 그 결과, 그들의 전반적인 주의력이 향상되었음을 발견했다. ANT는 경계 반응(alerting response: 적절한 자극으로 재빨리 주의를 향하는 능력)과 지향 반응(orienting response: 부적절한 정보로부터 주의를 차단하는 능력)을 측정한다. 8주 동안 마음챙김에 근거한 스트레스 완화 프로그램(mindfulness-based stress reduction: MBSR)을 훈련받은 사람들은 필요시 집중된 주의를 더 잘 향할 수 있었고, 한 달간 집중수련에 참석했던 사람들(더 고급 수련자들)은 주변의 산만한 자극에 대하여 자신들의 집중력을 정향시키고 전환하는 능력이 향상되었다. 이것은 주의를 재빨리 집중시키고 선택된 대상에 그 초점을 유지하는 능력이 마음챙김 수련을 하면서 더 향상된다는 사실을 암시한다. 주의를 집중하고 유지하는 이러한 능력은 임상 작업에 필수적이다. 그러나 임상심리학의 전문가 훈련 프로그램은 아직 그러한 능력을 계발하는 체계적인 방법을 제시하지 못하고 있는 실정이다. 모든 연구 자료는 마음챙김 수련이 이러한 필수적인 치료자 자질을 강화하는 효과적인 방법이라는 것을 증명하고 있다.

연구를 통해 명상이 주의의 전개에 미치는 영향도 조사했다. 우리가 하나의 대상에 밀접하게 주의를 기울일 때 그것 이외의 다른 대상에 주의를 기울이는 것을 막는다는 사실이 잘 증명되어 있다(Simons & Chabris, 1999). 이것은 제한된 주의 자원(attentional resource) 때문인 것으로 생각되고 있다. 즉, 너무 많은 주의가 첫 번째 자극에 할당되면 두 번째 자극에는 적절한 주의를 기울이지 못하게 된다는 말이다. 최근의 장기 연구는 집중 명상 수련(3개월간의 마음챙김 명상 집중수련)을 통해 주의 배분의 통제 능력이 향상된다는 사실을 보여 주었다. 즉, 첫 번째 자극에 주의를 적게 기울이는 동시에 두 번째 자극에 기울일 충분한 주의가 더 남아 있게 된다는 것이다(Slagter et al., 2007). 임상 작업에서 빠른 연속적 자극에 주의를 기울이는 이러한 능력은 매우 필수적이다. 그렇지 않다면 중요한 형성(critical formation)을 놓칠 수 있다. 이러한 발견은 주의가 고정된 실체가 아니라 명상 수련을 통해 계발될 수 있는 유연한 기술이라는 이전의 연구 결과를 뒷받침한다. 이러한 주의 기술은 치료자가 치료 시간 내내 주의를 지속할 뿐 아니라 내담자로부터 나오는 미묘하고 신속한 정보에 주의를 기울이게 하는, 치료에 필수불가결한 기술이다.

치료에서 주의가 갖는 중요도를 측정하기 위해, 마음챙김을 수련한 경험 많은 치료자들에 대한 질적 인터뷰 연구를 실시하여 "개인적으로 마음챙김 명상을 수련하는 것이 치료 관계에서 내담자에게 현존하는 치료자의 능력에 어떤 영향을 미치는가?"라는 질문을 조사하였다(McCartney, 2004). 현상학적 분석을 통해 도출된 주요 주제인 '상담자 현존(counselor presence)'이 내담자와 함께 '현재 순간에 존재함(being in the moment)'으로써 향상되었다. '현재 순간에 존재하는 것'은 치료 회기 전반에 걸쳐 현재 순간에 주의를 기울이는 능력으로 기술되었다. 그 치료자들에 의하면, 현재 순간에 존재하는 것은 자신들이 중심이 잡히고 고요하며 평화로운, 자기 내면의 장소를 마련하는 작업이었다. 완전히 현존하고 자신의 주의 수준에 대해 자각함으로써, 치료자들은 내담자와 동료 인간으로서 연결을 맺을 수 있었고 양육적인 치료 관계를 확립할 수 있었다. 상담 대학원생들에 대한 마음챙김 훈련에 관한 최근의 또 다른 질적 연구에 의하면, 그들은 마음챙김 훈련 후에 치료 회기에서 더 주의를 기울이고 치료 회기 동안의 침묵에 대해서도 더 편안하게 느끼게 되었다고 한다(Schure, Christopher, & Christopher, 2008). 그들은 이것이 치료 관계를 지지하는 데 다음과 같은 특별한 방식으로 도움을 주었다고 느꼈다.

> 나는 내담자의 말을 듣고, 침묵 속에서 앉아 있고, 다만 현존하는 것에 더 편안함을 느꼈습니다. 마음챙김이란 결국 현존하고 깨어 있는 것에 관한 것이지요. 말하자면 그 훈련 과정은 내가 내담자를 변화시키기 위해 혹은 그들의 고통을 덜어 주기 위해 무언가를 '해야' 한다고 생각하는 대신에 내담자에게 더 집중하도록 해 주었습니다(p. 52).

이미 언급한 연구 자료들에서 확인할 수 있듯이, 마음챙김 명상 수련은 치료자가 전체 치료 회기에서 주의를 지속하고 내담자와 자신의 내면적 환경 모두에 밀착된 주의를 기울이는 능력을 키워 주는 힘을 갖고 있다. 주의를 기울이는 이러한 능력은 심리치료에 필수적이다. 그리고 마음챙김 수련은 치료자에게서 이러한 능력을 계발하는 체계적인 방법 가운데 하나라고 할 수 있다.

치료자 태도

치료자가 치료 만남에서 주의를 기울이는 방식 또한 매우 중요하다. 주의에는 인간적 온기가 없는 차갑고 딱딱하며 임상적인 측면이 있을 수 있다. 이런 유형의 주의는 내담자에게 지지적으로 느껴지지 않으며 치료 관계를 향상하지도 못한다. 이것을 마음챙김 수련에서 보이는 태도와 비교해 보라. Jon Kabat-Zinn은 마음챙김 수련에 임할 때의 태도를 집착하지 않음(nonattachment), 수용(acceptance), 내려놓음(letting go), 초심자의 마음(beginner's mind), 애쓰지 않음(nonstriving), 비판단(nonjudging), 인내(patience) 그리고 신뢰(trust)로 정리했다(Kabat-Zinn, 1990). 그 밖의 다른 마음챙김 태도에는 따뜻함(warmth), 다정함(friendliness), 친절(kindness) 같은 것이 포함된다(Segal, Williams, & Teasdale, 2002; Shapiro & Schwartz, 2000a). 이것들 또한 치료 만남을 상당히 향상할 수 있다. 여기 제시된 목록이 결코 전부는 아니며, 다만 치료자 주의의 전반적인 느낌과 질에 대한 자기 발견적 방법을 제시하는 것뿐이다. 이런 자질들은 치료자가 내담자에게 열린 마음으로 다가가는 능력, 그 사람을 매 순간 판단하지 않고, 또 치료 결과에 집착하지 않고 새롭게 보는 능력을 키워 준다. 나아가 이런 자질들은 확실히 따뜻함, 다정함, 친절을 키워 주고, 이것들은 치료 만남을 향상하고 또 내담자가 자신의 가장 수치스러운 생각과 경험까지도 드러낼 수 있을 정도로 충분히 편안하고 안전한 환경을 만들어 준다. 나아가 애쓰지 않고 집착하지 않고 인내하는 태도는 환자가 특정 결과를 달성하거나 일련의 치료 계획을 따라야 하는 압박 없이 자신의 페이스대로 갈 수 있게 허용하는 환경을 만들어 준다. Martin 은 치료에서 마음챙김의 적용을 "자신이 옳고 상황을 통제하며 치료자의 자존감을 유지하는 태도가 고요하고 유연하며 치우치지 않고 비대응적인 반응으로 바뀐 상태를 달성하는 것"이라고 정의했다 (Martin, 1997, p. 299).

우리는 마음챙김 수련을 통해 계발된 태도가 치유적 관계에 필수적인 치료자의 특정 자질을 강화함으로써 치료 만남을 크게 향상할 것이라고 생각한다. 예비 증거들이 이런 가정을 뒷받침하고 있다. 즉, 마음챙김은 이런 제안된 태도들을 증가시키는 것과 실제로 관련이 있다는 것을 보여 주고 있다. 예를 들어, Brown과 Ryan(2003)은 마음챙김의 수준이 높으면 자신의 경험에 대해 더 개방적인 자세를 갖게 된다는 것을 일반 성격 특성 평가인 NEO 5요인 질문지(NEO Five-Factor Inventory)로 증명했다(Murray, Rawlings, Allen, & Trinder, 2003). 그리고 Thompson과 Waltz(2007)는 이 척도에서 높은 특성의 마음챙김은 더 적은 신경증, 더 큰 동의 능력(agreeableness) 및 양심과 관련이 있다는 것을 발견했다. 앞에서 이야기했듯이, 우리는 이 개방성의 자질이 치료자들에게 무조건적인 긍정적 존중과 더 튼튼한 치료 관계를 계발하도록 한다(Rogers, 1961)고 생각한다. 왜냐하면 이때 치료자들은 내담자가 치료에 가져오는 어떠한 경험에든 열려 있기 때문이다. 그러나 앞에서 기술한 바와 같은 특정 마음챙김의 자질을 치료 관계 및 치료 결과의 향상과 특별히 관련시킨 연구는 아직 없는 것으로 알고 있다. 우리는 이것이 향후 유용한 연구 방향이 될 것으로 믿는다.

자기연민과 조율

마음챙김 수련은 또한 치료 관계의 초석인 연민(compassion)이라는 필수적인 치료 요소를 계발하도록 돕는다. 연민은 두 가지 특성을 함께 갖는 것으로 종종 정의된다. 즉, 자신과 타인의 고통에 대해 공감하는 능력, 그리고 그 고통을 덜어 주고 싶다는 느낌에 따라 행동하겠다는 바람이다. 마음챙김 수련에서 연민의 계발은 자신에 대해 연민과 친절로써 관계 맺는 것에서부터 시작된다. 자신의 경험에 대해 친절로써 체계적으로 주의를 기울이면서 자기 판단의 해로운 영향을 관찰하기 시작한다. 이런 지속적 과정을 통해 자신에 대한 조율을 계발할 수 있다. 자기 조율은 타인에 대한 조율을 계발하는 첫 단계다. Siegel(2007)은 다음과 같이 말했다.

> 마음챙김 자각을 통해 마음은 자신의 지금-여기 경험을 직접적으로 감각하고, 있는 그대로를 수용하고, 친절과 존중으로 인정하는 존재 상태로 들어간다. 이것은 사랑을 증진하는 대인관계 조율의 일종이다. 그리고 이 대인관계 조율을 통해 우리는 마음챙김 자각이 어떻게 자신에 대한 사랑을 키워 주는지 확인할 수 있다(pp. 16-17).

Siegel이 말한 것처럼 조율은 다른 사람[혹은 자신-그것을 자기 조율 (self-attunement)이라고 한다]의 내적 경험과 접촉하는 것이라는 점에서 연민의 전조다. 자기 조율은 주시자 의식(witness consciousness)—정신

마음챙김 안내
자신에 대한 연민을 계발하기가 가장 어려운 때는 언제인가?

역동적 용어로 말하면 '관찰자 자기(observing ego)'—의 발달을 필요로 한다. 의식의 이 측면은 경험의 내용을 판단하거나 해석하지 않고 있는 그대로 받아들이며 먼 거리에서 관찰한다. 주시자 의식의 계발은 자기 조율의 발달을 도와준다. 자기 자신과의 조율된 관계 속에서 주시자(관찰 주체인 '나')는 경험의 지속적인 흐름과 그 속에서 일어나고 사라지는 생각과 감정(관찰 객체인 '나')을 자각하고 있다[예: "나(관찰 주체)는 이것이 나(관찰 객체)에게 어렵다는 것을 알 수 있다."]. 자기 조율을 이루기 위해서 치료자는 치료자 역할을 수행하면서 또 일상생활 속에서 자기에 대한 자신의 반응과 생각을 분명하게 보는 법을 연습해야 한다. 자신에게 매우 비판적이거나 어떠한 방식으로든 지금과 달라야 한다고 바라거나 기대하는 자신을 발견할 때, 그는 의식적으로 위에서 말한 태도를 자신의 경험에 적용할 수 있다. 즉, 자신에 대한 비판적 생각에 대해 그것을 사실이라고 믿거나 그에 반응하지 않고 다만 관찰할 수 있는 것이다.

마음챙김 수련을 통해 우리 치료자들은 자신의 자기 조율을 강화하고 우리 자신과 더 큰 수용과 연민으로 관계 맺을 수 있다. 우리는 우리 자신의 고통에 대해서도 열린 가슴의 현존을 가지고 체계적으로 주의를 기울일 수 있으며, 우리의 개인적 고통이 우리 자신에게만 일어나는 일은 아니라는 것(보편적이라는 것)을 깨닫게 된다. 우리는 모든 존재가 고통을 겪는다는 사실을 새롭게 그리고 더 직감적으로 알게 되고, 그럼으로써 우리 자신과 타인의 이러한 고통을 덜어 주려는 깊은 연민과 강한 바람을 갖게 된다. 치료자 인터뷰에 따르면(McCartney, 2004), 마음챙김 수련은 '보편적인 인간성(universality of being human)'에 대한 인식을 키움으로써 자기연민의 계발을 돕는다.

이 보편적인 인간성이라는 구절은 모든 사람이 고통을 겪는다는 것, 어느 누구도 그러한 인간 조건에서 면제될 수 없다는 사실에 대한 깨달음을 가리킨다. 따라서 모든 사람은 연민을 받을 자격이 있다. 어느 치료사는 그것을 다음과 같이 표현했다.

> 우리와 우리보다 더 큰 우주 사이에는 어떤 연결이 있습니다. 당신이 그것을 무엇이라고 부르든 간에 우리는 모두 서로 안에 있고, 우리는 모든 사람입니다. 내가 하는 어떤 일이든 당신에게 상처를 줄 수 있고, 그로 인해 나 또한 상처를 입습니다. 내가 하는 어떤 일이 환경을 해치고, 그것은 또 나를 해칠 수 있습니다. …… 우리는 모두 서로 연결되어 있고 우리는 모두 고통을 겪습니다.

자기연민이 타인을 위한 연민의 계발을 돕는다는 가정을 지지하며 Henry, Schacht와 Strupp(1990)은 치료자의 적대적인 통제적 의사소통의 정도를 측정하면서 치료자와 내담자 사이의 상호작용을 매 순간 비디오테이프로 녹화한 내용을 분석했다. 그들은 또한 치료자 자신이 치료 도중 자신을 평가해 보도록 했다. 자신에게 가장 덜 수용적이고 가장 비난적인 치료자들이 또한 내담자에 대해서도 가장 적대적이고 통제적이며 비난적인 것은 놀라운 일이 아니다. 그들은, 가장 자기 수용적인 치료자가 내담자에 대해서도 훨씬 더 수용적이고 지지적인 관계를 맺을 수 있다고 결론 내렸다.

치료자의 자기연민을 훈련시킬 수 있느냐를 판별하기 위한 연구가 최근에 실시되었다(Shapiro, Astin, Bishop, & Cordova, 2005; Shapiro, Brown, & Biegel, 2007). Shapiro와 동료들은 MBSR이 보훈병원에서 일

하는 건강관리 전문가에게 미치는 영향을 검토했다. 이 임의 통제 실험의 결과는 중재 이전과 이후, 자기연민의 상당한 증가와 스트레스 및 소진의 감소, 그리고 삶에 대한 만족도 상승을 보여 주었다. 이 결과들은 참여자들의 익명의 질적 보고서를 통해서도 지지받고 있다. 참여자들의 반응 가운데는 "이 수련은 연민을 지니고 사는 데 반드시 필요합니다." "가장 큰 이득은 나 자신에게 관대해지고 친절해졌다는 것입니다." 같은 것이 있었다.

이 예비 연구를 뒷받침하는 최근의 연구는 MBSR이 결혼 및 가족 치료사 졸업생들을 위한 프로그램에 참가한 상담심리학과 학생들에게 미치는 영향을 조사했다(Shapiro et al., 2007). 그 결과, MBSR 통제 그룹과 비교하여 중재 전과 후의 자기연민이 참여자에게서 상당히 증가한 것으로 나타났다. 마음챙김의 향상[마음챙김 자각 주의척도(Mindful Awareness Attention Scale: MAAS)로 측정했다]이 중재 후 자기연민의 변화를 직접적으로 매개했다는 사실은 흥미롭다. 이들 학생은 마음챙김이 증가함에 따라 자신에 대해서도 더 자상해졌다. 자기연민은 거의 틀림없이 치료자의 안녕을 위한 중요한 자질이다. 그러나 이 자질은 치료 관계를 위해서도 중요한 것으로 보인다.

공감, 타인과의 조율

Carl Rogers는 공감(empathy)을 "환자의 사적인 세계를 마치 그것이 당신 자신의 세계인 듯이(그러나 '~인 듯이'의 성질을 잃지 않고) 느끼는" 능력이라고 정의했다(Rogers, 1857, p. 95). 이 '~인 듯이'의 성질은 앞에서 설명한 주시자 의식(witness consciousness)을 계발하는 중요성을 또한 강화시킨다. 앞에서 이야기했듯이, 치료자가 자신에 대한 조율과 연민을 어느 정도 달성하지 못한 상태에서는 타인에 대한 공감이 일어나기 쉽지 않다. Strupp의 연구가 지지하듯이, 자신에게 가혹하고 자신을 비난하는 치료자가 내담자에게 비판단과 연민의 감정을 진정으로 전달하기란 어렵다. 그러므로 치료자가 자기연민을 계발하는 것은 매우 중요하다. 왜냐하면 치료자의 자기연민은 타인을 위한 공감과 연민을 계발하는 초석이 되기 때문이다.

공감은 효과적인 치료의 필요조건으로 상정되어 왔다(Arkowitz, 2002; Rogers, 1992, Bohart et al., 2002에서 인용). 실제로 Bohart와 동료들(2002)에 따르면 "공감은 특정 중재법만큼 혹은 그보다 더 많이 치료 결과의 편차를 설명하는 요인이 된다"(p. 96). 그러나 치료자와 임상 훈련 프로그램들은 공감을 계발하는 방법을 찾아야 하는 도전에 직면했다(Shapiro & Izett, 2008). 연구 결과, 명상이 치료자의 공감을 상당 부분 증가시킬 수 있는 것으로 나타났다. 예를 들어, Lesh(1970)는 임상심리학 전공 학생들이 대기자 통제 그룹에 비해 선 명상 중재 후 공감이 상당히 더 증가한 것을 보여 주었다. 공감은 비디오 녹화된 내담자가 표현하는 감정을 정확하게 평가하는 학생들의 능력으로 측정되었다. 이 초기 연구를 지지하는 임의 통제 실험은 8주간의 MBSR 중재가 의대생과 예과 의대생들에게 미치는 영향을 조사함으로써 진행되었다. 학생들은 임의로 마음챙김 중재 그룹과 대기자 통제 그룹에 할당되었다. 통제 그룹에 비해 명상 그룹에서 상당한 공감의 증가가 있었다(Shapiro, Schwartz, & Bonner, 1998). 이 결과는 스트레스를 받는 조사 기간 동안 지속되었으며, 통제 그룹이 몇 개월 후 동일한

마음챙김 안내

당신은 이러한 이해를 어떻게 당신의 내담자들에 대한 연민을 계발하는 데 적용할 수 있을까?

MBSR 중재를 받았을 때도 똑같이 재현되었다. 임상심리학 전공 학생들을 대상으로 한 최근의 연구도 비슷한 결과를 보여 주었다. 즉, 8주간의 MBSR 훈련은 중재 전과 후, 타인에 대한 공감적 관심을 상당량 증가시켰다(Shaprio et al., 2007). 또한 마음챙김도 향상된 것으로 관찰되었는데, 이것은 중재 후 공감의 변화를 직접적으로 매개했다. 바꿔말해, 이들 학생이 타인에 대한 공감 수준을 상당히 향상한 주된 원인은 그들이 마음챙김을 더 잘하게 되었다는 사실에서 비롯되었다는 것이다. 상담학 졸업생들을 대상으로 한 또 다른 질적 연구 결과는 이러한 질적 발견을 뒷받침한다(Schure et al., 2008). 마음챙김 훈련을 받은 후 학생들은 내담자와 더 잘 연결하고 그들의 고통에 대해 공감하는 능력을 기술했다. 어느 학생은 이것이 치료 관계를 어떻게 향상하는가에 대해 다음과 같이 이야기했다.

> 내가 생각하기에 이것은 내가 환자들에게 더 현존하고 그들이 나와 나누는 경험에 대해 더 큰 공감을 갖게 만든다고 생각해요. 이 수업을 듣기 전에 나는 내 불안이 때로 다른 감정들을 완전히 압도할 것이고 이런 감정들과 접촉하는 것이 어려울 거라 생각했어요. 그리고 이런 정동적(affective) 영역을 넘어서도, 마음챙김을 통해 더 '중심이 잡힌' 나의 태도는 나 자신의 바깥을 더 살펴보게 했어요. 그러니까 내담자 그리고 내담자와의 관계에 대해서도 더 많이 관찰하게 된 것이죠.

이런 예비 연구들은 명상이 치료자의 공감을 계발하는 효과적인 중재법임을 보여 준다.

　신경생물학의 연구도 명상이 어떻게 공감을 계발하는 데 도움을 주는지 설명하기 시작하였다. 타인의 마음의 내면적 상태에 대한 이미지를 만드는 능력을 부여하는 '거울뉴런(mirror neurons)'의 발견(di Pellegrino, Fadiga, Fogassi, Gallese, & Rizzolatti, 1992)은 공감의 신경학적 기초에 대한 창을 제공한다. 거울뉴런은 "누군가가 당신 얼굴에 나타난 감정을 보는 순간, 그가 자기 안에 있는 그것과 똑같은 감정을 자각할 수 있게 한다"(Goleman, 2006, p. 43). 신경과학은 "타인의 관점을 상상하고 공감하는 능력이 거울뉴런의 활동과 관련이 있다."는 것을 보여 주고 있다(Siegel, 2007a, p.137; Siegel, 2007b). 흥미로운 것은 거울뉴런은 종종 아급성(亞急性, subacute) 수준에서 활성화된다는 것이다. 즉, 의사 전달자의 최초의 감정 수준보다 덜 격한 수준에서 활성화되는 것이다. 예를 들어, 내담자가 슬픔을 느껴 울 때 치료자도 슬픔을 느낄 수 있지만 겉으로 눈물을 보이지 않는다. 마찬가지로 내담자가 미소를 짓거나 웃음을 터뜨릴 때 치료자도 행복과 기쁨을 느낄 수는 있지만 미소를 짓거나 웃는 행동을 통해 겉으로 드러나지는 않는 즉, 더 낮은 수준을 보인다. Daniel Siegel은 이런 유형의 조율을 가리켜 "치료적 변화의 핵심"이라고 했다(Siegel, 2007a). 이것은 마음챙김 명상 훈련이 왜 공감 수치를 상당히 증가시키는지에 대한 신경생물학적 설명이 될 수 있다. 그리고 이것은 다시 한 번 자신과 타인에 대한 공감과 연민이 밀접한 상관을 갖고 있음을 보여 주는 것이라고 할 수 있다.

감정 조절

마음챙김 훈련이 어떻게 경계성 인격장애나 주요우울증 진단을 받은 사람들, 그러니까 자신의 감정을 조절하는 데 어려움을 겪는 내담자를 도와줄 수 있는가를 살핀 많은 연구가 있었다. 실제로 이러한 감정 조절 이상에 대해 마음챙김의 요소들에 기초하여 개발된 특정 중재법도 있다. 경계성 인격장애에 대해서는 변증법적 행동치료(dialectcal behavior therapy: DBT; Linehan, 1993a, 1993b)가, 주요우울증에 대해서는 마음챙김에 근거한 인지치료(Segal et al., 2002)가 그것이다. 그러나 치료자의(내담자도 또한) 감정 조절의 중요성이 간과되어서는 안 된다. 감정 조절은 효과적인 동맹(alliance)과 긍정적인 치료관계를 형성하는 데 꼭 필요한 기술이기 때문이다. 치료자는 자신의 감정을 조절하는 법을 배워야 한다. 그는 언제 감정을 표현하는 것이 좋은지, 또 언제 드러나게 반응하는 것을 삼가야 할지를 알아야 한다. 때로 치료 장면에서 종종 일어나는 격한 감정을 인내하고 그런 감정에 대한 '안아 주는 공간(holding space)'을 만들어야 할 때도 있다.

감정(치료자와 내담자 모두의)에 대한 이러한 안아 주는 혹은 창조하는 감각은 물에 소금을 녹이는 흔히 사용되는 비유를 통해 설명할 수 있다(Kornfield, 2003). 소금 한 스푼을 물 한 컵에 녹인다고 하자. 만약 이 물을 마시면 매우 짜게 느껴질 것이다. 그런데 이 소금물을 커다란 주전자에 넣은 다음 주전자에 물을 가득 채운다고 하자. 이제 소금물의 짠맛은 훨씬 덜할 것이다. 이제 다시 이 소금물을 연못이나 커다란 호수에 붓는다고 하자. 그러면 이제 짠맛을 거의 느끼지 못할 것이다.

이런 원리가 치료 회기에서 감정을 안아 주는 것에도 그대로 적용된다(Germer et al., 2005). 치료자는 평정을 유지하면서 거대한 양의 감정—자신과 내담자 모두의—을 안아 주는 커다란 '그릇'이 된다.

예를 들어, 마음챙김을 수련한 치료자들을 면담한 질적 연구에서 치료자들은 내담자의 과정과 내담자에 대한 자신의 체험 모두를 관찰하고 안을 수 있는 주시자를 경험했다고 말한다. 어느 치료자는 이렇게 말했다. "나의 주시자 의식이 내담자의 자리로 더 다가가는 걸 느낄 수 있어요. 내 주시자 의식이…… 나 자신 안에서 자리를 잡고 있다고 할까요."(McCartney, 2004, p. 60) 큰 그릇을 만드는 것뿐만 아니라 이 안아 주는 주시자는 또 하나의 중요한 목적에 도움이 된다. 그것은 치료자와 내담자의 경험 둘레에 경계를 형성해 주는 것이다. 이것은 내담자의 행동에 대한 반응을 예방하는 데 필요하다. 이 치료자는 또한 이렇게 말했다. "내담자에게 일어나고 있는 일에 대한 지시로서 나 안에서 일어나고 있는 것에 대한 나의 자각에 대한 신뢰가 있어요. 그렇지만 나는 나 자신을 내담자에 대한 도구로 사용할 수 있으려면 내 안에서 일어나고 있는 일에도 마음챙김을 해야 해요."(McCartney, 2004, p. 60) 이 진술은 자기 안의 주시자를 계발하는 것이 어떻게 치료자로 하여금 고전적인 치료 역전이(countertransference)—내담자에 대한 치료자 자신의 반응 같은—를 관리할 수 있게 하는지 보여 준다. 명상 수련을 통해 계발된 자기 마음과 몸에 대한 친숙함으로 치료자는 내담자의 행동에 대한 자신의 개인적 반응을 보게 되고, 이러한 감정을 조절할 수 있게 된다. 그렇지 않았더라면 치료 관계가 손상되었을 것이다.

자신의 정서적 반응에 주의를 기울이고 그것을 조절하는 능력을 통해 치료자는 더 현존할 수 있게 되고, 정서적으로 격앙되는 다양한 치료 상황에서 내담자를 더 수용할 수 있게 된다. 그럼으로써 더 강력하고 지지적인 치료 관계를 유지할 수 있다. 다시 한 번 말하지만, 치료자의 감정 조절을 치료 관계와 직접적으로 연관 지은 연구는 아직 발표된 적이 없다. 이것은 향후 중요한 연구의 방향이 될 수 있다.

마음챙김 치료자에 대한 예비 증거

앞에서 우리는 치료 관계의 중요한 공통 요인을 향상하는 데 도움이 된다고 생각되는 마음챙김 치료자의 특징에 대해 살펴보았다. 내담자 결과의 향상이 마음챙김 치료자 훈련의 중요한 목적이긴 하지만, 최근까지 어떠한 연구도 치료자의 마음챙김이나 치료자의 마음챙김 훈련이 내담자 결과에 미치는 영향을 조사하지 않았다. 그러나 최근 독일의 Grepmair와 동료들이 이 문제를 살폈다(Grepmair, Mitterlehner, Loew, Bachler et al., 2007; Grepmair, Mitterlehner, Loew, & Nickel, 2007). 그들은 선(禪) 명상을 했던 혹은 하지 않았던 수련 중인 치료자들에게 치료를 받은 196명의 환자의 치료 결과를 비교하는 작위적 순차 집단 예비 연구(nonrandomized sequential cohort pilot study)로 시작했다. 연구 결과, 명상을 수련했던 치료자에게 치료받은 환자들이 자신의 정신역동과 어려움, 목적에 대한 이해 척도에서 더 좋은 자기 보고 결과를 보여 주었다. 이들 환자는 자신의 어려움과 증상을 극복하고 자신의 일상생활에서 적용할 수 있는 새로운 적응적 행동들을 계발하는 데서 더 좋은 진전을 보이는 것으로 보고되었다

(Grepmair, Mitterlehner, Loew, & Nickel, 2007).

이 그룹에 대한 두 번째 연구는 첫 번째 연구와 유사하면서도 훨씬 더 엄정한 무작위 통제 설계 방법을 채택했다(Grepmair, Mitterlehner, Loew, Bachler et al., 2007). 연구자들은 수련 중인 18명의 치료자를 무작위로, 선 명상을 배우는 그룹과 정상적인 수련을 받는 통제 그룹으로 나누었다. 선 명상 그룹에 속한 수련 치료자들은 연구 기간 내내 주중에 하루 한 시간씩 선 스승(Zen master)과 함께 명상을 수련했다. 연구자들은, 다양한 기분 및 불안 장애를 가진 124명의 입원 환자가 매주 총 8시간에 이르는 개인 및 집단 치료 회기를 포함한 통합 치료 계획에 따라 이들 치료자에게 치료를 받도록 했다. 환자들은 어느 치료자가 명상을 했는지 모르는 상태에서 개별 치료 회기의 질(質)과 전체 치료 전후의 전반적인 안녕감을 평가했다. 전반적으로 선 명상을 한 치료자 그룹에게 치료를 받은 환자들이 통제 그룹의 치료자들에게 치료를 받은 환자들보다 명료화나 문제 해결 같은 치료 과정에서 더 높은 점수를 얻었다. 그 환자들은 자신의 정신역동과 자신의 어려움의 구조와 특징, 그리고 자신의 발전의 가능성과 목적을 더 잘 이해하게 되었다고 말했다. 그들의 증상 또한 시간이 지나면서 다양한 표준 결과에 걸쳐 향상되었다. 그들의 불안, 우울, 적대감, 신체화(somatization) 그리고 강박(obsession)과 강제(compulsion) 같은 증상이 나타나는 횟수가 줄었다.

이것은 환자의 (치료) 결과를 향상하는, 치료자에 대한 마음챙김 훈련의 힘을 보여 주는 첫 번째 사례다. 그 발견은 명쾌했다. 11개의 결과 척도 가운데 10개에서 명상을 하는 치료자에게 치료를 받은 환자들이 더 높은 점수를 기록했다. 이 연구는 마음챙김을 하는 치료자와 그의 치료 관계에 미치는 영향 그리고 환자의 (치료) 결과 사이의 '점을 연결하는' 데 필요한 연구의 유형을 보여 주는 좋은 사례다. 오직 이러한 유형의 연구를 통해서만 이 장의 가정이 철저하게 탐구될 수 있다.

마음챙김 치료자: 결론

요약하면, 우리는 마음챙김 치료자의 다양한 자질을 계발하는 것이 치료 관계를 향상하고 따라서 이로운 치료 결과를 더 증진시킨다고 가정한다. 마음챙김 치료자의 특질에는 개방적이고 친절하며 수용적인 주의, 자기연민, 자기 조율, 타인에 대한 공감 같은 것들이 포함된다. 마음챙김 치료자는 감정 조절력을 발달시키며, 따라서 무의식적인 역전이 행동을 통해서 치료적 결렬(therapeutic rupture)이 일어나는 것을 막는다.

우리는 공식 마음챙김 수련이 다양한 이론적 정향의 치료자들에게 치료 관계의 중요한 공통 요인을 향상해 주는 이러한 특정한 자질들을 키우는 데 도움을 줄 수 있다고 생각한다. 우리는 또한 비공식 수련도 치료자가 이러한 자질을 매번의 치료적 만남에 의식적으로 가져오도록 도움을 줄 수 있다고 생각한다. 이 책의 1장에서 말한 것처럼, 비공식 수련은 자신의 온전한 주의를 일상의 어떤 행위에라도 의식적으로 가져오는 것이다. 우리는 치료 회기 자체를 비공식 마음챙김 수련으로 삼는 것이 공식 마음챙김 수련을 통해 계발하는 자질을 치료 회기에 명시적으로 가져오는 중요한 방법이라고 생각한다. 매

치료 회기를 시작할 때 치료자가 자신의 호흡과 몸과 연결하고, 그 치료 만남 동안 계속해서 비공식적으로 마음챙김을 수련하겠다는 의도를 의식적으로 형성하는 것이 도움이 된다. 치료자는 무엇보다 자기 자신을 먼저 현재 순간에 토대를 두도록 해야 한다. 그는 내담자와 연결을 맺기 전에 자기 자신 안에서 발견한 자신의 신체적 긴장, 감정, 생각 그리고 기대를 먼저 인정할 필요가 있다. 그래야 자신이 회기에 무엇을 가져오는지 자각할 수 있다. 회기 내내 치료자는 의도적인 주의 기울임을 매 순간 자신과 내담자에게 비판단적이고 개방적이며 배려하고 분별하는 방식으로 적용한다. 그러한 의도를 형성하는 것은 또한 자꾸 자신에게 이렇게 묻는 것을 의미한다. '내가 충분히 현존하고 있는가? 나는 깨어 있는가?' 그리고 그것은 또한 회기 내내 닻 내리기와 중심 잡기의 한 방식으로서 호흡과 몸에 의식적으로 다시 연결하는 것이다.

우리는 치료 회기를 비공식 마음챙김 수련으로 삼는 것에 더하여 공식 마음챙김 수련이 효과적인 치료에 필수적인 치료자의 자질을 크게 향상해 준다고 믿는다. 이 장에서 우리는 이 분야에서의 초보적 연구 문헌들에 대해 살펴보았다. 향후 연구 방향에 대해서는 이 책의 10장에서 더 자세하게 다룰 것이다. 우리는 마음챙김 치료자가 치료 결과에 미치는 영향에 대한 더 자세한 조사를 통해, 마음챙김 수련이 치료자에게 갖는 가능성과 치료자의 마음챙김이 치료 결과에 영향을 미치는 기제에 대한 중요한 통찰이 드러날 것으로 믿는다.

chapter 03

마음챙김 응용치료

고개를 돌리지 말라.

붕대를 감은 곳을 계속해서 지켜보라.

그곳이 바로 빛이 당신 안으로 들어오는 곳이니까.

−Rumi(1995)

지 금까지 우리는 마음챙김을 공통 요인으로, 또한 치료자가 더
효과적이 되도록 훈련하는 수단으로 제시하면서 마음챙김의
개념을 소개했다. 이제 우리는 마음챙김을 심리치료에 통합하는 두
번째 경로를 살펴보려고 한다. 그것은 바로 마음챙김 응용치료
(mindfulness-informed therapy)다. 마음챙김 응용치료는 불교 문헌과
심리학의 마음챙김 문헌 그리고 자신의 개인적 수련에서 얻은 지혜
와 통찰을 치료 작업에 통합하는 하나의 틀을 제공한다. 그러나 마음

챙김 응용치료가 반드시 마음챙김 명상 수련을 (환자에게) 가르치는 것은 아니다(Germer, Siegel, & Fulton, 2005).

종종 임상심리학자들과 다른 사람을 돕는 직종의 사람들은 불교의 가르침과 마음챙김 수련이 그들의 내담자에게 가치가 있지만 임상 작업의 성격과 내담자 그리고 그 장면이 공식 마음챙김 수련을 명시적으로 가르치기에는 부적절하다고 생각한다. 공식 명상 수련이 적절한 중재인가 아닌가는 치료자 혹은 치료자와 내담자가 함께 내리는 개별적인 임상적 결정 사항으로, 개별 사례와 관련 있는 모든 변수를 고려하는 것이다. 연구 문헌은 아직 명상을 해서는 안 되는 특정 환자 그룹을 확정적으로 확인하지 않았다. 그러나 공식 마음챙김 수련이 모든 사람, 모든 증상 그리고 모든 상황에 대한 만병통치약으로 인식되어서는 안 된다는 것 또한 분명하다. 명상이 가장 효과적인 중재가 아닐 수 있는 많은 상황이 존재한다는 말이다. 예를 들어, Johanson (2006)은 성격장애가 있는 사람은 자기 내면을 깊이 들여다볼 것을 요구하는 공식 명상 수련을 배우기 전에 우선 "일상의 의식 상태에서 상담을 받을"(p. 23) 필요가 있다고 말한다. 그는 나아가 "정신병의 가능성이 있는 사람은 마음챙김을 하면서 자신을 연구할 수 있는 충분한 정신적 구조를 갖고 있지 않다."(p. 23)고 말한다. 또 다른 연구자들은 주요우울장애를 진단받은 사람들은 매우 우울하여 공식 명상을 할 만한 충분한 집중력을 갖지 못하며, 더 나아가 공식 명상을 하려는 시도는 반추(rumination)로 이어지고, 이것은 우울 에피소드(삽화)를 더 영구화하는 결과를 초래할 수도 있다고 말한다. 이와 유사하게, 외상 스트레스의 경우에도 공식 명상을 적용하는 것에 관한 논란이 있다. 공식 명상 수련이 효과적이지 않거나 부적절한 많은

상황에 비추어, 마음챙김 응용치료의 적용을 고려하는 것이 도움이
될 수 있다.

마음챙김 응용치료: 임상 사례

마음챙김 응용치료는 마음챙김을 심리치료에 통합하는 비교적 새
로운 개념이다. Epstein의 『붓다의 심리학(Thoughts Without a Thinker)』
(2004)이나 Kornfield의 『지혜로운 마음(The Wise Heart)』(2008) 같은
훌륭한 책이 있기는 하지만, 어떻게 마음챙김을 심리치료에 통합하
는가를 설명하는 매뉴얼이나 마음챙김과 심리치료의 통합이라는 이
새로운 접근법에 관한 구체적인 지침은 아직 존재하지 않는다. 우리
는 조금 뒤에 우리가 어떻게 불교와 마음챙김에서 얻은 통찰과 가르
침을 우리 자신의 임상 작업에 통합했는지 그 임상 사례들을 제시할
것이다. 이 참조 목록이 결코 포괄적인 것은 아니다. 그것은 단지 마
음챙김에서 얻은 통찰에 기초한, 내담자와 치료자 모두에게 가능한
탐험의 포인트를 제시하는 것일 뿐이다.

무상

불교의 중요한 교리 중 하나가 모든 것이 변한다는 진리인 무상(無
常)이다. 이것은 우리가 마음챙김을 수련할 때 일어나는 첫 번째 통찰
이다. 우리는 모든 것이 끊임없이 흐르고 있다는 것을 깨닫는다. 또한
우리는 우리가 종종 사물이나 상황이 영원하고 정지되어 있으며 변

하지 않는 것으로 여기고 살고 있음을 보게 된다. 마음챙김 접근법은, 고통은 '모든 것이 영원하다'는 잘못된 견해에서 생긴다고 본다. 우리가 고통을 겪는 것은 모든 것이 영원하지 않음에도 그 무상함을 거부하기 때문이다. 사물과 상황, 사람, 상태, 경험에 집착하기 때문이다. 우리가 원하는 대로 되게 하고자 하는 이런 집착과 시도는 우리가 인식하지 못하는 많은 고통을 불러일으킨다. 무상의 통찰은 내담자에게 해방감을 안겨 줄 수 있으며, 공식 마음챙김 수련을 가르치지 않고도 제공될 수 있다.

예를 들어, 치료자는 무상의 사례를 들면서 경험의 역동과 항상 변화하는 성질을 표현하는 언어를 사용할 수 있다. 치료자는 또한 내담자가 자신의 경험의 변화하는 성질을 관찰하도록 초대할 수도 있다. 즉, 내담자 스스로 자신의 변화하는 생각과 감정, 신체 감각에 특별히 집중하도록, 그리고 모든 경험의 덧없는 성질을 인식하도록 초대할 수 있다.

28세 여성인 앨리샤는 최근 자신의 약혼자와 관계가 깨진 데 따른 심각한 우울증과 불안을 경험하고 있었다. 치료를 받는 동안 그녀는 자신의 이별 이야기를 계속해서 말했으며 자신이 언제나 혼자일 것이고 결코 아이나 가정을 갖지 못할 것이라는 생각에 빠져 있었다. 그녀는 상황이 언제나 이대로일 것이라고 믿고 있었다. 나는 그녀가 자신의 정적이고 변화하지 않는 이야기 아래에 있는 감정을 살펴보도록 초대했다. 그 감정들은 그 자체로 정지되어 있으며 변화하지 않는 것인가? 그녀가 주의를 기울이기 시작하자 불안이 그녀의 경험에서 두드러지게 나타났다. 나는 그 느낌에 계속해서 머물러 볼 것을 요청했다. 그녀가 그에 관해 무엇을 보았을까? 그녀는 자신의 생각이 빠르게 달리고 있다고 말했다. 예를 들어, 어디서 살 것인지, 이제부터 무엇을 할 것인지, 그 사람 없이 어떻게 살 것인지 등. 나는 그녀에게 불안의 감정을 계속해서 키우는 이런 생각들을 놓아 버릴 것을 권했다. 그리고 불안이라는 경험 자체를 어떻게 하려고 하지 않고 다만 그것과 함께 있을 것을 권했다. 그것은 어땠을까? 불안이라는 경험 자체가 항상적이고 변화하지 않았을까? 아니면 마치 파도처럼 그녀에게 밀려왔다 잦아들었을까? 그녀는 불안을 직접적으로 경험하면서 그것이 자기 안에서 어떻게 변화하는지 느꼈다. 그녀는 자신이 자기 이별 이야기 중 하나를 재생하자 불안이 일어나는 것을 관찰했다. 불안이라는 맨 감정 자체와 다만 함께 있게 되자, 불안은 잠시 지속된 후 사라졌다. 그녀는 자신의 불안 아래에 커다란 슬픔이 있다는 것도 관찰했다. 그녀는 이 커다란 슬픔 속으로, 자신의 약혼자를 잃고 자신의 꿈을 잃어버린 커다란 슬픔 속으로 들어가 그것을 직접적으로 느낄 수 있었다. 또한 자기 몸에 나타나는 슬픔을 체험하고, 그 슬픔의 형태와 질감을 느꼈으며, 그것이 움직이고 변화하는 것, 강렬한 슬픔이 일어나고 사라지는 것도 관찰했다. 그녀는 자신의 감정이 그렇게 순간적이라는 것에 놀랐다. 처음에 그녀는 자신이 계속해서 슬퍼하고 불안할 줄 알았다. 그런데 그녀는 이것이 사실이 아니며, 자신의 경험이 매 순간 변화하고 있다는 것을 보게 되었다. 그녀는 아무것도 계속해서 같은 상태에 머물러 있는 것은 없다는 것을, 자신이 그렇게 집착하던 관계도, 자신이 벗어나려고 몸부림치던 그 비참한 상황도 결코 계속해서 같은 상태에 있지 않다는 것을 알게 되었다. 그러자 그녀는 더 큰 평정과 명료함을 가지고, 변화하는 성질 자체에 머물기 시작했다. 그것은 그녀가 불교 신자가 되었기 때문에 일어난 일이 아니다. 혹은 이러한 통찰을 불교적 용어로 이해했기 때문에 일어난 일도 아니었다. 그것은 무상이라는 개념 자체가 그녀의 경험에 대해 새롭게 틀을 설정하고 새롭게 경험하는 하나의 유용한 방식을 제공했기 때문에 일어난 일이었다.

무아

무상에 관한 불교적 이해는 자아(self)에 대한 이해로 이어진다. 간단하게 말해, 자아를 포함한 모든 것이 변화한다. '자아'라고 명명할 수 있는 고정된 실체는 없다. 심리치료사인 Thomas Bien(2006)은 이렇게 말한다. "자신이라는 강물을 깊이 들여다보면 거기에는 붙잡을 것도, 영원하고 변하지 않는 어떤 것도 없다. 나의 몸과 느낌, 생각과 지각, 모든 것이 매 순간 흘러가고 있고 변화하고 있다."(p. 150)

이것은 서구인들이 이해하고 받아들이기 가장 어려운 가르침 가운데 하나다. 고통이 존재한다는 붓다의 가르침을 받아들이는 것은 상대적으로 쉽지만, 자아라고 불리는 고정된 실체가 존재하지 않는다는 것은 혼란스럽고 당황스럽다. 그러나 2,600년이나 된 이 오랜 가르침은 현대 과학의 지지를 받고 있다(Davidson et al., 2003; Kornfield, 2002, 2008; Siegel, 2007a). 『타임매거진(Time Magazine)』은 이렇게 전했다. "백 년이 넘는 탐구 끝에 뇌과학자들이 신체적 뇌에 자아가 위치할 수 있는, 생각할 수 있는 장소란 존재하지 않는다는 것, 그리고 자아 자체도 존재하지 않을 뿐이라는 결론을 내린 지도 이미 오래되었다."(Lemonick, 1995, ¶ 35)

적절한 환경에서라면 '나는 누구인가?'라는 질문을 전심을 다해 묻는 것은 내담자가 자아 중심적 관점에서 한발 벗어나 우리가 끊임없이 방어하고 있는 이 고정된 실체가 실은 존재하지 않는다는 것—적어도 우리가 존재한다고 생각하는 방식으로는 존재하지 않는다는 것—을 보게 되는 깨달음을 준다. 자아의 성질을 탐구하는 데는 체계적인 자기 조사(self-investigation)가 필요하다. 치료자로서 우리와 내담자는 이런 질문을 던질 수 있다. '이 몸이 나인가? 피부, 머리카락, 근육, 뼈, 신체기관이 나인가? 이 끊임없이 변화하는 감정의 흐름이 나인가? 이 생각과 신념이 나인가? 그것이 아니라면 나는 무엇인가?' 내담자와 이런 질문을 탐구할 때, 우리는 자아라고 하는 것이 우리가 생각하는 그런 것이 아니라는 것, 그리고 우리가 자아의 끊임없이 변화하고 흐르는 실재를 경험하는 가능성을 제공하게 된다. 우리는 우리가 '자아'라고 부르는 것이 순식간의 것이며 지속적인 흐름 속에 있다는 가능성을 탐구할 수 있다. 우리는 생각을 단지 생각으로, 그리고 이 생각이 내가 아니라는 것을 볼 수 있다. 감정은 단지 감정으로 본다. 예를 들어, '내가' 슬픈 것이 아니라 슬픔이 일어나는 것이다. 우리는 이런 일시적이고 변화하는 경험보다 우리가 더 크다는 것을 알게 된다. 또한 우리가 이런 경험들 자체도 아니라는 것을 알게 된다. 성인 Nisargadatta는 이렇게 말했다. "지혜는 내가 아무것도 아니라고 말해 준다. 사랑은 내가 모든 것이라고 말한다. 이 둘 사이에서 내 삶은 흐르고 있다."

47세의 줄리는 3년 전 유방암 판정을 받았다. 치료를 마치고 2년 동안 증상이 완화되는 듯했다. 그러나 상대적으로 좋은 예후에도 그녀는 대부분의 시간 동안 우울했고 불안하다고 말했다. 암 진단을 받은 것 때문에 줄리는 삶이 두렵다고 했다. 대부분의 시간을 집에서 보냈으며 새로운 활동을 하거나 사람을 만나려고 하지 않았다. 나는 그녀에게 요즘은 스스로를 어떻게 생각하느냐고 물었다. 그러자 그녀가 대답했다. "늙은 여자, 암 환자가 보여요. 많이 두려워요. 내 몸이 완전히 지친 듯이 느껴져요." 이에 관해 숙고해 본 다음 내가 물었다. "이 이야기가 사실인가요? 이것이 바로 당신의 진짜 모습인가요?" 그녀는 잠시 머뭇하더니 천천히 대답했다. "잘 모르겠어요." 나는 또 물었다. " '나는 늙었다.'는 생각이나 '나는 두렵다.'는 감정을 인식하고 있는 사람은 누굴까요?" 그녀는 한참을 말이 없더니 대답했다. "그것도 나겠죠." 나는 요청했다. "당신의 이 일부에 대해 좀 더 말해 줄 수 있나요? 지금 바로 그것을 느낄 수 있나요?" 그녀는 생각하더니 "네, 그것을 느껴요. 이 생각과 느낌보다 더 큰 나의 일부를 느껴요. 나의 이 일부는 두려워하거나 아파하지 않아요. 나의 이 일부는 실제로 평화로움을 느껴요."라고 말했다. 줄리는 자기 정체성에 관한 자신의 이야기가 곧 전체 이야기는 아니라는 것을 깨닫기 시작했다. 우리가 '암 환자'라는 그녀의 구성된 정체성을 계속해서 탐구해 들어가자, 그녀는 이 이야기가 얼마나 제한적인지 알게 되었다. 시간을 두고 자신의 경험을 더 면밀히 살피자, 그녀는 매 생각과 감정, 신체 감각이 얼마나 순간순간 변화하는지 보게 되었고, 그러자 그런 것들에 대해 더 편하게 생각하게 되었다. 몇 주 후 그녀는 자신의 생각에게 웃으며 "네 의견 고마워."라고 말하고는 삶 속으로 들어갈 줄도 알게 되었다고 말했다. 줄리는 자신이 이런 모든 경험을 담고 있었지만 그런 것이 곧 자기 자신은 아니라는 것을 보게 되었다.

있는 그대로 수용하기

마음챙김 응용치료(mindfulness-informed therapy)의 또 하나의 예는 실제로 일어나는 것을 그것과 다르기를 바라며 거부하기 때문에 많은 고통이 일어난다는 통찰이다. 불교는 실제로 일어나는 것 때문이 아니라 그것과 맺는 우리의 관계 때문에 고통이 일어난다고 말한다. 있는 그대로가 아니라 그것과 다르게 되었으면 좋겠다는 갈망이 고통을 일으킨다는 것이다. 우리는 이렇게 저항할 때, 있는 그대로의 것을 받아들이지 않을 때 고통을 겪게 된다.

불교 스승 Shinzen Young은 저항이 어떻게 고통을 일으키는가에 대해 유용한 설명을 했다. 그는 아픔(pain)과 괴로움(suffering)을 구분했다. 아픔, 예를 들면 질병, 상실, 교통 체증 같은 것은 실제로 일어나고 있는 일이며 우리가 피할 수 없는 것들이다. 그러나 괴로움은 우리가 그런 현실과 맺는 관계에 의해 결정된다. 그는 단순하지만 강력한 공식을 제안했다. 바로 '괴로움=아픔 × 저항($S=P \times R$)'이라는 공식이다. 우리는 저항하는 만큼 괴로움을 겪는다는 것이다. 예를 들어, 교통 정체에 갇힌 사람이 조바심을 내며 다른 차들이 빨리 비켜 주기를 바라는 경우, 교통 정체 안에 갇힌 아픔만 따로 떼어 내어 10 이라는 점수를 매기고, '저항'이라는 요소를 따로 떼어 내어 이 운전자가 20의 저항을 경험하고 있다고 하자. 그렇다면 운전자의 괴로움은 200이 된다(아픔 10×저항 20=괴로움 200)! 사람들이 자신의 경험에 저항하면 괴로움은 훨씬 커진다. Shinzen Young은 수학에서 0에 무엇을 곱해도 0이 된다는 사실을 재치 있게 지적했다. 따라서 저항이 0이면 우리는 괴로움을 겪지 않는다. 이것이 우리가 아픔을 겪지 않는다는 뜻은 아니다. 우리가 겪는 괴로움의 양을 어느 정도 조절할 수 있다는 얘기다.

이 가르침은 경험에 대해 그것을 차단하고 저항하는 방식이 아니라 열린 상태로 경험과 관계 맺는 방식을 보여 준다. 그것은 무엇이든 있는 그대로 온전히 수용(radical acceptance)하는 것이다. 마음챙김은 우리의 경험에 맞서 싸우고 저항하는 것을 그만두도록 가르친다. 다만 존재하는 것에 우리가 머물 때 우리는 더 큰 명료함과 자유로움으로 주변 환경을 직접적으로 인식하고 관계 맺는 기회를 갖게 된다.

현존하는 것과 관계 맺는 방식의 이러한 변화는 일어나는 모든 것을 포용하는 것을 말한다. 인간으로서 우리는 모든 영역의 감정을 경험한다. 마음챙김은 우리에게 그것들 모두를 인정하고 주의를 기울이도록 가르친다. 종종 우리는 부정적인 사고와 감정을 밀쳐내고 부정하려 한다. 우리는 이미 존재하고 있는 것을 회피하는 데 많은 에너지를 낭비한다. 마음챙김은 우리가 무엇이든 여기 존재하는 것과 직면할 수 있다는 용기 있는 신념을 요구한다. 이미 여기에 현존하는 것을 분명히 보는 것을 통해 우리는 지혜와 명료함으로 의식적으로 응대할 수 있다.

후안은 뉴욕의 보훈병원에서 우리 병원으로 이송된 28세의 라틴

> **마음챙김 안내**
> 멈추고 숨을 깊이 쉬며 몸과 연결하라. 당신은 책을 읽으면서 이 연결감을 유지할 수 있는가?

계 갱이다. 그가 이송된 이유는 다른 갱단이 그를 죽이려 했기 때문이었다. 그는 공황 발작이 있었고 누군가가 자신을 죽일 거라는 두려움에 끊임없이 시달리고 있었다. 그는 12세부터 갱단에 있었으며 누구도 쉽게 믿지 않고 끊임없이 경계하며 사는 법을 배웠다. 나를 찾아왔을 때, 그는 자신이 다만 공황 발작을 없애려는 목적으로 여기 왔다는 것을 매우 분명히 했다. 그는 말을 하려고 하지 않았다. 특히 자신의 불안에 대해서는 더 그랬다. 후안과 대화를 나누는 과정에서 나는 문제를 명확하게 보면 더 효과적으로 대응할 수 있다는 것을 가르치는 마음챙김 접근법을 활용했다. 나는 물었다. "다섯 사내가 당신 뒤에서 당신을 덮친다고 해 보죠. 당신은 습격을 당하기를 원하나요, 아니면 그 기회를 돌려 그들을 마주 보고 그들이 어떤 무기를 갖고 있는지 보기를 원하나요?" 그는 대답했다. "물론 그들을 똑똑히 보기를 원하지요!" 이에 나는 말했다. "공황 발작도 똑같아요. 공황 발작에 기습을 당하기를 원하나요, 아니면 실제로 무슨 일이 일어나고 있는지를 이해하고 똑똑히 보기를 원하나요?" 후안은 고개를 끄덕였다. 우리는 첫 단계는 현재 일어나고 있는 그대로를 인정하고 받아들이는 것이란 사실에 대해 이야기를 나누었다. 후안은 공황 발작에 주의를 기울이고 자신이 관찰한 바를 보고해 주기로 동의했다. 우리의 작업의 초점은 불안에 대한 인지행동치료에 있었지만, 있는 그대로를 받아들이는 것에 관한 마음챙김의 가르침을 통합하자 그의 협조를 끌어내고 개방성을 키우는 데 도움이 되었다.

의식적 대응과 자동적 반응

불교 가르침의 핵심은, 고통이 우리의 낡은 정신적 습관의 습관적인 반응과 자동적 집착에서 비롯된다는 것이다. 사람들은 종종 자극에 대해 의식적이고 분별을 지닌 채 대응하기보다 자동적으로 반응한다. 가장 흔한 자동적 정신 습관 가운데 하나가 우리는 우리의 생각을 통하여 문제에서 벗어날 수 있다는 믿음이다. 이런 지능적 문제 해결 방식은 많은 문제가 이성적인 접근으로 해결된다는 점을 감안하면 수긍할 만하다. 그러나 이런 식의 문제 해결 방식이 반추(rumination)로 이어지고, 이것은 다시 문제를 악화시키는 일이 정신건강 영역에서 종종 일어난다(Nolen-Hoeksema, Morrow, & Fredrickson, 1993). 내담자들은 자신의 감정을 직접 경험하기보다 그에 관해 생각하면서 그것이 사라져 주기를 기대하는 것이다(Segal, Williams, & Teasdale, 2002).

마음챙김은 우리가 이런 습관적인 지능적 문제 해결 방식을 놓고(적어도 일시적으로는) 우리의 의식을 우리의 경험 아래에 있는 힘든 감정으로, 그리고 이 감정이 몸에서 느껴지는 감각으로 의식을 가져올 것을 가르친다. 이 과정을 통해 우리는 자동적으로 반응하지 않고 우리 자신의 몸에 중심을 두면서 멈추어 서서 주의를 기울일 수 있게 된다. 우리의 습관적인 반응을 놓아 버림으로써 우리는 더 큰 새로움과 명료함으로 볼 수 있게 되고, 그럴 때 역설적으로 문제 해결에 이르게 된다. 불교는 우리가 분명하게 볼 수 있을 때 적절한 대응이 더 자연스럽게 일어난다고 가르친다. 어느 위대한 선사가 임종 직전에 자신의 모든 가르침을 요약해 달라는 부탁을 받았다. 그는 "삶 전체의 가르침이란 무엇입니까?"라는 제자들의 질문에 대해 이렇게 대답했다. "적절하게 대응하는 것이다." 멈추는 것을 배움으로써 우리는 자동적 반응의 고리를 깨뜨리고 의식적이고 적절하게 대응할 수 있다.

46세의 마사는 자신의 17세 아들이 장래에 무엇을 해야 할지에 대해 고심하고 있었다. 마사에게 아들은 아무런 삶의 목표도 없고 장래에 대한 관심도 없는 것처럼 보였다. 엄마는 항상 아들이 장래에 무엇이 될까 걱정이 되었다. 대학에 갈 성적은 될까? 사회에 나가서 제대로 살아갈 수 있을까? 아들은 이런 것에는 관심도 없는 것처럼 보였다. 아들은 지하 방에서 맨날 컴퓨터 게임이나 하고 있었다. 자신의 이런 불안을 잠재우기 위해 마사는 끊임없이 아들에게 닦달을 했다. 노력이 부족하다, 장래 목표가 없다 등. 그러나 잔소리를 하고 아들이 자신의 삶에 대해 진지하게 받아들이도록 하면 할수록 아들은 더 비협조적이 되었다. 이런 상황이 가족 전체에 긴장을 불러왔다. 나는 그녀의 잔소리가 도움이 된다고 생각하는지 그녀에게 물었다. "아니요, 그렇지만 그렇게 잔소리하지 않을 수가 없어요. 아들이 빈둥거릴 때마다 저는 거의 반사적으로 반응하죠." 우리는 그녀의 자동적 반응에 대해 살펴보면서 그 아래에서 발견한 불안에 주의를 기울였다. 자신의 불안 경험에 주의를 기울이자, 그녀는 그동안 자신의 감정과 함께 존재하지 못하고 습관적으로 아들에게 잔소리하는 습관에 빠져 있었음을 알게 되었다. 엄한 양육 환경에서 자란 그녀 안에 주입된 가치에 기초하여, 마사의 조건화된 반응이 많은 고통을 일으키고 있었다. 이제 그녀는 자동적으로 반응하지 않고 멈추어서 호

흡을 하며 자신의 불안을 즉각적으로 아들에게 표출하지 않고 다
만 자신의 불안과 함께 있는 법을 배웠다. 그녀는 불쾌한 감정을
더 잘 참아낼 수 있게 되었으며, 아들에게 대응하기 전에 잠시 멈
추는 법도 배웠다. 이런 방식으로 그녀는 자신의 불안 때문에 즉
각적으로 반응하지 않고, 아들에 대한 자신의 걱정을 의식적이고
능숙하게 나눌 수 있었다.

호기심과 조사

또 하나의 유용한 불교 가르침은 자신의 경험에 대한 호기심과 조
사를 강조하는 것이다. 평화 운동가이자 명상 지도자인 Thich Nhat
Hanh은 이것을 "깊이 보는 것"이라고 부른다. '깊이 보는 것'은 현재
순간을 면밀하고 주의 깊게 탐구하는 것이다. 불교의 가르침은 마음
챙김을 하며 조사하는 것이 중요한 네 가지 영역을 제안한다. 그것은
몸, 느낌, 마음, 그리고 경험의 내재한 원리(dharma, 法)다.

이 조사는 우리를 우리 자신의 경험의 전문가가 되도록, 그리고 어
떠한 가르침이나 교사보다도 우리 자신의 직접적인 경험을 더 신뢰
하도록 초대한다. 붓다는 이렇게 말했다. "너 자신의 등불이 되어라."
그는 제자들에게 그(혹은 다른 권위자)가 그렇다고 말했기 때문에 어
떤 것을 받아들이지 말고 자기 스스로 자신에게 진실인 것을 찾으라
고 가르쳤다. 각자는 자신의 직접적인 체험의 바탕 위에서 자신의 신
념을 계발하는 데 대한 책임을 스스로 지도록 고무된다.

호기심과 탐구의 이러한 맥락은 치료 장면에서도 매우 유용하다.
내담자가 자신의 직접 경험을 탐구하도록 돕는 것은 초점을 이동시

키고 내담자가 경험에 대한 개인적, 주관적 관계에서 벗어나 보다 탐구적이고 객관적인 견해를 갖게 한다. 이러한 조사는 문제 해결을 위한 시도에서 생겨나는 것이 아니라 자기에 대한 관심 있는 호기심과 흥미 때문에 생긴다. 우리가 깊이 있는 자기 앎의 감각을 계발하는 것은 오직 이러한 지속적인 자기 탐구를 통해서다.

치료자로서 우리는 내담자의 경험에 대한 이러한 호기심을 모델화할 수 있다. 예를 들어, 내담자가 슬프다고 말하면 치료자는 진정한 호기심을 가지고 이렇게 대응할 수 있다. "음…… 슬프다고요. 저에게 더 말해 주실 수 있나요? 궁금해요. 그것이 어떤 느낌인가요?" 자신의 내적 경험에 대해 궁금해하고 그것에 배려 깊은 주의를 기울일 때, 내담자는 통찰에 직접 다가서게 된다. 예를 들어, 내담자는 입력되는 자극에 대해 자신이 얼마나 빨리 그것의 정보에 진정으로 주의를 기울이지 않고 그냥 분류해 버리는지 자각할 수 있게 된다. 이런 재빠른 분류 작업의 기초 위에서, 내담자는 자신이 실재하는 것과 반대되는 자신의 경험에 대한 개념화에 어떻게 연결되는지를 볼 수 있다.

마음챙김 접근법은 이러한 진정한 호기심을 증가시킨다. 이 호기심은 내담자로 하여금 자신의 경험에 대해 매 순간, 그것을 온전히 경험하기도 전에 자동적으로 분류하는 것이 아니라, 그것에 직접적으로 주의를 기울여 의식적이고 직접적으로 조사하도록 돕는다. 내담자는 자기 경험의 세부 사항을 직접적으로 아는 것에 관심을 갖는다. 이 몸 속에 사는 것이 어떤 느낌인가? 이런 생각이 일어나고 사라지는 것은 어떤 느낌인가? 이 감정은 또 어떤 느낌인가? 흠…… 흥미롭군.

7학년인 니콜라스는 학교생활에 어려움을 겪고 있었다. 우울했고 아이들과 잘 어울리지 못했다. 첫 회기에서 니콜라스는 거의 말을 하지 않았고, 다만 '지루하다'고만 했다. 회기가 계속되면서 '지루하다'는 니콜라스의 말은 계속되었다. 세 번째 회기에서 내가 물었다. "지루해 보이는구나. 그것이 어떤 의미인지 함께 탐구해 보지 않으련. '지루하다'는 것에 대해 내게 말해 주겠니? 네 삶에서 대체 무엇이 널 지루하게 만드니?" 우리는 다시 그것에 대해 모두 적어 보았다. 회색, 아무것도 없음, 어두움, 지침. 그리고 한참을 침묵한 다음 니콜라스가 말했다. "슬퍼요, 혼자 있으면 그 냥요." "흠…… 슬프다는 것은 어떤 느낌이니? 혼자 있다는 것은 또 어떤 느낌이지?" 니콜라스가 대답했다. "아무도 나를 도와주지 않을까 봐 두려워요. 남에게 도움을 구해야 할까 봐 두려워요." 우리가 호기심과 친절함으로 계속해서 탐구해 나가자 니콜라스가 말한 지루함 아래에 있는 슬픔과 두려움의 층이 드러나기 시작했다. 부드럽게 그의 경험을 탐구하면서 우리는 어떻게 그것과 적절하게 함께하고 그에 대응할 수 있는지 배웠다.

역설

불교에 친숙한 사람이라면 아마 "바라지 않음을 바라라" 혹은 "색즉시공, 공즉시색" 같은 불교의 많은 역설에 대해 들어 보았을 것이다. 불교에서 이런 개념적 역설을 사용하는 것은 해방을 위한 수단이다. 그것은 우리를 사물을 바라보는 평범하고 논증적인 방식을 넘어 더 큰 유연성과 관점으로 데려가는 수단이다. 역설이라는 것은 서양인들에게 새로운 것이 아니다. 예를 들어, 사이버네틱스와 시스템 이론에 기초한 심리치료에서는 역설이 광범위하게 활용되었다(Bateson, Jackson, Haley, & Weakland, 1956; Watzlawick, 1990; Winnicott, 1965). T. S. Eliot은 "우리가 주의를 기울이고 또 기울이지 않도록 가르치는" 자신의 통찰력 있는 문구에서 불교와 관련된 역설을 종종 지적한다 ("Ash Wednesday," 34절). 불교는 깊은 배려와 함께 모든 것을 가볍게 쥐는 것의 중요성을 강조한다. 가볍게 쥔다는 것은 모든 일에 압박이나 '~해야 한다'는 성질을 강요하지 않는 것이다. 명상 지도자이자 심리치료사인 Eugene Cash는 이렇게 말한다. "명상의 예술은 어떻게 주의를 기울이고 기울이지 않는지를 배우는 것이다."(Cash, 2008) 불교의 또 하나의 역설은 사물을 깊이 알면서도 알지 못하는 가르침이다. 선불교에서는 이것을 '모르는 마음(don't know mind)'이라고 한다. 그 지침은 사물의 본질을 깊이 꿰뚫되 자신이 모르는 지점에서는 수용하고 거기 머무는 것이다.

51세의 마크는 흔하지 않은 육종(肉腫)암 진단을 받았다. 그 병은 희귀하기 때문에 예후와 치료가 불확실했다. 마크가 가장 염려한 것은 어떤 치료 과정을 택해야 할지 모른다는 것이었다. 그는 전문가들을 많이 만나 봤다. 어떤 의사는 X라는 약을 추천했지만, 또 어떤 의사는 그 약은 옳은 선택이 아니라며 Y라는 약을 권했다. X와 Y 모두 마크의 삶의 질을 떨어뜨릴 수 있는 심각한 부작용의 위험을 갖고 있었다. 마크는 올바른 선택을 내리지 못하겠다며 자신의 불안에 대해 이야기했다. 질병 자체에 대한 두려움은 온통 어떤 약을 선택해야 하는가에 쏠렸다. 그와 가족들은 인터넷에서 해답을 찾기 위해 많은 시간을 보냈다. 그러나 모든 증거가 상반되었다. 엄청난 조사를 통해 두 약 모두에 대해 상당한 정보를 갖고 있었지만 그는 여전히 어떻게 해야 할지를 몰랐다. 그의 불안을 탐구하는 과정에서 그는 자신이 죽음에 대해 얼마나 두려워하고 있는지 이야기했다. 그는 또 어떤 약을 택하면 좋은 지만 알면 자신이 치료될 수 있을 것으로 생각했다. 마크는 X부 터 시작하기로 했다. 그러나 매일같이 Y가 옳은 선택이 아닐까 걱정했다. 나는 물었다. "어떻게 해야 할지 모르는 것이 어떤 느낌인가요?" 그는 대답하려고 하다가 울먹이더니 말을 잇지 못했다. 잠시 후 그가 말했다. "나는 너무 지쳤어요. 해답을 찾아내느라 시간을 너무 많이 허비했어요. 이제 정말 정답을 알고 싶어요." 나는 "당신이 알고자 하는 것이 무엇이죠? 그것이 정말로 무엇인가요?"라고 물었다. 그는 대답했다. "내가 회복될 거라는 걸 확신하고 싶어요." 침묵이 흘렀다. 나는 응답했다. "물론이죠. 당신은 회복될 거라는 걸 알고 싶으시겠죠. 그렇지만 '모르겠다'는 그것 안에 머물 수 있는 허가권을 스스로에게 주는 건 어떨까요? 최상의 치료법을 선택하기 위해 당신이 할 수 있는 모든 걸 다했으니 이제 모든 것을 놓고 '모르겠다'는 속으로 들어가 현재 순간에 최선을 다해 머물러 보는 건 어떨까요?" 몇 번 심호흡을 한 뒤, 나는 "지금은 어때요?"라고 물었다. 그가 대답했다. "괜찮아요. 더 편해졌어요. 나를 짓누르고 있던 무거운 무언가가 조금은 가벼워진 느낌이에요." 마크는 계속해서 '모르는 마음' 속에 머무르는 연습을 했다. 물론 가끔씩은 공포와 불안을 경험하기도 했지만 그는 서서히 더 자유로워졌고, 불확실성 속에서도 편안하게 있는 법을 익혔다.

상호 의존성

불교는 모든 것이 상호 의존적이라고 가르친다. 모든 것이 서로 연결되어 있다는 것이다. 우리는 종종 우리가 다른 사람들과 별개의 독립된 개체라고 여기며 산다. 이렇게 되면 혼란과 공포, 외로움, 절망이 생겨난다. 마음챙김 응용치료는 이와는 다른 관점을 제공한다. 그것은 모든 것이 복잡한 다차원 그물망 안에서 서로 연결되어 있다는 것이다. 치료는 정말로 모든 것이 상호 의존적인 원인과 결과의 그물망 안에서 함께 일어나는 것인지를 탐구할 수 있는 유용한 맥락을 제공한다. 치료자로서 우리는 어떻게 사고와 감정 그리고 행동이 결과(미세한 혹은 의미심장한)를 낳는지, 그리고 어떻게 이 결과들이 그다음 순간을 결정짓는지, 매 순간이 어떻게 바로 앞 순간의 힘 위에서 형성되는지를 탐험한다. 내담자가 어떻게 모든 것이 서로 연결되어 있는지를 약간이라도 알게 되면 그들은 우주의 모든 것이 상호 연결되어 있으며 상호 의존적이라는 가능성에 열리게 된다. 이런 깨달음은 연결의 감각뿐 아니라 모든 존재에 대한 상호 책임을 생기게 한다. 내담자는 이제 자신이 하는 어떤 행위라도 영향을 갖는다는 것, 그리고 모든 것이 상호 연결되어 있다는 사실을 깨닫는다. 이런 증대된 책임감을 갖게 된 내담자들은 또한 그들이 분리된 혹은 고립된 존재가 아니라는 것, 그리고 모든 것과 긴밀히 상호 연결되어 있다는 것을 알게 된다.

46세의 제인은 결혼생활에 어려움을 겪고 있었다. 외롭고 남편과도 단절되어 있는 것처럼 느꼈다. 치료 중에 우리는 상호 의존이라는 것에 대해 이야기를 나누었다. 이 대화를 통해 그녀는 남편도 외로움을 느낄지 모른다는 가능성을 탐색했다. 그리고 그녀가 행복하기를 원하는 것과 마찬가지로 그도 행복해지기를 원할지 모른다는 데 생각이 미치기 시작했다. 그녀는 남편에게 더 큰 친절과 신체적 호감을 표현하기로 했다. 그녀는 그에 대한 보답으로 아무것도 원하지 않고 열린 마음으로 그렇게 했다. 그다음 주에 그녀는 기쁨에 차서 돌아왔다. "무슨 일이 있었는지 아세요? 일주일 내내 나는 남편 윌리엄이 무슨 일을 하더라도 친절과 사랑으로 대하려는 생각을 갖고 아침에 잠에서 깼어요. 나는 일주일 동안 거의 매일 이 생각을 지니면서 내가 행복하기를 원하는 것처럼 남편도 행복을 원한다는 사실을 스스로에게 계속해서 상기시켰어요. 그러자 금요일 저녁 남편이 꽃과 함께 '사랑해'라는 글이 적힌 카드를 가져왔지 뭡니까. 몇 년 동안 한 번도 없었던 일이었어요." 그녀는 남편 또한 연결을 원한다는 것, 그리고 아무리 사소한 의도와 행동이라도 결과를 갖는다는 것을 깨달았다. 남편에게 더 큰 친절과 사랑으로 대함으로써 그녀는 전체 시스템을 바꿀 수 있었다.

본성

마음챙김 응용치료라는 제하에 속하는 가르침의 마지막 사례는 타고난 선함 혹은 본성의 개념이다. 불교는 모든 존재가 순수하고 고귀한 본질을 갖고 태어난다고 가르친다. "오, 고귀하게 태어난 자여, 오, 너는 영광스러운 기원, 너의 빛나는 본성, 마음의 본질을 기억하라."(Trungpa, 1975) 이 가르침은, 사람들이 종종 스스로를 뭔가 모자라다고 생각하면서 '무가치함의 함정'에서 살아가는 서구에서 특히 필요하다(Brach, 2003, p. 5). 사람들은 끊임없는 자기비판과 자기비난으로 타고난 선함을 계발하지 못하고 죄책감과 분노에 휩싸이게 되어 괴로움을 느낀다.

　마음챙김은 우리의 진정한 본성이 순수하고 덕스럽다는 것을 다시 확신하면서, 지금까지와는 전혀 다른 접근법을 제공한다. 인류가 무가치함과 부족함의 견해를 검토하고 의문을 갖기 시작하면서 우리는 우리의 끊임없는 판단과 수치심이 미치는 영향을 이해하기 시작한다. 조심스러운 관찰과 따뜻한 주의로 우리는 무가치함이라는 우리의 환상이 커다란 괴로움을 일으킨다는 사실을 보게 된다. 그 속에서 내담자의 본질적 존재가 덕스럽고 순수하고 매우 사랑스러운 맥락을 제공받은 내담자는 자신에 대한 이러한 가능성을 숙고하기 시작한다(Rogers의 무조건적인 긍정적 존중과 유사한).

　타고난 선함을 인식한다는 것은 계발과 변화에 대한 필요성을 간과한다는 것이 아니다. 그러나 이러한 통찰은 우리 자신을 신뢰하도록, 그리고 분명한 시야와 사랑의 균형을 계발하도록 돕는다. 선사 Suzuki Roshi는 제자들에게 이런 말을 했다고 한다. "너는 있는 그대로 완벽하다. 그리고…… 아직 계발해야 할 여지도 남아 있다!"(Jack Kornfield, 개인적 교신, 2004년 3월 2일) 마음챙김 응용치료는 어떤 상황, 어떤 순간에라도 모든 사람이 가슴에 타고난 선함을 갖고 있다고 생각한다. 친절한 주의의 진정한 적용을 통해 우리는 수치심을 내려놓고 밝고 아름다운 우리의 참 본성을 인식할 수 있다.

마음챙김 안내
당신이 이러한 통찰을 어떻게 현재 또는 과거의 임상 사례에 가져올 수 있는지를 성찰하라.

베트남전 참전용사인 62세의 게리는 외상후 스트레스 장애(PTSD)를 가진 상이군인들을 치료하는 나의 그룹에 속해 있었다. 어느 날 그룹에서 그는 자신과 동료 전우들이 트럭을 쫓아오는 베트남 아이들을 향해 음식이 든 캔을 던진 일에 대해 이야기했다. 그는 말했다. "우리는 실제로 아이들에게 상처를 입혔어요. 마치 표적을 맞추는 재미있는 게임이라도 하듯이 우리는 아이 하나를 맞출 때마다 웃어댔죠. 도대체 누가 무고한 아이들을 다치게 해 놓고 웃을 수 있을까요?" 고개를 숙인 채 머리를 흔들며 그는 나지막하게 말했다. "우리는 너무 잔인했어요. 너무……." 방 안은 고요했다. 그리고 게리가 느꼈던 수치심과 슬픔이 손에 잡힐 듯했다. 이어진 침묵 속에서 게리와 나는 눈을 맞추었다. 게리가 나의 얼굴에 어떠한 비난이나 혐오도 없는 것을 보자 그는 놀랐다. 나는 게리에게 방 안을 둘러보라고 했다. 그러자 거기에는 그를 수용과 이해로 바라보고 있는 남자들의 사랑과 지지가 있었다. 오랜 침묵 끝에 나는 그룹에게 Galway Kinnell(1993)의 '성 프란시스와 암퇘지'라는 시의 한 구절을 들려주었다. 이 시는 자신의 타고난 사랑스러움과 언제나 존재하는 참된 선함을 다시 가르치는 것에 관해 이야기하고 있다. 시가 끝나고 침묵 속에서 나는 물었다. "구름이 태양을 가렸다고 해서 태양이 빛을 비추지 않는 걸까요?" 게리가 울기 시작했다. 우리 모두가 울었다. 잠시 동안 그 무거웠던 무가치함이라는 부담을 내려놓았다. 그리고 우리는 우리의 본질적인 선함을 믿는 자유로움을 느꼈다.

결론

마음챙김 응용치료는 불교심리학, 마음챙김에 관한 서구의 심리학 문헌, 그리고 치료자 자신의 개인적 마음챙김 수련에서 얻은 아이디어를 활용한다. 마음챙김 응용치료법을 사용하는 치료자는 마음챙김에 대해 직접적인 경험을 갖고 있으며, 마음챙김과 불교의 문헌과 가르침뿐 아니라 그 직접적인 앎에서 얻은 통찰을 활용한다. 그러나 마음챙김 수련에 대한 직접적 경험은 마음챙김의 뉘앙스와 역설, 복잡성, 그리고 마음챙김을 어떻게 심리치료에 가장 적절하게 통합할 것인가 하는 미묘한 문제를 진정으로 이해하는 데 반드시 필요하다.

이 장의 의도는 마음챙김의 가르침을 공식 명상 수련을 가르치지 않고 통합하는 가능성을 소개하고, 치료자가 마음챙김 응용치료법의 일부로서 활용할 수 있는 가능한 주제들을 탐색해 보는 것이었다. 이 장의 제안은 포괄적인 것은 아니며, 마음챙김 계열의 틀을 활용하는 사례들로 제시되었다. 이 영역의 더 심화된 탐구를 위해서는 불교심리학과 서구 심리치료를 통합한 많은 뛰어난 책을 참조하면 된다(부록 D 참조). 거기에는 Bien(2006), Brach(2003), Epstein(2004), Kornfield(2008), Magid(2002), Moffitt(2008), Safran(2003), Young-Eisendrath와 Muramoto(2002) 등의 책이 있다.

chapter 04

마음챙김에 근거한 심리치료

바로 지금 여기서 삶을 있는 그대로 깊이 있게 들여다보라.

−붓다(Samyutta Nikaya, p. 326)

2장과 3장에서 우리는 Germer 등(2005)이 마음챙김 지향 심리치료(mindfulness-oriented psychotherapy)를 세 유형으로 분류한 것을 살펴보았다. 마음챙김 치료자(2장), 마음챙김 응용치료(3장) 그리고 마음챙김에 근거한 심리치료가 그것이다. 바로 마음챙김에 근거한 심리치료가 이 장의 초점이다. 이 장에서 우리는 마음챙김에 근거한 치료의 정의와 영역을 다루고, 경험적 지지가 가장 큰 치료법을 이야기할 것이다. 각각의 마음챙김에 근거한 치료법에 대해 가장 중심적인 마음챙김 수련을 보여 주고, 치료법들 사이의 유사점과 차이점도 보여 줄 것이다. 누가 마음챙김에 근거한 치료법을 제공할 자격이 있는가의 문제도 간략하게 다룰 것이다. 마음챙김에 근거한 치료법의 효과성에 대한 연구는 5장(정신건강)과 6장(신체건강)에서 요약할 것이다.

마음챙김에 근거한 치료는 치료 프로토콜의 핵심 요소로서 마음챙김 수련을 명시적으로 가르치는 치료다. 다양한 접근법이 공식적, 비공식적 마음챙김 수련을 치료 프로토콜에 통합하고 있다. 그중 가장 잘 알려진 것으로 마음챙김에 근거한 스트레스 완화(mindfulness-based stress reduction: MBSR; Kabat-Zinn, 1990) 프로그램, 마음챙김에 근거한 인지치료(mindfulness-based cognitive therapy: MBCT; Segal, Williams, & Teasdale, 2002), 변증법적 행동치료(dialectical behavior therapy: DBT; Linehan, 1993a, 1993b) 그리고 수용 및 전념 치료(acceptance and commitment therapy: ACT; Hayes, Strosahl, & Wilson, 1999)가 있다.

이들 그리고 다른 마음챙김에 근거한 치료법의 세부 사항을 살펴보기 전에 마음챙김에 근거한 치료법의 증가하는 인기에 관한 감각을 얻기 위해 연구와 임상 환경을 살펴보는 것이 도움이 된다. 예를 들어, '마음챙김에 근거한(mindfulness-based)'이라는 용어로 인터넷을 검색하면 13만 4,000개가 넘는 검색 결과가 뜬다. 이들 링크의 대부분은 마음챙김에 근거한 치료 프로그램에 관한 정보와 직접 연결된다. 마음챙김에 근거한 치료가 주류 심리학과 의학에 진입한 사실을 반영하듯, 'mindfulness-based'라는 동일한 검색어를 사용하여 2008년 2월 PsycINFO와 PubMed에서 검색하면 각각 260개와 115개의 출간된 학술 논문이 뜬다. 이들 논문 중 상당수가 양쪽 데이터베이스 모두에서 발견되지만, 마음챙김에 근거한 개입법에 관한 이론적

이고 경험적인 관점에 관한 300개가 족히 넘는 학술 논문이 출간되었
고 그보다 훨씬 많은 수가 진행 중이다.

자금을 대는 측과 동료 전문가들, 그리고 이런 유형의 접근법을 위
한 과학적 공동체의 열의를 알아보기 위해 우리는 미국국립보건원
(National Institutes of Health: NIH)을 통해 연구 기금을 지원받는 모든
연구에 대한 CRISP(Computer Retrieval of Information on Scientific
Projects, 과학 프로젝트에 대한 컴퓨터 정보 검색) 데이터베이스를 찾아
보았다. 모든 기관에서 행해지는, '마음챙김에 근거한(mindfulness-
based)'이라는 이름이 붙은 연구비 지원 연구를 선으로 연결하면([그
림 4-1] 참조) 연구 지원의 증가 추세가 분명히 드러난다. 2008년에는
44개의 연구비 지원을 받는 연구가 진행 중이지만, 이 수는 1998년 0개
에서 1999년 고작 3개로 늘었다. 그래프를 통해 쉽게 알 수 있는 것처

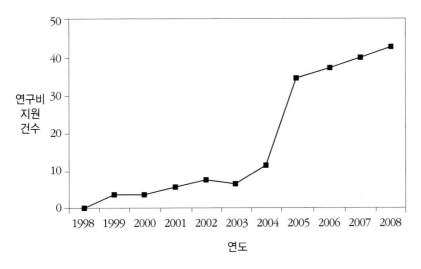

그림 4-1 국립보건원(NIH)이 연구비를 지원하는 마음챙김에 근거한 연구
(1998~2008년)

럼, 연구비 지원은 2003년과 2005년 사이에 크게 증가했다. 이 기간
동안 연구비 지원을 받은 연구는 5개에서 32개로 증가했다. 그러나
이 기간 동안 전체 연구비 지원 연구의 수는 이 그래프만으로 짐작하
기 곤란하다. 왜냐하면 몇몇 다년간에 걸친 연구비 지원은 1년 이상
지속되기 때문에 전체 연구의 수가 모든 해의 연구 건수를 모두 합한
것보다 적기 때문이다. 연구비 지원 규모와 성공률이 이 기간 중에
전반적으로 떨어졌음을 감안할 때 이 성장 곡선은 더욱 인상적이다.
실제로 국립보건원의 연구비 지원 성공률이 그간 계속해서 떨어졌고
현재는 10% 정도에 머물다가 15%까지 떨어졌음을 감안할 때, 연구
비 지원을 받은 연구에 대한 이러한 평가는 마음챙김에 근거한 연구
의 가장 엄정한 평가 수단이다.

　마음챙김에 근거한 개입에 대한 지원과 관심이 이렇게 증가하는 상
황에서 어떤 유형의 연구가 행해지고 있는가? 그 범위는 실로 광범위
하다. 국립보건원의 지원을 받는 마음챙김에 근거한 치료의 목록(〈표
4-1〉 참조)과 연구 중인 문제 및 대상의 유형(〈표 4-2〉 참조)을 보면
그간의 사정이 드러난다. 마음챙김 기법의 훈련을 받는 임상 그룹은
기분과 불안 장애 같은 흔한 정신적 문제가 있는 사람들에서부터 천
식이나 장기 이식 같은 여러 신체질환을 가진 사람에 이르기까지 매
우 다양하다. 점점 증가하는 마음챙김 훈련 연구의 수는 건강한 사람
과 노인 인구에 있어서 면역계 기능과 인지력, 주의력 등이 향상되는
결과를 보여 주고 있다. 요컨대, 다양한 문제와 임상 집단에 적용되고
있는 마음챙김에 근거한 개입에 대한 사회적, 과학적 관심은 대단하
다. 더욱이 마음챙김에 근거한 개입에 대한 과학 연구의 양도 꾸준히
증가하고 있으며 이들 연구의 질도 지속적으로 향상되고 있다.

표 4-1 　 마음챙김에 근거한 치료의 유형

MBSR(mindfulness-based stress reduction): 마음챙김에 근거한 스트레스 완화

MBCT(mindfulness-based cognitive therapy): 마음챙김에 근거한 인지치료

MB-EAT(mindfulness-based eating awareness training): 마음챙김에 근거한 먹기 자각 훈련

MBAT(mindfulness-based art therapy): 마음챙김에 근거한 미술치료

MBRP(mindfulness-based relapse prevention): 마음챙김에 근거한 재발 방지

MBRE(mindfulness-based relationship enhancement): 마음챙김에 근거한 관계 향상

ACT(acceptance and commitment therapy): 수용 및 전념 치료

DBT(dialectical behavior therapy): 변증법적 행동치료

표 4-2 　 국립보건원(NIH)의 지원을 받는 현재 진행 중인 마음챙김에 근거한 치료법에 관한 연구

연구 대상		
정신건강	신체건강	건강한 사람이 볼 수 있는 효과
우울증	심장질환/고혈압	감염/면역 기능 향상
불안	HIV/AIDS	주의력 향상
외상후 스트레스	암	스트레스(급성/만성) 경감
장애/외상	골수 이식	인지 기능 향상(노인)
사회공포	안면홍조/폐경	건강 상태 호전(노인)
섭식장애	과민성 대장 증상	
비만	장기 이식	
성격장애	만성 통증	
약물중독/금연	천식	
불면증		

마음챙김에 근거한 치료법 가운데 많이 활용되는 것

마음챙김 안내
당신이 규칙적으로 일상생활에 마음챙김을 응용할 수 있는 방법이 있는가?

Ruth Baer는 『마음챙김에 근거한 심리치료(Mindfulness-Based Treatment Approaches)』의 첫 장에서 많이 활용되는 마음챙김과 수용에 기초한 치료 접근법에 대해 개관했다(Baer & Krietemeyer, 2006; 이 책은 이들 치료법에 대한 더 상세한 사항을 위한 좋은 참고 자료다). 이 장에서 우리는 마음챙김에 근거한 접근법의 기본 모델로서 MBSR에 초점을 맞춘 다음 몇몇 다른 접근법과의 유사점과 차이점 몇 가지를 요약해 본다. 우리는 MBSR과 MBCT를 자세하게 다룬 다음 MBSR의 전통에서 생겨난 다른 치료법들['마음챙김에 근거한(MB) 치료법'이라고 불리는]에 대해서도 간략하게 논의할 것이다. 마지막으로, 우리는 다른 치료 전통에서 생겨났지만 마음챙김을 활용하는 DBT와 ACT에 대해서 논의할 것이다.

마음챙김에 근거한 스트레스 완화

마음챙김에 근거한 치료 가운데, 최초의 그리고 현재까지도 가장 인기가 있는 것은 MBSR이다. 매사추세츠 주립대학 병원의 Jon Kabat-Zinn과 동료들에 의해 1979년 개발된 MBSR은 매주 2시간 반에서 3시간 정도의 모임을 갖는 최대 35명의 참가자들을 대상으로 하는 8주 그룹 프로그램이다. 6주와 7주 사이에 6시간의 침묵 집중수련이 있다. MBSR은 『마음챙김 명상과 자기치유(Full Catastrophe Living:

Using the Wisdom of Your Body and Mind to Overcome Pain, Stress and Illness)』(Kabat-Zinn, 1990)에 상세히 소개되어 있다. MBSR은 기존 의료 시스템의 사각지대에 놓인 환자들을 위한 대체 치료법의 필요성에 따라 개발되었다. 난치성 통증이나 불안장애 환자들이 MBSR에 참가해 놀라운 효과를 보고하고 있다. 이 책의 출간과 MBSR의 효능에 대한 경험적 보고가 나타나면서 MBSR은 인기를 더해 갔고, 많은 건강 전문가가 MBSR 훈련을 받았다.

MBSR은 공식 및 비공식의 다양한 마음챙김 수련을 하는 집중훈련 프로그램이다. 참가자들은 명상과 가벼운 요가를 집에서 총 45분간, 프로그램이 진행되는 동안 매주 6일씩 해야 한다. MBSR에서 가르치는 주된 마음챙김 기술에는 바디스캔, 앉기 명상, 걷기 명상 그리고 가벼운 요가가 있고, 그 밖에 일상에서의 마음챙김 수련도 있다. 매주 강의를 통해 마음챙김에 대해 가르치며 참가자 자신의 체험을 나누고, 진행자의 피드백을 받기도 하며, 수련에 있어 잘 안 되는 부분이나 자신이 경험한 통찰에 대해 그룹 토론을 하기도 한다. 분위기는 협조적이고 고무적이며, 그룹 진행자는 비판단, 인내, 수용, 초심자의 마음, 애쓰지 않음, 내려놓음, 집착하지 않음 그리고 신뢰라는 마음챙김의 태도를 내면으로 체현하고 외면으로 그 적용을 북돋우는 역할을 한다.

이 프로그램은 건포도 한 알을 마음챙김을 하며 먹는 것으로 시작한다. 그런 다음 바디스캔으로 옮겨 간다. 바디스캔은 신체 감각을 자각하는 유도 연습으로, 대개 진행자가 발에서 머리까지 신체 전 부위로 천천히 주의를 향하는 연습이다. 진행자는 참가자에게 신체 각 부위에서 매 순간 일어나는 감각에 대해 그 경험을 변화시키거나 특정한 결과를 얻으려고 하지 않고 주의를 기울이도록 격려한다(바디스캔 지시문은 부록 A 참조). 경외, 사랑의 태도가 흔히 제안되지만, 참가자들은 수련 중 무엇이 일어나든 그것을 다만 알아차려야 한다. 바디스캔은 최대 45분 정도가 걸린다. 이 수련은 몇몇 핵심 마음챙김 기술을 계발시킨다. 그것은 특정 인식 대상에 매 순간 지속적으로 면밀히 주의를 기울이는 것, 신체의 한 부분에서 다른 부분으로 옮겨 가는 데 있어서 주의의 유연성, 어떤 감각이나 생각, 느낌이 일어나더라도 그것을 변화시키려 하지 않고 관찰함, 마음이 방황할 때(반드시 그렇게 된다)는 처음 의도한 자각의 초점으로 되돌아오는 것, 그리고 자신의 경험에 대해 친절과 수용, 비판단의 마음챙김 태도를 적용하는 것 등이다.

마음챙김 요가도 처음 몇 회기 안에 소개가 된다(이것은 프로그램에 따라 다를 수 있다). 요가 동작의 목적은 부드러운 마음챙김 동작의 맥락 안에서 자신의 몸에 대한 친절을 계발하는 것이다. 마음챙김 요가는 체조가 아니다. 그보다 참가자들은 자신의 경험에 밀착하여 주의를 기울이되, 바디스캔과 동일한 태도로 각 동작에서 자신의 신체적 한계를 부드럽게 탐색하도록 권장된다. 타인과 비교하거나 오늘과 어제를 비교하지 말고 신체의 모든 동작을 마치 처음인 것처럼 온전히 자각하는 연습만 하도록 권장된다. 이 마음챙김 요가는 많은 경우에 커다란 좌절과 실망, 고통의 원인이 되는 자신의 몸과 친숙해져 '친구가 되는' 하나의 방법이다. 마음챙김 요가의 목적은 아니지만 많은 참가자가 이 부드러운 연습을 꾸준히 수련함으로써 신체적으로 더 튼튼해지고 유연해지고 균형이 향상되는 것을 발견한다.

MBSR 프로그램의 핵심이라고 할 수 있는 앉기 명상은 연습의 초점

(주의를 기울이는 대상)으로 자꾸자꾸 돌아오고 기억하는 것을 강조한다. 주의의 대상은 대개 호흡에 대한 자각에서 시작한다(앉기 명상 지침은 부록 B 참조). 참가자들은 들숨과 날숨의 감각을 느끼고, 호흡에서 주의가 달아날 때마다 관찰한다. 관찰의 이 초점은 많은 '아하' 순간을 일으킬 수 있다. '아하' 순간에 참가자들은 호흡에 다시 집중하고 다시 시작하는 기회를 갖는다. 언제나 다시 시작하는 것이 수련의 핵심이다. 그리고 호기심, 인내, 가벼운 마음의 태도를 권장한다. 프로그램이 진행되면서 앉기 명상의 초점이 호흡에서 소리, 신체 감각, 몸에서 느껴지는 정서, 지나가는 생각 같은 다른 측면에 대한 더 큰 마음챙김으로 확대된다. 일어나는 무엇이든 수용하고, 일어나는 무엇과도 함께 호흡하고, 잠재적으로 힘든 경험에 대한 더 큰 그릇(container)이 되는 것을 강조하면서 '순수한 자각(bare awareness)' 혹은 '선택 없는 자각(choiceless awareness)' 연습이 전 주에 걸쳐 소개된다. 마음챙김 자각을 통한 통찰의 획득이 소개되는데, 얻기 위해 애써야 할 무엇이 아니라 꾸준한 수련의 자연스러운 결과로서 소개된다.

걷기 명상도 커리큘럼 안에 들어 있다. 걷기 명상은 걷는 동작의 신체적 감각에 주의를 기울이는 것이다(걷기 명상 지침은 부록 C 참조). 걷는 속도는 정상 속도나 혹은 그보다 더 빠를 수 있지만 종종 걸음의 각 부분들, 예를 들면 발을 드는 동작, 앞으로 나아가는 동작, 바닥에 내려놓는 동작, 그 발로 무게중심이 이동하는 동작, 반대쪽 발을 떼는 동작 등을 관찰한다. 이 모든 동작 역시 개방성과 호기심의 태도를 가지고 한다. 마음이 걸음에서 떠나면 언제든 다시 걸음으로 돌아온다. 이 걷기 명상은 오랫동안 앉아 있어 몸이 불편하거나 안절부절못하는 초보 수련자들에게 더 쉽게 다가올 수 있다. (그러나 일반적으로 마음챙김의 핵심 지침은 혐오스러운 것이라도 무엇이든 그것을 직면하고 혐오 자체의 이동하는 성질을 관찰하는 것이다.)

1일 종일 집중수련 동안, 그리고 마지막 회기에서 하는 마지막 공식 명상 수련은 자애(metta, loving-kindness)명상이다(이 책의 8장 참조). 자애명상은 다른 주의 대상을 향한 친절과 연민의 감정을 의도적으로 계발하는 것이다. 자애명상은 대개 자기 자신 혹은 자신에게 도움을 준 사람에서 시작해 자신과 관련이 있는 다른 사람, 그리고 마지막으로는 모든 존재로 확장한다.

마지막으로, 마음챙김을 삶의 한 방식으로 통합하는 방법으로서 독립된 별개의 공식 수련이 아닌 비공식적인 마음챙김 수련이 권장된다. 먹고 옷 입고 설거지하고 다른 사람과 의사소통하는 등의 일상의 일에 대한 마음챙김이 권장된다. 비공식 수련은 자신이 무엇을 하든 그것에 관심과 친절로써 의도적으로 주의를 기울이는 것이다. 교통 정지 신호에서, 줄을 서서 기다릴 때, 약속 장소에서 기다릴 때, 교통 체증 속에서, 통화를 기다릴 때 등 어느 때나 미니 명상 연습을 처방할 수 있다. 이 비공식 수련은 일상생활을 하는 중에 다만 자신의 몸과 호흡에 의도적으로 주의를 기울이는 것이다.

마음챙김에 근거한 인지치료

1990년대 후반 MBCT의 개발과 함께 MBSR에 새로운 변화가 있었다. 인지치료사인 John Teasdale, Mark Williams, Zindel Segal은 현재의 표준 치료법인 인지행동치료(CBT)를 이용한 우울증 치료의 전문가들이다. 우울증 영역에서 임상가와 연구자들이 직면한 주요한 도전은 우울증의 재발을 방지하는 것이다. 우울증의 급성 삽화에 대해서는 효과적인 치료법이 있었지만 재발을 방지하는 데 특별히 효과적인 치료법은 아직 없었다. 주요 우울 삽화에서 회복된 대부분의 사람은 시간이 지나면 더 우울해지는 경향이 있었다. Segal과 동료들은 이 문제에 대한 효과적인 치료법을 설계하기 위하여 우울증 재발의 심리적 기초를 이해하는 데 관심이 있었다. MBSR에 대한 관심과 연구가 폭증하면서 그들은 MBSR이라는 모델에 친숙해졌고 마음챙김의 측면이 우울증에서 회복된 환자들의 재발을 방지하는 데 도움을 준다고 믿었다. 시간이 흐르면서 Kabat-Zinn 박사와 그의 동료들과의 만남과 도움을 통해서, 그들은 MBSR과 CBT를 통합한 MBCT를 개발하고 매뉴얼화했다(Segal et al., 2002). 이 치료자 매뉴얼은 유도 명상 CD가 딸린 환자의 자가 도움 책의 출간과 함께 보충되었다(Williams, Teasdale, Segal, & Kabat-Zinn, 2007).

MBCT는 MBSR보다 적은 최대 12명의 참가자 그룹을 대상으로 8주에 걸쳐 진행된다. MBCT는 바디스캔, 앉기 명상, 걷기 명상, 그리고 비공식적인 일상의 마음챙김을 활용한다는 점에서 MBSR과 유사하다. 그러나 자신과 자신의 경험에 대한 친절이 강조되기는 하지만 MBCT에는 공식 자애명상이 없다. 수업 자료는 정규 MBSR 프로그램처럼 스트레스나 스트레스 반응이 아니라 우울증을 이해하는 데 초점이 맞춰진다. 부정적 사고를 논리적으로 물리치려는 무익한 노력으로 생기는 악순환으로서의 우울증에 대한 이해의 모델이 제시된다. 참가자들은 부정적인 사고 패턴이 계속해서 일어날 때마다 그것을 인식하도록 초대된다. 무가치함이나 희망 없음의 특정한 사고에 대해 계속적으로 반추하기보다 그것들을 단지 저절로 일어났다가 사라지는 생각으로 보는 법을 배운다. 참가자들은, 생각이나 감정이 그 것에 계속 '먹이를 주거나' 그것을 실제이며 언제나 그럴 것인 고정된 실체로 믿지 않는다면 이는 일어났다가 사라진다는 것을 깨닫는다. 그러므로 명상 수행은 이런 유형의 경험에 대해 친절과 호기심, 인내의 마음챙김 태도를 가짐으로써 그것 역시 일어났다가 사라지는 것을 관찰하고 그대로 허용하는 것을 의도한다.

MBCT에 독특한 특정 기술에는 '3분 호흡 공간'이라는 것이 있다. 이 연습은 MBSR에서 행해지는 미니 명상과 유사하지만 다음과 같은 세 단계로 좀 더 정형화되었다.

1. '바로 지금 나는 무엇을 경험하고 있는가?'라는 질문에 답하며 자신의 다양한 내적 경험에 집중한다. 이 첫 1분 동안은 자신의 경험을 바꾸려는 어떠한 시도도 하지 않는다. 다만 자신의 경험을 구성하는 것들을 받아들이면서 관찰한다.
2. 다음 1분 동안은 온전히 들숨과 날숨의 움직임과 감각에 주의를 집중한다.
3. 수용과 비판단의 태도로 의식을 다시 한 번 신체의 자세, 얼굴 표정, 감정 등의 전신으로 확장한다.

이 과정은 때로 허리가 잘록한 '모래시계'에 비유된다. 왜냐하면 처음에는 넓게 주의를 기울이다가 중간에는 호흡으로 주의를 좁힌 다음 다시 마지막으로 전신으로 주의를 확장하는 과정이 마치 모래시계의 모양과 닮았기 때문이다. 이 '3분 호흡 공간'은 하루 중 어느 때라도 연습할 수 있다. 특히 참가자의 마음이 압도당할 때 하면 좋다.

자신의 현재의 기분이 일어나는 자동적 사고에 어떻게 영향을 미치는가에 대한 논의를 포함한 인지치료의 다른 요소들이 MBSR에 부가된다. 예를 들어, 우울한 기분에 있는 사람은 우울한 생각을 갖는 경향이 더 크며, 이 우울한 생각이 곧 사실이라고 믿을 가능성도 더 크다. 참가자들은 생각이 곧 진실이나 실재는 아니며 매 순간 그리고 매일 자신의 현재 기분과 상황에 따라 변화한다는 사실을 보도록 격려받는다. 참가자들은 생각에 대해 그것이 일시적이며 계속해서 변화하는 마음의 순간들—반드시 진실은 아닌—이라는 것을 보게 된다. 전통적인 CBT와 달리, MBCT 참가자들은 어떠한 생각도 의도적으로 변화시키거나 왜곡된 생각을 더 건전한 다른 생각으로 대체하도록 요구받지 않고 다만 있는 그대로 보도록 배운다. 또 참가자들은 숙달감을 느끼게 하고 기쁨을 일으키는 활동들을 하도록 격려받는다. 왜냐하면 이런 활동들이 우울증 재발을 예방하는 데 도움이 된다고 알려져 있기 때문이다. 마지막 두 회기에서는 우울증 재발 방지를 위한 계획을 논의한다. 참가자들은 자신의 과거 경험과 MBCT에서 자신들이 무엇을 배웠는지를 되돌아보고, 우울증 재발을 지속적으로 방지하기 위한 효과적인 계획을 세운다.

기타 새롭게 부상하는 마음챙김에 근거한 치료

MBSR을 본뜬 많은 다른 치료법이 등장하고 있다. 이들 치료법은 특정 임상 그룹의 필요에 맞게 MBSR 커리큘럼을 변형한 것들이다. 이들 선구적인 치료법은 최근에 들어서야 공식 연구 자료에 소개되었고, 그 유용성에 대한 증거 데이터베이스도 최근에야 축적되기 시작했다. 이제 이들 새로운 마음챙김에 근거한 치료법 가운데 가장 연구가 많이 되고 있는 네 가지를 살펴보자.

마음챙김에 근거한 먹기 자각 훈련

과식증, 최근에는 특히 비만인 개인을 치료하기 위해 기존 MBSR 커리큘럼을 수정하는 데 많은 노력을 기울이고 있다. Jean Kristeller(Kristeller, Baer, & Quillian-Wolever, 2006)가 처음 개발한 마음챙김에 근거한 먹기 자각 훈련은 MBSR과 CBT의 요소들을 유도 먹기 명상과 결합한 것이다. 먹기와 관련한 유도 명상은 체형과 체중을 둘러싼 이슈들, 그리고 식욕이나 포만 같은 먹기 관련 과정을 다룬다. 여기서 과식은 감정, 인지, 행동 조절이 방해받는, 더 큰 시스템적 조정 불능이 증상적으로 드러난 것으로 다루어진다. 마음챙김 훈련은 자동적 패턴에 대한 자각을 키우고 바람직하지 못한 행동과 반응을 끊는 방법으로 인식된다. 많은 명상이 그룹 회기에서 음식을 사용한다. 건포도 한 알을 먹는 간단한 연습에서 시작하여 과자나 케이크 같은 더 어려운 음식에 이르기까지, 그리고 최종적으로는 마음챙김 음식 선택을 하는 모든 음식에 이르기까지 여러 가지 연습이 통합된다. 신체 작업도 있으나 요가의 사용은 기존 MBSR에 비해 제한적이다.

마음챙김에 근거한 관계 향상

Carson과 동료들(Carson, Carson, Gill, & Baucom, 2006)이 제안한 또 하나의 새롭게 부상하는 마음챙김에 근거한 치료는 마음챙김에 근거한 관계 향상(MBRE) 프로그램이다. 이 프로그램은 비교적 행복한 부부들의 관계를 향상하는 프로그램이다. 프로그램 양식이나 기법, 숙

제로 내주는 주제 등에서 MBSR과 매우 유사하다. 그러나 몇몇 요소
는 개별적인 연습이 아니라 두 사람이 짝을 이루어 하는 것으로 변경
되었다. 예를 들어, MBRE에서 자애명상은 파트너에 대한 친절과 배
려의 마음을 일으키는 것에 초점을 맞춘다. MBRE에서는 MBSR에서
보다 자애명상을 더 강조한다. MBRE에서는 자애명상이 첫 회기에
소개되어 프로그램 내내 계속되는 반면, MBSR에서는 1일 종일 집중
수련에서 단 한 차례 공식적으로 소개될 뿐이다. 커플들이 일상생활
에서 적용할 수 있도록 회기 내에서 마음챙김 의사소통이나 경청 기
술을 훈련하는 것도 강조된다. 또한 요가 연습은 자기 파트너와 더 많
이 접촉할 수 있도록 신체적으로 지지하고 도와주는 '두 사람 춤'을
연습한다. 그 밖에 마음챙김을 위한 커플 연습에는 마음챙김 접촉 연
습과 등 비비기, 마음챙김이 어떻게 신체적 친밀감을 키워 줄 수 있는
지에 대한 논의 등이 포함된다. 전체적으로 수업 회기와 일상생활 모
두에서 두 사람의 관계에 마음챙김을 적용하는 것이 초점이다.

마음챙김에 근거한 미술치료

마음챙김에 근거한 치료의 또 하나의 예는 마음챙김에 근거한 미
술치료(Monti et al., 2005)다. 이것은 환자들, 특히 유방암 환자들을 대
상으로 선행 연구되었다. 마음챙김에 근거한 미술치료는 질병, 건강
그리고 치유의 의미와 관련된 감정 표현의 수단으로서 창조적 과정
의 요소들을 통합한 것이다. 이것은 미술 창작을 MBSR의 전통적 요
소와 결합한다. 치료의 지지적이고 표현적인 측면 모두를 향상하는
것이 목적이다. 참가자들은 다양한 미술 양식과 연습을 통해, 고통과
두려움을 포함하여 마음챙김 자각 연습을 통해 인식한 감정을 외적

으로 표현하게 된다.

마음챙김에 근거한 재발 방지

중독 연구와 치료 영역에서 발판을 마련하고 있는 또 다른 마음챙김에 근거한 치료법으로 MBCT의 패턴을 따른 마음챙김에 근거한 재발 방지 프로그램(Marlatt & Gordon, 1985; Marlatt & Witkiewitz, 2005)이 있다. 마음챙김에 근거한 재발 방지는 위험 회피의 인지 및 행동 이론에 기초하여 물질 남용에 대한 잘 확립된 재발 방지 치료법의 원칙에 마음챙김을 결합하고 있다(Daley & Marlatt, 1997). 연구자들은 알코올 및 마약 남용의 재발 방지율이 향상된 것이 상위 인지 과정(즉, 관찰하는 주시자로서 활동하는 능력)의 변화 때문이라고 가정했다. 이 프로그램은 알코올과 마약 남용뿐 아니라 금연에도 적용되었다(Wetter, 2008).

이상은 마음챙김에 근거한(MB) 치료법 가운데 몇몇 예로 그 효과성을 검증하는 연구 활동에 기금을 지원받고 있는 주제들이다. 주기적으로 나타나고 있는 더 많은 치료법에 대해서도 이와 유사한 검증 과정이 필요하다.

변증법적 행동치료

마음챙김을 통합한, 그러나 다른 이론적 뿌리에서 나온 치료법이라면 우선 DBT, 다음으로 ACT를 들 수 있다. DBT는 최근에는 다른 다양한 장애에도 응용되고 있지만 경계성 인격장애 치료를 위해 Marsha Linehan(Linehan, 1993a, 1993b)에 의해 만들어졌다. DBT의 중심적인 주의는 상반되는 아이디어들의 균형과 통합이다. 즉, 변증법적(dialectic)이라는 것이다. 한 예로, DBT는 수용과 변화의 양 요소를 통합한다. DBT 치료는 그 연습이 MBSR이나 MBCT에서보다는 대개 짧고 호흡과 신체에 더하여 마음챙김 자각의 특정 대상에 초점을 맞추고 있지만 공식 마음챙김 수련을 네 가지 모듈 중 하나로서 가르친다. 나머지 세 개 모듈로는 대인관계의 효과성(interpersonal effectiveness), 감정 조절(emotion regulation) 그리고 스트레스 감내(distress tolerance)가 있는데 이들 역시 핵심 마음챙김 기술에 크게 영향을 받는 것이다. 따라서 이 네 모듈은 서로 긴밀하게 연결되어 있다고 할 수 있다.

마음챙김 모듈 내에서는 세 가지 '마음 상태'와 여섯 가지 '마음챙김 기술'이 소개된다. 세 가지 마음 상태에는 지능적 결정을 내리는 정신의 일부인 이성적 마음(reasonable mind), 정서가 생각과 행동을 통제하는 반응적 마음인 정서적 마음(emotional mind), 그리고 지능을 직관 및 정서와 균형을 맞추는, 앞의 두 마음의 통합인 현명한 마음(wise mind)이 있다. 이 세 가지 마음 상태는 정서와 이성이라는 반대되는 대립항들 사이의 균형으로 볼 수 있으며, 마음챙김 기술을 수련함으로써 계발된다.

여섯 개의 마음챙김 기술은 세 개의 '무엇(what)' 기술과 세 개의 '어떻게(how)' 기술로 나뉜다. '무엇' 기술은 마음챙김 훈련 중 무엇을 하느냐를 다루는 것으로, '관찰(observing)' '묘사(describing)' 그리고 '참여(participating)'를 다룬다. 관찰과 묘사는 앞에서 설명한 다른 마음챙김에 근거한(MB) 치료법들에서의 마음챙김 수련과 유사하다. '참여'는 현재 순간에 완전히 주의를 기울이고 자신을 몰입시키는 것을 말한다. 또 자발성을 가지고 자기 의식적이지 않게 행동하는 것이

다. 세 개의 '어떻게' 기술은 '비판단적으로(nonjudgmentally)' '한 마
음으로(one-mindfully)' 그리고 '효과적으로(effectively)' 마음챙김 태
도에 상응한다. '한 마음으로'라는 것은 분리되지 않은 주의를 한 번
에 하나의 대상에 집중하는 것을 말한다. DBT에서 정의되는 것으로서
의 이 요소는 다른 마음챙김에 근거한 치료법에서처럼 한 번에 하나에
주의를 기울이는 대신, 상황의 한계를 인식하고 자신의 목표를 확인하
며 목표 달성을 위한 능숙한 수단을 사용하는 실질적인 기술을 가리킨
다. 경계성 인격장애에 대한 임상적 효과성을 보여 주는 탄탄한 연구
성과가 있다(Lynch, Trost, Salsman, & Linehan, 2007; Ost, 2008 참조).

수용전념치료

ACT의 뿌리는 MBSR이나 MBCT와 다르다. ACT는 관계틀 이론
(relational frame theory)에서 생겨났다. 인간의 모든 언어와 인지를 설
명하려고 시도하는 폭넓은 이론인 관계틀 이론은 개인들 내부의 그
리고 개인들 사이의 관계는 행동 우연성(behavioral contingencies)을
통해 강화되는 학습된 연관이라고 본다(Hayes et al., 1999). ACT는 이
러한 맥락에서 탄생하였으며, 수용과 마음챙김 전략을 행동 변화 전
략과 함께 특정 목적과 가치에 대한 전념(commitment)과 결합하여 적
용한다. 특정한 상황적 환경의 요구에 기초하여 현재 순간을 온전히
그리고 의식적으로 접촉하는 방법을 익히는 것이 ACT의 목적이다.

ACT는 대개 그룹 형식이 아닌 개인 형식으로 실시되며 다양한 심
리적 문제에 적용할 수 있다. ACT의 중심 주의는 내담자들이 자신의
내적 생활을 통제하기 위한 헛된 노력에서 언어를 종종 사용한다는

것이다. 이것은 역기능적인 사고와 논쟁하거나 그것을 변화시키려고 하는—역효과를 내는—MBCT의 생각과 유사하다. 비유와 역설, 경험적 마음챙김 연습을 통해, 내담자는 전에는 두려워하거나 회피했던 생각과 감정, 감각과 접촉하고 그것을 확인하는 방법을 배운다. 내담자들은 자신의 내면의 사건을 수용하고 가치에 대한 더 큰 명확성을 계발하며 이런 깊이 간직한 가치를 위해 행동을 변화시키는 데 전념하는 법을 배운다. 그러므로 경험적 회피라는 생각은 중심 개념으로, 치료 연습의 많은 부분이 다양한 마음챙김 수련의 활용을 통해 두려워하는 내적 경험에 노출하도록 고안되었다.

마음챙김 수련자에게 익숙한 ACT의 핵심 개념은 '인지적 융합(cognitive fusion)'이라는 것이다. 이것은 생각은 진실이고 사실이며 따라서 감정과 반응, 행동을 지시하는 길잡이라는 믿음을 보여 준다. 실제로 한 사람의 인지적, 감정적, 행동적 측면은 '융합될' 수 있다. 이런 문제에 대한 해결법인 인지적 '탈융합(defusion)'에서 내담자는 지나가는 생각을 그것이 진실이거나 중요하다고 가정하지 않고, 또 그것의 내용에 따라 행동하지 않고, 다만 그것을 관찰하는 법을 배운다. 그것들은 그 내용이 아무리 혐오스럽더라도 다만 오고 가는 마음의 사건(mind events)으로 볼 수 있다. 이런 생각을 제거하거나 변화시키려고 시도하지 않고 다만 그것을 단순하게 관찰하는 자세만 견지된다. 한 사람이 인지와 융합되어 있으면, 생각(예: '나는 이것을 망쳐서 사람들에게 창피를 당할 거야.')은 그 사람에게 진실이 되어 신체적 반응(긴장, 얼굴이 붉어짐, 땀이 남)과 느낌(두려움)으로 이어지고, 결국에는 그에 따른 행동(상황 회피, 말을 더듬음)이 따라오게 된다. 인지적 탈융합에서 생각은 다만 생각으로 인식되고, 그와 관련된 느낌이나 행동을 촉발하지 않고 지나가도록 허용된다. 그래서 그 사람은 별 탈 없이 두려운 행동을 할 수 있게 된다. 관찰자 의식은 ACT에서 인지적 탈융합을 획득하는 도구로 사용된다. '나는 실패자야.'라는 생각을 관찰하는 대신, 한 개인은 자신에게 이렇게 말하는 법을 배우게 된다. "나는 '나는 실패자야.'라는 생각을 하고 있어." 이런 거리두기(distancing)는 자기를 지나가는 생각이나 감정으로부터 분리해, 관찰자 자기가 지나가는 정신적 사건에 영향받는 것에서 자유롭게 해 준다.

마지막으로, ACT는 DBT와 유사하게 내담자의 가치와 삶의 목적에 특별히 주의를 기울인다. 그리하여 관계, 건강, 개인적 성장, 직업, 지역사회 등의 영역에서 전념 행동을 증진시키고자 한다. 내담자 개인의 가치에 어울리는 목적이 치료에서 설정되며, 이런 목적들에 전념하는 데 방해가 되는 장애물(종종 불안, 회피, 공포 등에서 생기는)을 살핀다. 이런 장애물들을 극복하는 데 도움이 되고, 궁극적으로 행동을 핵심 신념과 가치와 일치시키는 계획을 세운다.

치료법 간의 유사점과 차이점

이 장 전반에 걸쳐 요약된 것처럼, 많은 마음챙김에 근거한 치료법은 이론적 기초와 특정 훈련법을 공유한다. DBT와 ACT는 마음챙김에 근거한(MB) 치료법보다 더 짧고 덜 공식적이며 더 초점화된 마음챙김 연습을 사용한다. 그리고 MB 방식이 수용(acceptance)에 많은 부분 의존하는 반면, DBT와 ACT는 수용 및 변화에 기초한 전략 모두에 집중한다. 대부분의 마음챙김에 근거한 개입이 그룹 형식으로 제공되는 반면, ACT는 주로 개인적 치료이며, DBT는 개인과 그룹 요소 모두를 포함한다. 마음챙김에 근거한 양식을 특수하게 변형시키면 특정 환자군에 적합한 연습을 추가할 수 있다. 여기에는 과식증 환자에 대한 집중된 먹기 훈련이나 약물 남용자에 대한 재발 단서 자각 훈련 등이 있다. 치료의 지속 시간도 다양하다. 그룹 마음챙김에 근거한 기법들은 대개 8주간 지속되며, ACT는 내담자에 따라 그보다 더 짧거나 길 수 있다. 한편 DBT는 1년 이상 지속된다.

마음챙김 안내
잠시 멈추고 당신의 몸을 스캔하라. 긴장, 정지, 조임 등이 느껴지는가? 당신은 바로 지금 이러한 감각들을 해방시킬 수 있는가?

마음챙김 동작의 역할

치료들 사이의 또 하나의 차이점은 마음챙김 신체 동작의 역할에 부여하는 중요도에 있다. DBT나 ACT에는 마음챙김 동작(mindful movement)과 스트레칭의 공식 수련이 없다. 다른 마음챙김에 근거한 (MB) 치료법의 관점에서 볼 때, 마음챙김 동작의 역할은 연구 문헌에서 많은 주목을 받지 못했다. MBSR의 최초 창안자들은 이 요소가 전체 프로그램에 매우 중요하다고 말할 것이다. 그러나 현재 프로그램 훈련을 받고 있는 수련가들은 대개 건강관리 전문가들로, 많은 이가 마음챙김 동작에 관한 집중적인 연습이나 훈련을 받지 못했다. 그들은 환자에게 상해나 상처를 줄 것을 두려워하여 선뜻 이 동작을 가르치려 하지 않을 수도 있다. 그들은 또한 이 마음챙김 신체 동작과 스트레칭을 공식 명상의 보다 두뇌적인(cerebral) 훈련에 통합하는 이점을 잘 알지 못할 수도 있다. 마음챙김 동작의 이점과 마음챙김에 근거한 좌선이나 바디스캔 명상 수행의 이점을 비교하는 것은 여전히 경험적 문제로 남아 있다. 그러나 특정 환자 그룹에 있어서는 마음챙김 동작이 치료의 성공에 결정적 요소가 된다는 것이 우리의 생각이다. 예를 들어, 10년 이상 된 암 환자 수천 명을 대상으로 한 연구에서 환자들은 마음챙김 신체 동작의 이점과 공식 명상 수련의 이점을 동일하게 보고했다. 마음챙김 동작이 얼마만큼 도움을 주는지, 또 어떤 환자 그룹에 가장 이로운지에 대해서는 경험적 조사를 통해서만 확인할 수 있을 것이다.

치료자 자격

마음챙김에 근거한 치료법에 대한 대중적인 관심이 증가함에 따라, 많은 전문가는 이 개입법을 안전하고 윤리적인 방법으로 환자들에게 전달할 수 있는 적절한 자격 요건이 무엇인지 궁금해하고 있다. 또 잠재적 프로그램 참여자들은 어떻게 하면 자격 있는 지도자를 만날 수 있는지 알고 싶어 한다. 누가 이런 유형의 치료법을 전할 자격이 있는가 하는 문제에 대해서는 다소 논란이 있어 왔다. 의료, 건강관리, 사회의 마음챙김 센터(Center for Mindfulness in Medicine, Healthcare, and Society)는 MBSR 지도자에 대한 인증서를 발급하는 유일한 전문 기관이다. 기타 전문 단체들은 각자 기관에서 치료 시술에 대한 전문 자격증을 부여하고 있다. MBSR과 MBCT의 시술자와 개발자들은 이런 양식을 가르치기 위해서는 지도자가 스스로 매일 명상을 수련해야 한다고 확신하고 있다. 이것은 DBT와 ACT 같은, 이 전통 바깥에서 발전된 다른 치료법에는 해당되는 사항이 아니다.

MBSR 지도자 자격증에 대해 마음챙김 센터(Center for Mindfulness)에서 제시하는 지침은 매우 엄격하며 다음과 같은 것들을 포함한다.

① 건강 관리, 교육, 사회 변화 영역에서의 전문 경험과 대학원 학위 혹은 그에 상응하는 경험, ② 지속적인 매일의 명상과 신체 중심의 자각 수련, 그리고 마음챙김을 일상생활에 통합하는 것에 대한 전념, ③ 5~10일간의 지도자가 이끄는 마음챙김 명상 집중수행에 정기적으로 참가, ④ 최소 4회의 8주간 MBSR 과정을 지도해 본 경험. 이것 외에 센터는 일련의 전문 개발 기회를 통해 제공되는 특수 MBSR 훈련을 요구한다. 첫 번째 노출은 대개 7일간의 지도자 집중수련으로, 여기서 전문가들은 MBSR 커리큘럼의 이론적 기초에 대해 처음으로 배운다. 그다음으로 8주간의 프로그램에 슈퍼비전(수련감독)을 받으며 참가한다. 그리고 피드백과 개인적 슈퍼비전을 받으면서 공동으로 가르칠 수 있는 기회가 주어지는 더 긴 MBSR 실습에 참가한다. 그리고 마지막으로 지도자 개발 집중 코스에 참여하여 일군의 지도자들이 서로를 가르치면서 피드백 받는 경험을 쌓게 한다. 이 모든 과정은 센터의 교육부서인 오아시스(Oasis)를 통해 제공된다. 가르침의 증거로 비디오테이프나 CD에 녹화해서 제출하면 가끔 동등한 교육을 받은 것으로 인정하기도 한다(Santorelli, 2008).

　많은 전문가가 이 인증 없이도 MBSR 프로그램을 가르친다. 인증은 비공식 요건이며 대부분의 전문가 인증기관에서 반드시 요구하는 사항은 아니다. 다른 형태의 마음챙김에 근거한 치료법을 수련하는 치료자들은 대개 이 지침을 표준으로 채택했다. MBCT를 위한 특수 훈련 워크숍이 며칠 혹은 1주에 걸쳐 주기적으로 제공된다. 그러나 특별한 지도자 자격 요건은 명시하지 않았다. ACT 측의 철학은 다음과 같다.

개방적이고 책임감 있는 과학적 문화를 양성하는 것이다. 그것은 위계적이지 않으면서도 자기비판적이며 누구나 나름의 역할을 다할 수 있게 만들어 주는 문화다. 이런 가치를 촉진하기 위해 ACT 측은 치료자에 대한 공식 인증 같은 것을 부여하지 않기로 결정했다. 문제를 해결하는 열린 과정을 신뢰하기로 한 것이다 (Hayes, 2005).

그러므로 많은 ACT 훈련 기회가 제공되고 있지만 인증기관은 한 군데도 없다. 한편 더 오랜 기간 동안 자리를 잡아 온 치료 양식인 DBT도 많은 대학원 과정 프로그램에서 훈련이 제공되고 있지만 공식 인증기관은 없다.

지도자 자격을 둘러싼 문제는 계속해서 논란의 여지가 남을 것으로 보인다. 그것은 수련가들이 수련의 온전성을 보호하는 것, 그리고 필요한 사람들에게 마음챙김에 근거한 개입법을 제공하는 기회를 지나치게 제한하지 않는 것 사이에서 균형점을 찾으려고 시도하기 때문이다.

결론 및 향후 방향

이 장에서는 새롭게 부상하고 있는 마음챙김에 근거한 개입법들에 대해 살펴보았다. 이미 잘 확립된 MBSR과 MBCT, 그리고 다양한 장애와 환자를 대상으로 개발되고 실시되고 있는 더 최신의 마음챙김에 근거한 개입법들에 대해 살펴보았다. 마음챙김에 근거한 치료법들의 개발은 매우 고무적인 일로 마음챙김의 무한한 적용 가능성을 보여 주고 있다. 그러나 위험한 점은 마음챙김이 인기를 얻게 되면서 마음챙김을 잘못 적용함으로써 사람들에게 해를 입힐 가능성도 존재한다는 것이다. 어떻게 하면 마음챙김이라는 치료 양식의 신성함과 순수함을 그것이 처음 개념화되고 적용되던 방식으로 보전하면서도 새롭고 매우 유용한 적용법에도 계속해서 개방적인 자세를 취할 수 있을까에 대해 마음챙김 분야에서 커다란 논의가 이루어지고 있다. 이 논의는 결코 폐쇄적이지 않으며, 마음챙김이 주류 의료계와 정신건강 관리 분야에 계속해서 도입되고 지속될 것이다.

몇몇 순수주의자는 마음챙김 개념에서 그 전통적 불교 뿌리를 제거하는 것에 대해 심각한 우려를 표시하고 있다. 그들은 전통적 불교 근원이야말로 MBSR을 포함한 '모든' 마음챙김에 근거한 개입법의 근거가 되는 것이라고 생각한다. 이들 순수주의자는 마음챙김을 세속적 치료에 적용하는 것은 마음챙김이 가진 잠재력을 희석시키고 그것을 의도적으로 적용하는 결과를 낳았다고 주장한다. 한편 어떤 사람들은 '세속화된 마음챙김'이 사람들에게 이익을 가져다주고 더 많은 사람이 그것에 쉽게 접근할 수 있다면 모든 수단을 동원해서라도 그렇게 사용되어야 한다고 생각한다. 마음챙김의 전통적 맥락을 분명하게 이해하고 어느 정도의 경험을 쌓는다면 마음챙김의 교의를 적용하는 지도자와 치료자에게 도움이 된다는 것이 우리의 생각이다. 불교 텍스트를 읽는 것은 중요한 개념을 환자들에게 전달하는 치료자의 능력을 키우는 데 도움이 된다. 비록 그 개념을 설명하는 데 있어서 전통적인 불교식 용어를 사용하지 않더라도 말이다. 이것은 모든 마음챙김에 근거한 치료법의 치료자들이 수년 혹은 수개월을 집중명상 센터에서 보내야 한다는 뜻은 아니다. 그보다 주기적인 마음챙김 수련을 하고, 고통의 성질과 그 근본 원인, 그리고 고통을 종식시키는 방법과 관련하여 불교심리학과 불교의 기초 철학에 대한 번역물을 읽는 것이 반드시 필요하다는 의미다.

우리의 희망은 마음챙김에 근거한 개입법을 개발하고 조사하고 적용하는 수련가와 연구자들이 자신들의 임상 작업과 경험적 조사에 도움이 되도록 깊은 개인적 체험을 가졌으면 하는 것이다. Shapiro, Walsh와 Britton(2003, pp. 85-86)은 다음과 같이 말했다.

직접적인 경험 없이는 개념(특히 초개인적 개념)은 Kant가 말한 것처럼 '공허하며' 경험적 토대가 결여된 것일 수밖에 없다. 이 토대가 없이는 우리는 합치력(adequatio)이 부족하다. 합치력이란 현상의 '보다 깊은 의미도(grades of significance)'를 이해하는 능력이다(Schumacher, 1977). Aldous Huxley(1944)는 『영원의 철학(The Perennial Philosophy)』에서 이에 대해 "지식은 존재의 기능……"이라고 표현했다. 직접적 수련과 경험이 없이는 우리는 명상 체험의 의미도를 알 수 없으며, 우리 자신의 맹목성에 대해서도 알지 못한다.

우리는 마음챙김에 대한 우리의 직접 체험이 연구 조사뿐 아니라 임상적 개입에도 가장 유용할 것이라고 믿는다. 우리는 또한 새롭게 소개되는 모든 마음챙김에 근거한 치료법에 대한 더 진전되고 엄격한 평가 또한 필수적이라고 생각한다. 사람들에게 도움을 주는 전문 직업인으로서 우리의 윤리적 의무는 우리 방문을 넘어오는 환자 각

자에게 가장 적합한 형태의 개입을 제공하는 것이다. 우리는 이것을
오직 매우 깊은 차원의 위치, 즉 개인적 체험과 증거에 기초한 과학
모두의 바탕 위에서만 행할 수 있다.

Part 2

The Art and Science of **MINDFULNESS**

마음챙김은 도움이 되는가,
된다면 어떻게 도움이 되는가

chapter 05

정신건강을 위한
마음챙김에 근거한 개입

모든 것이 네가 바라는 대로 일어나기를 원하지 마라.

다만 모든 것이 일어나는 그대로 일어나기를 바라라.

그러면 너는 평온할 것이다.

−Epictetus(Melden, 1950, p.151)

4장에서 설명한 마음챙김에 근거한 개입법에 대한 증가하는 관심은 건강한 사람뿐 아니라 다양한 환자 그룹에 대한 이들 유형의 프로그램의 효과를 조사하는 과학적 연구와 함께하고 있다. 이 장에서 우리는 마음챙김에 근거한 개입법이 우울증이나 불안 같은 심리적 문제를 가진 사람에게 미치는 효과에 대해 조사한 연구에 초점을 맞추고자 한다. 우리는 또한 건강한 개인 그룹에서 측정된 심리적 결과들도 다루고 있다. 명상 자체의 효과성을 조사하는 모든 연구와 우리가 이 책의 4장에서 '마음챙김에 근거한 개입'이라고 명명한 것에 초점을 맞춘 연구를 구분 짓는 것은 그 리뷰를 구조화하는 데 유용하다. 여기서 우리는 오직 후자에만 초점을 맞출 것이다. 전자(모든 명상 연구)에 대한 광범위한 리뷰는 미국 국립보완대체의학센터(National Center for Complementary and Alternative Medicine)에서 2007년 실시한 4백 페이지가 넘는 보고서에 상세하게 나와 있다(Ospina et al., 2007). 이 자료는 의료관리 품질조사국(Agency for Healthcare Research and Quality)을 통해 인터넷으로 접근할 수 있다(http://www.ahrq.gov/clinic/tp/medittp.htm). 우리는 마음챙김에 근거한 스트레스 완화(MBSR)와 관련된 연구물을 모두 다루기보다, 이 분야에서 발표된 중요한 연구 보고서 가운데 이 분야에 실질적인 공헌을 한 연구물과 가장 최신의 연구물을 주로 다룰 예정이다. 기타 철저한 리뷰들은 심리학과 의학계에서 얻을 수 있다(Baer, 2003; Bishop, 2002; Grossman, Niemann, Schmidt, & Walach, 2004).

임상 그룹

우리는 다양한 임상 그룹 사이에서 마음챙김에 근거한 개입이 주는 효과를 검토함으로써 우리의 리뷰를 시작하려고 한다.

마음챙김에 근거한 스트레스 완화

역사적으로 마음챙김에 근거한 스트레스 완화(MBSR)에 대한 임상적 연구는 자신의 초기 MBSR 수업에 참가한 참가자들에 대한 기초적 프로그램 평가를 실시했던 Kabat-Zinn과 더불어 시작되었다. 이런 유형의 연구는 대개 비통제적(uncontrolled)으로 수행되었고, 새로운 개입법의 효과성을 조사하는 초기 연구에 유용한 전후(pre-post) 설계를 차용하였다. Kabat-Zinn(1992)은 22명의 범불안장애 환자가 프로그램 참가를 통해 불안 수준과 우울 증상, 전반적인 불안이 믿을 만한 객관적 척도로 측정했을 때 감소한 것을 관찰했다. 이 개선은 프로그램 참가 3년 후에도 분명하게 나타나고 있었다(Miller, Fletcher, & Kabat-Zinn, 1995). 이 프로그램에 참가한 다른 사람들(범불안장애 환자가 아닌)과 비교해 볼 때 이 작은 그룹에서 이렇게 크게 증상이 호전된 것은 일반적이었다. 3년 후의 추후 조사(follow-up)에서 그룹의 대부분이 계속해서 마음챙김 기법을 수련하고 있다고 보고했다. 불안과 우울 증상을 보였던 20명의 장기 심리치료 환자에 대한 또 하나의 초기 연구 역시 MBSR 개입에 참가한 뒤 그들의 기분과 정신과적 증상이 호전된 것을 발견했다(Kutz et al., 1985).

이 초기 연구들은 시간의 단순한 흐름의 효과를 통제하기 위한 임의적 비교 그룹을 사용하지 않았다. 임의적 비교 그룹을 설정하는 것은 대부분의 증상이 충분한 시간이 지나면 완화되는 경향('평균으로의 회귀'로 알려진) 때문에 특히 중요하다. 임의 그룹을 설정하는 것은 측정되는 질(나이, 성별, 기준이 되는 심리적 병리 등)과 쉽게 측정되지 않지만 결과에 중요한 영향을 미치는 요인들(동기, 성격 특징 등)에 있어서 그룹들 사이에 기준이 되는 비교성을 확보하는 데 중요하다. 증상은 시간이 지나면서 그룹이 전문적, 사회적 지지로부터 얻는 관심과 같은 불특정 요인의 결과로 완화될 수 있다. 혹은 참가자 자신이 뭔가 자신에게 도움이 되는 이로운 행위를 하고 있다는 생각을 함으로써 완화될 수도 있다. 이로 인해 증상 호전에 대한 기대감이 높아진다(위약 효과). 마음챙김 연구에서 흔히 볼 수 있는 설계인 대기자 통제 그룹(wait-list control group) 연구는 처음 두 가지 문제(시간에 따른 자연스러운 완화와 그룹들 사이의 기준선 비교성)를 통제하기는 하지만 관심과 향상에 대한 기대감 같은 불특정 요인까지 통제하지는 못한다. 대기자 그룹은 기다리는 동안 대개 아무 처치도 받지 않기 때문이다. 실제로 대기자는 그가 바라는 치료를 기다리는 동안 긍정적인 기대감 효과와 정반대되는 것을 일으킬 수 있다. 다시 말해, 참가자는 그들이 마침내 치료를 받을 때까지는 기다리는 기간 동안 어떠한 호전도 기대하지 못할 수 있다(혹은 더 악화되리라고 예상할 수도 있다). 그룹 내에서의 관심과 시간, 사회적 지지를 통제하고 긍정적 기대를 심어 주는 적극적 비교 그룹을 지닌 연구 설계가 치료의 효과성에 대한 가장 엄정한 테스트다.

MBSR에 대한 최근의 연구는 보다 더 통제된 유형의 설계를 사용하고 있다. 한 연구는 사회불안장애를 가진 53명의 환자에 대해 MBSR과 12주 회기 CBT의 표준 치료를 비교했다(Koszycki, Benger, Shlik, & Bradwejn, 2007). 두 개입 모두 기분과 기능성, 삶의 질이 향상되는 결과를 보였다. 그러나 CBT가 사회불안의 정도에 대한 특정 척도에 더 큰 향상을 보이는 것으로 판명되었다. 이것은 CBT가 사회불안장애와 연관된 증상의 완화에 특히 중점을 두고 있는 반면 MBSR 프로그램은 전반적인 안녕감과 삶의 질을 목표로 한다는 점에서 볼 때 그리 놀라운 것이 아니다.

불안 감소는 MBSR 작업의 지속적인 관심 주제였다. Weiss 등

(Weiss, Nordlie, & Siegel, 2005)은 불안과 우울 증상을 보이는 외래 환자 그룹에 대해 심리치료에 더하여 MBSR 훈련을 추가했다. 심리치료만 받은 환자 그룹과 비교했을 때, 두 그룹 모두 심리적 고통 면에서는 비슷한 향상을 보였으나 MBSR 그룹은 목적 성취 척도에서 더 큰 이익을 보였으며, 따라서 치료를 더 조기에 종료할 수 있었다. 또 다른 임의 통제 실험은 MBSR을 불안장애 교육 프로그램과 비교하여, 불안장애에 대한 약물치료의 보조물로 보았다(S. H. Lee et al., 2007). MBSR 프로그램을 받은 환자들은 그렇지 않은 환자들에 비해 불안과 적대감 척도(자가 측정 및 임상가 측정의)에서 더 큰 호전을 보였다. 그러나 우울 척도에서는 그룹 간 차이를 보이지 않았다.

1999년 Kristeller와 Hallett은 섭식장애 환자를 위해 특별히 고안한 변형된 형태의 MBSR(나중에 MB-EAT라고 불리게 됨)의 적용에 관한 연구를 최초로 발표했다(MB-EAT 프로그램 개발에 관한 자세한 논의는 Kristeller, Baer, & Quillian-Wolever, 2006 참조). 이 선구적 작업은 기분 및 폭식 빈도 척도에 있어서 개입 후 상당한 감소가 있었음을 보였다. 현재 섭식장애에 대한 MB-EAT의 효과성을 검토해 보는, 미 국립보건원(NIH)의 기금을 받은 대규모 임의 통제 실험이 진행 중이다. 아직 결과는 발표되지 않았다.

MBSR의 변형된 적용의 또 다른 예는 마음챙김에 근거한 불면증 치료(MBT-I)다. 이것은 마음챙김에 근거한 접근법을 불면증에 대한 인지행동치료(CBT-I)와 결합시킨 개입이다. MBT-I 프로그램의 전반적인 목표는 개인이 밤에 깨어 있는 상태(wakefulness)를 줄여 주고 만성 불면증에 대해 일어나는 정서적 반응을 조절하도록 돕는 것이다. 이 프로그램은 다음과 같은 구성 요소로 이루어져 있다. ① 신체 감각,

생각, 느낌에 대한 자각을 주된 기술로 하는 기술 습득, ② 불면증 중에 일어나는 생각과 느낌에 대처하는 데 마음챙김 자각을 적용하는 것. 그와 함께 참가자들은 잠자고 깨어나는 스트레스에 대해 접근하는 방식에 있어서 의미 있는 변화를 일으키는 법을 배운다. 마음챙김을 자신들의 삶의 모든 측면으로 가져오는 것이 목적이다(Heidenreich, Tuin, Pflug, Michal, & Michalak, 2006).

최근의 예비 연구에서 불면증 환자 30명이 마음챙김 명상과 CBT-I를 통합한 6주간의 다중 양식 개입에 참가했다. 개입 후 환자들은 불면증의 몇몇 야간 증상에 있어서 통계적으로 그리고 임상적으로 유의미한 호전을 보였다(Ong, Shapiro, & Manber, 2008). 임의 통제 설계를 이용한, 이 혁신적 개입에 대한 심도 있는 검증이 현재 진행 중이다.

마음챙김 접근법은 또한 중독 연구에도 적용되었다(Bowen et al., 2006; Bowen, Witkiewitz, Dillworth, & Marlatt, 2007; Marlatt & Chawla, 2007). 가장 잘 알려지고 가장 대규모인 연구에서 입원 환자들이 열흘간의 마음챙김(위빠사나)[1] 코스를 마치고 3개월과 6개월 후의 추후 조사 데이터를 제공했다. MBSR과 정확히 동일한 형식은 아니었으나 그 마음챙김 명상 수련은 MBSR과 유사했다. 코스 참가자들의 퇴원 후 행동을 명상 프로그램에 참여하지 않은 입원 환자들과 비교했다. 무작위성이 부족하긴 하지만, 기본적으로 이 두 그룹 사이에는 성(性), 소득, 교육, 인종 등의 유의미한 차이는 없었다. 추후 연구 기간 동안, 명상 프로그램 참가자들은 알코올, 마리화나, 값싼 농축 코카인 사용에 있어 훨씬 더 유의미한 감소를 보였다. 또한 알코올 관련 문제

---

1) 위빠사나 또는 '통찰 명상'은 상좌부 불교의 여러 전통에 의해 수행되는 명상기법을 의미한다. 위빠사나는 종종 '마음챙김명상'으로 불린다.

와 정신병적 증상도 감소했다. 내적인 음주 관련 통제 소재(locus of control)와 낙관주의도 더 크게 증가했다. 거기에 매개분석을 통해 코스 참가자들의 약물 사용에 관한 사고 억압(thought suppression)—재발 방지에 불리하게 작용하는—이 감소한다는 사실도 밝혀졌다. 약물 남용에 관한 사고 회피의 이러한 감소는 퇴원 후의 알코올 사용을 부분적으로 매개하는 것으로 드러났다.

　마침내 다양한 심리 및 행동 장애에 대한 MBSR의 수많은 적용에 관한 선구적 연구들이 문헌에 등장하게 되었다. 예를 들어, 발달장애와 분노 조절 이상을 겪는 환자 세 명의 사례 연구에서 발바닥에 주의를 집중하는 마음챙김 개입이 환자들의 공격 행동을 통제하는 데 도움이 되는 것으로 나타났다. 명상 훈련은 이들 환자 각각이 4년간의 지역사회 추후 조사 기간 동안 지역사회 적응을 유지하는 데 도움을 주었다(Singh, Lancioni, Winton, Adkins et al., 2007). ADHD 환자 32명(성인 및 청소년)에 대한 마음챙김 명상 훈련의 효과성 연구에서는 부주의와 과잉행동이라는 ADHD 증상이 호전된 것으로, 그리고 불안과 우울 증상이 감소한 것으로 밝혀졌다(자가 보고)(Zylowska et al., 2007). 참가자들은 또한 주의 및 인지적 억제를 측정하는 과제 수행력도 향상되었다(주의 네트워크 테스트, Attention Network Test). 상충하는 주의 요구들을 걸러 내고 장면을 전환하는(set-shifting) 기술이 향상되었는데, 이 기술들은 억제와 자기 조절의 발달에 있어 중요한 역할을 담당하는 것—ADHD 환자들에게 핵심적으로 부족한 부분—으로 생각된다(Zylowska et al., 2007).

　요약하자면, 많은 열망과 몇몇 유망한 발견에도 불구하고 심리적 이상에 대한 MBSR의 적용에 관한 엄격하게 설계된 임상 실험은 비교적 소수에 불과했다. 6장에서 보게 되겠지만, 의료 인구(환자)에 있어서 효과성의 연구 기반은 현재 훨씬 더 강하다. 불안과 기타 정신건강 문제를 지닌 환자들에 대한 MBSR의 효과성을 기타 표준 치료법들과 비교할 필요성은 지속적으로 제기될 것이다.

마음챙김에 근거한 인지치료

마음챙김 안내
지금 당신의 가슴은 어떤 상태인가? 우리가 분석적인 마음으로 학술 문헌을 검토하고 있는 지금 당신은 가슴을 개방할 수 있는가?

대부분의 마음챙김에 근거한 인지치료(MBCT) 연구는 경험이 풍부한 심리치료 연구자들에게서 비롯되었다. 이러한 연유로 MBCT 연구는 전반적으로 방법론적으로 매우 탄탄하다. MBCT의 효과성을 평가하는 연구들은 처음에 과거 우울증을 앓았던 환자들의 재발 방지 문제를 다루었다. 그것은 주로 영국의 Teasdale, Williams와 동료들에 의해 수행되었다. 첫 연구는 2000년에 나왔다. 그것은 주요우울장애(MDD) 환자들의 자전적 기억을 여타 통상 치료법을 받은 통제 그룹 환자들과 비교한 소규모 연구였다(J. M. Williams, Teasdale, Segal, & Soulsby, 2000). MBCT를 받은 환자들은 통제 그룹 환자들보다 치료 후 부정적인 기억을 끌어내는 경향—우울증 재발에 기여하는 것으로 생각되는 과정—이 더 적었다. 이 연구자 그룹은 이후 우울증이 완화된 132명의 더 큰 환자 그룹을 연구했다. 이번에는 우울증 재발을 주요 결과로 모니터링했다(Teasdale et al., 2000). MBCT는 과거 3회 이상 우울 삽화가 있던 환자들에서 1년간의 추후 조사 기간에 걸쳐 재발률을 절반으로 낮추었다. 통상 치료법 그룹에서는 이 기간 후에 오직 35%만이 우울증이 없는 상태로 있었던 반면, MBCT 그룹에서는 그 수가 70%에 육박했다.

이 연구자 그룹에 의한 추가 연구는 우울증 완화 단계에 있던 75명 환자(즉, 최소 12주 동안 항우울제 복용을 하지 않았던 환자로서 과거에 최소 2회 이상의 우울 삽화를 겪었던 이들로 재발 위험이 매우 높았던 환자)에 대한 실험에서도 이러한 결과를 반복적으로 확인해 주었다(Ma & Teasdale, 2004). 마찬가지로 과거 주요우울장애 삽화를 3회 이상(2회 이상이 아닌) 겪었던 환자들에 있어서, 통상적인 치료에 더하여 MBCT를 받은 환자들이 통상적인 치료만 받은 환자들에 비해 1년간의 추후 조사 기간 동안 재발률이 현저하게 낮았다(36% 대 78% 재발률).

MBCT는 우울증 경감 단계에 있는 환자들뿐 아니라 지금 현재 우울증을 겪고 있는 환자에게도 적용할 수 있다. 동일 연구자 그룹에 의한 비임의 임상 감사 연구(nonrandomized clinical audit study)에서 치료 효과가 별로 없는 주요우울장애 환자들이 MBCT를 받는 동안에 걸쳐 우울 점수가 효과성 크기 약 1.0 정도로 향상한 것으로 나타났다. 그것은 증상학의 비임상 범위에 해당하는 정도로 증상이 경감된 것이다(Kenny & Williams, 2007).

다른 연구 그룹들 또한 우울증 치료를 위한 MBCT 연구를 시작했다. Kingston, Dooley, Bates, Lawlor와 Malone(2007)은 19명의 환자에 대한 실험에서 여전히 어느 정도의 우울 증상이 남아 있는, 3개월 이상 주요우울증 삽화를 겪은 환자들에 대해 통상적인 치료와 MBCT를 결합한 경우, 그리고 통상적 치료만 받게 한 경우를 비교하는 비임의적 설계를 사용했다. 5회 이상 MBCT 회기에 참가한 환자들에게서 치료 전과 후의 우울 증상을 Beck 우울검사(Beck Depression Inventory)로 측정했을 때, 반추는 그룹들 사이에서 크게 차이가 나지 않았지만 더 큰 증상의 감소가 관찰되었다. 재발성 우울증 및 재발성 우울증과 불안중 환자 13명 가운데 72%가 우울 증상의 감소를 보였고, 63%는 불안의 감소를 보고했다(Finucane & Mercer, 2006). 질적 인터뷰를 통해 참가자들은 그룹의 일부가 되는 것이 정상화하고 자기를 인정해 주는 경험이 되었다고 말했다. 그리고 과정이 끝난 3개월 후에도 마음챙김 기법을 계속해서 사용했다. 대부분의 환자는 어떤 형태의 추후 조사든 그룹 후에도 수련을 지속하기 위해 필요할 것이라고 생각했다.

MBCT 프로그램을 완료한 65세 이상의 재발성 우울증 환자 30명에 대한 질적 연구에서 흥미로운 주제가 드러났다(Smith, Graham, & Senthinathan, 2007). 참가자들은 자신과 주변 환경에 대해 더 큰 자각을 갖게 되었고, 더 생생하게 살아 있는 것처럼 느낀다고 말했다. 자신과 변화시킬 수 없는 것에 대한 수용력이 커졌고, 주의를 기울이는 대상에 대해, 그리고 자신의 정서적 반응에 대해 더 큰 통제감을 느끼게 되었다고 말했다. 대처 능력, 집착을 내려놓는 것, 호흡에 대한 자각, 정체감과 생활양식도 향상되었다고 말했다. 그들은 삶을 더 즐길 수 있었고, 더 평온해졌으며, 주변 사람들도 그 변화를 볼 수 있을 정도가 되었다. 증상의 측면에서는 그들은 더 이완되었고, 고요해졌으며, 더 에너지가 넘쳤다. 통증도 줄었고, 반추하는 데 에너지를 덜 쓰게 되었다. 모든 것을 너무 심각하지 않게 받아들일 수 있었다. 그 프로그램이 자신의 삶에 가져온 이점에 대해 묻자 그 프로그램이 자신에게 주요한 이익을 주었다고 대답한 환자의 수는, 코스가 끝난 시점에 48%이던 것이 1년 동안의 추후 검사를 실시하자 62%로 증가했다. 이 증가하는 연구 결과는 MBCT가 재발성 우울증 병력이 있는 환자에게뿐 아니라 경미한 우울증을 겪고 있는 환자들의 기분 증상을 완화시킬 수도 있는 가능성을 보여 준다고 하겠다.

　최근 영국의 연구자들은 MBCT를 단극성 주요우울증뿐 아니라 양극성 주요우울증에도 적용했다(J. M. Williams et al., 2008). 회복 중인 양극성 장애 환자 소그룹에 대하여 MBCT가 대기자 통제 그룹에 비해 환자들의 불안과 우울 증상을 호전시켰다. 또한 MBCT에 참가했던 단극성 주요우울장애 환자에 대해서보다 불안 감소 효과가 더 컸다. J. M. Williams 등은 자살행동을 하는 환자들에 대한 MBCT의 유용성도 조사했다. 그들은 MBCT의 기법이 자살 사고를 줄이는 데도 효과가 있을 것이라고 생각했다(J. M. Williams, Duggan, Crane, & Fennell, 2006). 지금까지 이러한 생각들은 오직 사례 개념화와 이론에 의해서만 지지를 받고 있으나 임상 실험이 이 효과들을 조사하고 있다(J. M. Williams & Swales, 2004; J. M. Williams et al., 2006).

　MBCT를 지지하는 대다수 연구가 지금까지 우울증을 비롯한 기타 기분장애 환자들을 대상으로 했지만, MBCT는 범불안장애(GAD) 치료에도 적용되었다. 범불안장애 환자로 구성된 11명의 소그룹에 대해 MBCT 전과 후의 불안과 우울 증상 점수가 감소되었다(Evans et al., 인쇄 중). 그러나 이 연구는 아직 초기 단계이며 통제 실험이 실시되지 않았다. MBCT의 다양한 적용에 관한 연구가 초록이나 논문, 짤막한 사례 보고의 형태로 나타나긴 했지만 완전한 논문으로 발표된 것은 아직 없다. MBCT는 불면증(Heidenreich et al., 2006), 아동의 행동 문제와 불안(J. Lee, 2006; Semple, Lee, & Miller, 2006), 운전자의 분노(Diebold, 2003), 기혼 남성의 분노와 가정폭력(Silva, 2007) 등 다양한 증상에 적용되고 있다.

변증법적 행동치료

변증법적 행동치료(DBT)는 경계성 인격장애(BPD) 환자들에게 적용되는 치료법으로 개발되었다(Linehan, 1987, 1993a). 따라서 DBT의 효과를 증명하는 증거들이 대부분 이 치료 그룹에서 나온 것은 그리 놀랄 일이 아니다. 경계성 인격장애 환자들에 대한 2007년의 DBT 리뷰는 DBT에 대한 7건의 임의 통제 실험(randomized controlled trials: RCT)과 비경계성 인격장애 진단에 대한 4건의 RCT를 요약했다(Lynch, Trost, Salsman, & Linehan, 2007). 또 다른 2008년의 리뷰는 DBT에 대한 13건의 RCT를 확인했다(그중 경계성 인격장애 환자에 대한 것이 9건이었다; Ost, 2008). 1년에 걸친 치료에 대한 첫 번째 실험이 Linehan과 동료들에 의해 실시되었고, 연구의 여러 다양한 측면이 다양한 논문의 형태로 발표되었다(Linehan, 1993a; Linehan, Armstrong, Suarez, Allmon, & Heard, 1991; Linehan et al., 2006). 경계성 인격장애와 최근의 반복적인 의도적 자해 및 자살 시도 경력이 있는 환자 44명에 대해 DBT와 통상의 치료(TAU)를 무작위로 받도록 했다. DBT를 받은 환자들이 의도적인 자해 비율, 정신과 입원 총 일수, 스스로 평가한 분노에서 더 큰 감소를 보였고, 전반적이고 사회적인 역할 기능에서도 더 큰 호전을 보였다. 이후 이들 연구자는 약물 남용 문제가 있는 경계성 인격장애 환자들에게 특히 초점을 맞추었는데, 불법 약물 사용과 아편 사용 그리고 전반적인 사회적 적응에 있어서 호전을 보였다. 그들은 또한 경계성 인격장애와 약물 의존 진단을 받은 소그룹 여성들에 있어 아편 중단에 대해 통상적 치료(TAU; Linehan et al., 1999)나 기타 적극적 치료와 약물을 받은 환자(Linehan et al., 2002)에 비해 더 우수한 치료 유지율을 나타냈다. 여성 경계성 인격장애 환자들에 대해 DBT의 효과성을 검사한 연구자들도 있었는데, 그들은 충동성이나 분노, 우울, 전반적 적응에 있어 유사한 향상을 보여 주었고, 자살 시도도 주로 TAU 그룹에 비해 더 적게 나타났다(Koons et al., 2001; Turner, 2000; van den Bosch, Koeter, Stijnen, Verheul, & van den Brink, 2005; van den Bosch, Verheul, Schippers, & van den Brink 2002; Verheul et al., 2003). 2개의 연구에서 DBT와 항우울제 약물만 복용한 경우를 비교했다(Simpson et al., 2004; Soler et al., 2005). Ost(2008)의 리뷰에 따르면, 전반적으로 DBT 개입의 평균 효과 크기는 0.58로서 중간 크기의 효과이며, 임상적으로 유의미한 것으로 간주될 수 있다.

　DBT 또한 원래의 형태에서 변형되어 다른 그룹들, 주로 우울 증상을 보이는 사람들에게도 적용되었다. 60세 이상의 34명의 노인 환자 소그룹에 대한 연구 결과, 28주 후의 주요우울증 회복률이 약물만 복용한 사람보다 DBT를 받은 환자들이 더 높았다. 그리고 우울증상과 성격장애를 모두 겪는 55세 이상의 환자들의 경우 약물 치료만 받은 경우에 비해 DBT에 참가한 환자들은 대인기술이 향상되었다(Lynch, Chapman, Rosenthal, Kuo, & Linehan, 2006). 또 다른 연구에서는 항우울제 약물이 잘 듣지 않는 진행성 우울 증상을 보이는 환자 24명을 DBT와 대기자 그룹에 임의로 할당했다(Harley, Sprich, Safran, Jacobo, & Fava, 2008). DBT에 속한 환자들은 임상 및 자기 평가 모두에서 16회기가 지난 후 우울 증상의 호전에서 더 큰 진전을 보였다. 이 연구에서 효과 크기는 두 우울 척도 모두에서 컸다(1.3~1.5 사이). 꼬박 1년 동안 DBT를 받은 양극성 장애 청소년 10명에 대한 공개 실험에서 환자들은 자살률과 자해 행위, 정서적 조절 불능 그리고 우울 증상에서 치료 후에 상당한 호전을 보였다(Goldstein, Axelson, Birmhaer, & Brent, 2007). 마지막으로, 폭식장애가 있는 여성들에게 DBT 기술 훈련은 폭식 삽화와 폭식을 하는 날의 수를 감소시켰다(Safer, Telch, & Agras, 2001). 그리고 다른 그룹에서는 체중과 신체 이미지에 대한 분노와 걱정을 감소시켰다(Telch, Agras, & Linehan, 2001).

　　DBT의 효과성과 연구의 질에 대한 문제는 아직도 논란의 여지가 있다(Ost, 2008). 그러나 전반적으로 DBT 치료는 특히 자살 행동이나 약물 남용을 하는 여성과 우울 증상 및 잠재적 섭식장애가 있는 환자들에게 효과가 있는 것으로 보인다. DBT는 다중 양식 치료법(3장에서 설명)이기 때문에 관찰된 이익에서 마음챙김 기술과 수련이 얼마나 중요한 역할을 하는가가 무척 중요하다. DBT의 변화 기제에 대한 리뷰에서 Lynch 등(2006)은 DBT의 마음챙김 요소를 "비판단적이고 한 번에 하나씩 알아차리는 방식으로 효과적인 행동에 초점을 두면서 자신의 행동과 경험을 관찰하고 묘사하며 또 그에 완전히 참여하는 것"이라고 묘사했다. 그들은 이어 "DBT에서 마음챙김 기술의 궁극적 목적은 환자들이 ① 주의를 기울이는 과정에 대한 의식적 통제력을 키워 주고, ② 정서적 사고와 이성적 사고의 '현명한' 통합을 증진시키며, ③ 자신과 타인, 우주와의 통일감 혹은 합일을 경험하게 해 주는 것"이라고 말한다. 이러한 목적을 염두에 두고 그들은 마음챙김 수련을 통한 다음과 같은 몇 가지 변화 기제를 제안했다. 그것은 ① 행동 노출과 새로운 반응을 학습하는 것, ② 정서적 조절, ③ 규칙에 대한 맹목적 믿음을 줄이는 것(이것은 ACT에서의 인지적 탈융합과 유사한 것으로, 생각을 반드시 사실이라고 보지 않고 단지 생각으로 보는 것을 말한다), ④ 주의력의 통제 등이다. 이 제안된 변화 기제는 아직 DBT 연구에서 검증되어야 한다. 따라서 이러한 마음챙김 기제의 중요성이 당분간은 이론적인 것으로 남아 있다.

수용전념치료

2008년에 실시한 ACT의 임의 통제 실험(RCT)에서 ACT 단독으로 혹은 다른 치료법과 결합한 13건의 RCT를 통제 그룹 혹은 다른 적극적 치료법과 비교하였다(Ost, 2008). 2개 연구가 우울증에, 2개 연구가 정신병 증상에, 그리고 2개 연구가 스트레스 증상에 초점을 맞추었다. 5개의 추가 연구가 경계성 인격장애(BPD; Gratz & Gunderson, 2006), 아편 의존(Hayes et al., 2004), 금연(Gifford et al., 2004), 수학불안(Zettle, 2003), 발모벽(강박적으로 머리카락을 뽑는 것; Woods, Wetterneck, & Flessner, 2006), 간질(Lundgren, Dahl, Melin, & Kies, 2006)과 당뇨병(Gregg, Callaghan, Hayes, & Glenn-Lawson, 2007) 등 2개의 검토된 의료 그룹(6장에서 설명)을 비롯한 다양한 정신장애에 초점을 맞추었다. 다양한 심리적 및 증상 관련 결과 측정에서 전반적인 효과 크기는 0.68로서 중간에서 큰 크기의 효과였다. 실시된 다양한 메타분석(MBSR, DBT, ACT에 대한 Baer, 2003; Grossman et al., 2004; Ost, 2008)에서 효과 크기가 모두 0.5에서 0.7 사이의 비슷한 범주에 든다는 사실이 흥미롭다. 이것은 매우 다양한 결과에 대한 중간 정도의 효과를 표시하며, 임상적으로 유의미한 변화를 나타낸다고 간주되는 범주라고 할 수 있다. 즉, 표준편차의 절반 정도의 개선으로 대부분의 환자가 실제 기능에 있어서 의미 있는 향상을 보여 준다고 할 수 있다.

마음챙김 안내
당신은 책을 급박함 속에서 읽고 있는가, 아니면 이완된 자각 속에서 읽고 있는가?

건강한 표본과 공동체 표본

Astin 등(1997)은 건강한 대학생들에 대한 MBSR 개입의 효과를 검토하여 불안과 우울, 영성, 통제감 등의 증상에서 개입 그룹이 대기자 통제 그룹에 비해 향상되었다는 사실을 발견했다. Shapiro 등(1998)의 대기자 설계를 사용한 보다 큰 의대생들 표본에서도 이와 비슷한 결과가 확인되었다. 대기자 통제 그룹의 공동체 자원자를 대상으로 한 또 다른 연구에서도 MBSR 후에 스트레스와 전반적 정신 증상의 척도에서 비슷한 크기의 향상을 보여 주었다(K. A. Williams, Kolar, Reger, & Pearson, 2001). 주로 히스패닉계 도심 거주자 그룹을 비슷한 인구 구성의 비임의 그룹과 비교했을 때, MBSR은 전반적 건강과 신체적 역할 기능, 활력, 사회적 기능 그리고 정서적 기능에서 더 큰 향상을 보여 주었다(Roth & Robbins, 2004).

잘 설계된 RCT에서 대학생들에 대한 MBSR을 이완 훈련이나 무(無)개입과 비교했다(Jain et al., 2007). 두 개의 적극적 개입 모두 통제 상황과 비교했을 때 학생들의 스트레스 수준을 낮추고 긍정적 기분을 향상하는 데 효과가 있었다. 그러나 MBSR에서 긍정적 기분 상태를 향상하는 더 큰 효과가 관찰되었다. 매개분석을 통해 MBSR의 효과가 부분적으로 반추의 감소—이완 훈련만 받은 그룹에서는 관찰되지 않았다—에 의해 매개되는 것으로 나타났다. 다른 건강한 대학생 그룹에서는 6회기의 마음챙김 훈련을 2회기의 유도심상 훈련과 비교했다(Kingston, Chadwick, Meron, & Skinner, 2007). 마음챙김 훈련을 받은 학생들이 그렇지 않은 학생들에 비해 통증 인내력에서 치료 후 더 큰 향상을 보였다. 그러나 기분이나 혈압에서는 변화가 없었다.

Carson, Carson, Gil과 Baucom(2004)은 비교적 행복하고 스트레스가 없는 커플 그룹에서 임의 대기자 실험법을 사용하여 '마음챙김에 근거한 관계 향상' 프로그램의 예비적 효과를 평가했다. 개입에 참가한 커플들은 관계 만족도와 자발성, 관계성, 친밀성에서 향상을 보고했을 뿐 아니라 상대방을 수용하는 데서도 향상되었으며, 관계에 대한 스트레스도 줄어든 것으로 나타났다. 그들은 또한 개인으로서 더 낙관적이고 편안해졌으며 대기자 목록 그룹의 사람들보다 스트레스도 덜 받는 것으로 나타났다. 3개월 추후 조사에서도 이익이 지속되었으며 명상 수련의 양과 보고된 이익의 크기가 서로 연관이 있었다.

건강한 공동체 인구에서 나타난 정신적 이익을 조사하는 연구는 현재 아주 적다. 긍정적 결과의 진작을 조사하고 개인적 성장과 초월의 가능성을 탐구하는 미래의 연구가 필요하다. 이 영역에 대해서는 9장에서 더 이야기하도록 한다.

요약

심리적 증상과 장애의 치료에 대한 마음챙김에 근거한 개입의 효과를 조사하는 연구는 빠른 속도로 계속해서 성장하고 있다. 의심할 여지없이 다음 10년 동안은 다양한 인구에 대한 마음챙김에 근거한 개입의 효과성을 조사하는 더 큰 규모의 임의 실험이 발표될 것이다. 불안과 우울 증상의 치료에 마음챙김에 근거한 치료가—MBSR, MBCT, ACT 등 어느 것이 적용되든 간에—효과적으로 적용될 수 있다는 탄탄한 증거 자료들이 존재한다. 마음챙김 훈련을 통합하는, DBT와 같은 혼합 양식의 집중 치료법 또한 종종 약물 남용이나 자해 행위를 동반하는 보다 복잡한 성격장애의 치료에 유용하다. 다양한 유형의 정신건강 증상에서 마음챙김 훈련의 유용성을 탐구하는 연구가 크게 성장했음에도 불구하고 이 영역은 아직 매우 젊다. 무엇이 누구에게, 어떤 증상에, 어떤 장면에서, 어느 정도의 시간에 걸쳐 효과적인지와 같은 세부 사항을 결정하기 위해서는 잘 설계된 미래의 연구가 필요하다. 더욱이 이들 다중 양식의 개입법들이 개인들을 돕는 기제에 대해 이제 막 탐구가 시작된 시점이다. 이 영역은 미래에 주목을 받을 충분한 가치가 있다. 미래 연구의 수많은 유용한 방향에 대해서는 10장에서 더 자세히 논의한다.

chapter 06

신체건강을 위한
마음챙김에 근거한 개입

> 오늘 우리는 우리 마음에 있는 치유의 근원을 발견하고자
> 노력할 것이다……. 그것은 우리 자신보다 우리로부터 더
> 멀리 떨어져 있지 않다.
>
> —Vaughan과 Walsh(1992, p. 89)

5장에서 우리는 정신장애를 가진 환자들, 그리고 건강한 개인들에 있어 마음챙김에 근거한 개입법들의 효과를 탐구하는 중요한 현재의 연구들에 대해 살펴보았다. 이 장에서는 비슷한 방법으로 다양한 의료 인구와 건강한 인구들에서 신체적이고 의료적인 결과에 초점을 맞춘 마음챙김에 근거한 개입법의 효과를 탐구하는 중요한 연구들에 대해 살펴보려고 한다. 의료 인구에 대한 많은 조사는 5장에서 설명한 것과 유사한, 스트레스 수준, 우울증, 기분 상태, 불안, 그

밖에 질병에 대한 심리적 반응과 같은 결과들에 초점을 둔다. 소수의 연구만이 마음챙김 개입이 질병의 병리학이나 진행에 미치는 직접적 영향에 대해 살폈다. 두 유형의 연구 모두 이 장에 요약되어 있다. 연구의 대상이 된 인구는 만성 통증과 섬유근육통 환자에서부터 심장병, 장기이식, 암 환자에 이르기까지 매우 다양하다. 이 장에 소개된 연구의 대부분은 MBSR 개입의 효과를 살핀 것이므로, 개입법의 유형이 아닌 질병 유형에 따라 정리했다.

임상 인구

통증

Kabat-Zinn과 동료들이 처음에 보고한 것은 다양한 만성 통증 증상을 지닌 환자들에 대한 것이었다(Kabat-Zinn, 1982; Kabat-Zinn, Lipworth, & Burney, 1985; Kabat-Zinn, Lipworth, Burney, & Sellers, 1987). 1982년 보고는 51명의 환자에 대하여 MBSR 참가 전후를 비교한 것으로, 통증 수준뿐 아니라 기분과 기타 정신 증상을 증상 체크리스트-90-R(symtom Checklist-90-R: SCL-90-R, 심리적 증상을 측정하는 데 흔히 사용되는 척도)로 측정했을 때의 향상을 정리했다. 이와 유사한 전후 설계를 90명의 환자라는 더 큰 표본에 사용했을 때도 개입 후에 이와 유사한 호전을 보였다. Kabat-Zinn과 동료들은 이들 MBSR 참가자들과 통증 클리닉에 다니며 통상의 치료(TAU)를 받는 환자 그룹을 비교했다. 그 결과, 기분과 통증 증상, 전반적인 정신적 스트레스 척도에서 MBSR 환자 그룹이 TAU 환자 그룹보다 더 크게 호전되었다는 사실을 발견했다. 그런 다음 그들은 1987년에, 수년 전 MBSR을 마친 만성 통증 환자 225명에 대한 일련의 추후 평가를 실시했다. 그 결과, 환자들의 통증 평가 자체는 약 6개월 이내에 원래 수준으로 돌아갔지만, 전반적인 고통이나 심리적 증상, 그리고 마음챙김 수련의 지속 같은 것들에 대한 평가는 지속적으로 (MBSR 덕분에 향상된 상태로) 유지되었다. 프로그램 참가자 대다수가 자신들의 전반적 평가 결과와 MBSR 프로그램이 그에 미친 기여도를 높게 평가했다.

만성 통증에 대한 또 하나의 MBSR 보고서가 1999년 발표되었다. 그 역시 전후 평가 설계를 이용했다(Randolph, Caldera, Tacone, & Greak, 1999). 평가 대상 환자 78명이 통증에 관한 평가 및 신념 척도에서 향상을 보였으며, 기분 상태 프로파일(Profile of Mood States)에서도 향상된 기분을 보였다. 또한 SCL-90-R의 전반적 심각성 지수에서 더 적은 정신 증상을 보였다.

또 다른 더 최신의 연구는 MBSR, 마사지 그리고 비개입 통제 그룹에 30명씩 할당된 만성 근골격계 통증 환자의 통증 관리에서 MBSR과 마사지를 평가했다(Plews-Ogan, Owens, Goodman, Wolfe, & Schorling, 2005). 개입 직후, 마사지 그룹은 통상 관리 그룹에 비해 통증 감소와 정신건강 상태의 개선이 더 양호했다. 한편 MBSR 그룹은 정신건강 결과에 있어서 통상 관리 그룹과 마사지 그룹보다 훨씬 더 큰 장기적 (1개월) 호전을 보여 주었다. MBSR이 장기적으로 기분 향상에 더 효과적인 반면, 마사지는 즉각적인 통증 경감을 제공했다.

McCracken, Vowles와 Eccleston(2005)은 ACT 원리를 3~4주간의 출석 통증 프로그램에 참가한 만성 통증 환자 108명에게 적용했다.

전반적으로 환자들은 정서적, 사회적, 신체적 기능의 향상과 건강 돌봄 사용의 감소를 보고했다. 이 팀은 또한 105명의 만성 통증 환자에게서, 마음챙김 척도(Mindful Attention Awareness Scale: MAAS)가 다중 통증 척도와 상관관계가 있음을 발견했다(McCracken & Vowles, 2007). 통증 자체의 척도를 넘어, 마음챙김은 우울증, 통증 관련 불안, 신체적이고 심리적인 불구가 환자에 따라 상당한 편차를 두고 나타나는 현상도 설명해 주었다. 즉, 마음챙김 수준이 높은 환자는 이런 증상이 더 적게 나타났던 것이다. 나아가 이 연구자 그룹은 이 데이터를 분석하여 수용에서의 변화가 통증 정도와 재앙화 사고의 변화에 기인한 호전을 넘어서 결과에 독특한 영향을 미칠 수 있다는 사실을 분석해 냈다(Vowles, McCracken, & Eccleston, 2007). 그들의 가장 최근의 연구에서 이 팀은 만성 통증 환자 171명에 대해 3~4주의 ACT와 그룹 형식의 마음챙김에 근거한 치료법을 제공하면서(하루 6시간 반, 주 5회) 이 발견을 반복해 증명했다. 치료 후에 통증과 우울, 통증 관련 불안, 불구, 병원 방문, 직업 상태, 신체적 기능에 있어서 상당한 호전이 보고되었다. 통증 수용이라는 과정 변수(process variable)가 모든 결과 척도의 호전과 연관이 있었다(Vowles & McCracken, 2008).

MBSR은 또한 만성 요통의 치료에도 적용되었다. Carson 등(2005)은 자애 수련에 특히 중점을 둔 변형 MBSR을 43명의 요통 환자에게 실시했다. 참가자들은 자애 프로그램과 통상의 치료(TAU) 그룹에 임의로 할당되었다. 치료 참가자들은 통증 지각과 심리적 스트레스에서 호전을 보인 반면, 통제 그룹에서는 아무런 호전이 없었다. 자애 수련을 많이 할수록 당일 통증 평가가 더 낮게 나왔고, 그다음 날의 분노 평가도 낮아졌다. 더 고령의 성인을 대상으로 Morone, Greco와

Weiner(2008)는 평균 75세의 요통 환자 37명을 MBSR 그룹과 대기자 통제 그룹에 임의 할당했다. 대기자 그룹에 비해 MBSR 참가자들은 만성 통증 수용과 활동 참여 그리고 전반적인 신체적 기능에 있어서 훨씬 더 큰 호전을 보였다. 또 다른 만성 요통에의 적용은 '호흡치료' 라는 개입을 사용했다. 이것은 신체 자각, 호흡, 명상, 몸 동작이 결합한 것으로, MBSR 프로그램과 유사하다(Mehling, Hamel, Acree, Byl, & Hecht, 2005). 만성 요통 환자 36명을 호흡치료와 표준 신체치료 그룹에 각각 할당하여 치료 전과 후 그리고 6개월 후에 각각 측정했다. 두 그룹의 환자들 모두 통증 수치가 감소했다고 보고했다. 그리고 호흡 치료 환자들은 기능적, 신체적, 정서적 역할 수행에서, 그리고 신체치료 환자들은 활력(vitality)에서 더 큰 호전을 보였다.

이 지역에서 실시된 임의 통제 실험(RCT)의 표본 크기는 비록 작았지만 만성 통증 환자들의 통증 증상 대처와 전반적인 적응을 위한 유용한 개입으로서의 MBSR에 대한 지지는 지속적으로 증가하고 있다. MBSR과, 통상 치료(TAU)를 비롯한 적극적 치료와의 임의 비교 연구의 수효가 지속적으로 증가하고 있다는 사실은 통증 치료에 대한 마음챙김에 근거한 접근법의 효과성을 탄탄하고 설득력 있게 증명해 주는 것으로 볼 수 있다.

섬유근육통(fibromyalgia: FM)은 신체의 전반적인 **뻣뻣함**, 쑤심, 통증 유발점과 관련된 통증 관련 질환으로, 스트레스에 의해 증상이 더 악화되는 것으로 보인다. 기타 증상으로는 피로, 수면 방해 등이 있으며, 섬유근육통은 치료가 무척 어려운 것으로 간주된다. 1993년 59명의 MBSR 참가자를 측정한 보고에서는 안녕감, 통증, 피로, 수면, 대처, 섬유근육통 증상의 척도에서 호전을 보였고, SCL-90-R로 측정한 전반적 증상도 호전된 것으로 나타났다(Kaplan, Goldenberg, & Galvin-Nadeau, 1993). 환자들은 '중간(moderate)'에서 '눈에 띄는(marked)' 전반적 향상을 보인 경우 '반응자(responders)'로 분류되었다. 이 정의에 따를 때, 51%의 환자가 치료에 반응했다. 1994년 또 하나의 섬유근육통 환자에 대한 연구가 나왔다(Goldenberg et al., 1994). 비록 임의 실험은 아니었으나, 이 연구에서 MBSR 참가자 79명이 두 그룹(프로그램 대기자 그룹과 그룹에 참가하기를 거부한 환자 그룹)과 비교되었다. MBSR 참가자들이 이 두 그룹보다 통증과 수면, 섬유근육통의 영향, 그리고 심리적 증상의 전반적인 정도에서 더 큰 호전을 보였다.

Weissbecker 등(2002)은 여성 섬유근육통 환자에 있어 MBSR이 그들의 일관감(sense of coherence, 삶을 의미 있고 살 만한 것으로 경험하는 성향)에 미치는 영향을 알아보는 데 관심을 가졌다. 섬유근육통 환자 91명을 MBSR 그룹과 대기자 통제 그룹에 무작위로 할당했다. 통제 그룹에 비해 MBSR 참가자 그룹이 일관감에 있어서 더 큰 증가를 보고했다. 그들의 일관감이 더 컸던 것은 인지된 스트레스와 우울증이 더 적은 것과 관련이 있었다.

2003년, Astin 등(2003)에 의해 또 다른 대규모 임의 통제 실험이 실시되었다. 연구자들은 128명의 섬유근육통 환자를 마음챙김 명상과 기공 치료를 결합한 그룹 그리고 교육 지원 통제 그룹(education support group)에 각각 무작위 할당했다. 통증, 불구, 우울, 대처를 포함한 다수의 결과 척도가 측정되었고, 환자들은 시간의 경과와 더불어 호전되긴 했지만 두 그룹 중 어느 그룹도 다른 그룹보다 더 뛰어난 호전을 보였다고 판명되지 않았다. 기존 MBSR과 약간 다른 심신 그룹과 결합된 이들 활동적이고 효과적인 통제 그룹에 대한 실험이 이러한 결과를 설명해 준다.

독일의 연구자 그룹도 섬유근육통에 대한 MBSR의 효과성 연구를 수행했다(Grossman, Tiefenthaler-Gilmer, Raysz, & Kesper, 2007). 준실험 설계에서 58명의 여성을 연구에 들어온 날짜를 기준으로 MBSR 그룹과 적극적 지지 그룹으로 할당했다. MBSR 그룹의 여성들이 통증, 대처, 삶의 질, 불안, 우울, 신체적 불평 등의 척도에서 더 큰 호전을 보였으며, 이러한 결과는 3년 뒤에도 지속되었다. 마지막으로, 최근의 한 임의 통제 실험에서 섬유근육통을 가진 여성 환자 91명을 대상으로 MBSR이 그들의 우울 증상에 미치는 효과를 측정했다(Sephton et al., 2007). 여성들은 MBSR 그룹과 대기 그룹으로 무작위 할당되었고, 2개월 후 벡 우울척도(Beck Depression Inventory)로 측정했다. 그 결과, MBSR 그룹이 세 시점 모두(MBSR 실시 전, 실시 후, 2개월 후)에 걸쳐 훨씬 더 큰 호전을 보였다.

따라서 MBSR은 통증, 우울, 다양한 심리적 증상을 포함한 섬유근육통에 공통되는 증상들을 완화하는 효과적인 개입으로 보인다. 물론 전반적인 효과성을 더 엄밀히 검증하기 위해서는 더 엄격하고 효율적인 통제 그룹 설정이 필요할 것이다.

암

다양한 유형의 암 환자에 대한 MBSR의 효과성을 조사한 많은 수의 연구가 존재한다. 실제로 2005년 이후 이러한 연구 문헌 자체에 대한 리뷰가 몇몇 경우 실시되어 오고 있다(Carlson & Speca, 2007; Lamanque & Daneault, 2006; Mackenzie, Carlson, & Speca, 2005; Matchim

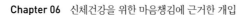

& Armer, 2007; Ott, Norris, & Bauer-Wu, 2006; Smith, Richardson, Hoffman, & Pilkington, 2005). 연구의 수가 많기 때문에 여기서는 연구된 결과의 유형을 기준으로 분류해 보았다.

심리적 결과

마음챙김 안내
당신은 지금 마음을 챙기면서 지금 읽는 것에 충분히 현존하며 이 책을 읽고 있는가, 아니면 산만하고 성급하게 읽고 있는가?

다양한 유형의 암 환자 89명을 MBSR과 대기자 그룹에 무작위 할당한 임의 통제 실험을 시작으로 캐나다의 Carlson과 동료들에 의해 다량의 실험적 작업이 실시되었다(Speca, Carlson, Goodey, & Angen, 2000). MBSR 프로그램에 참가한 환자들은 통제 그룹 환자들보다 기분 상태와 스트레스 증상에 있어서 훨씬 큰 호전을 보였다(기분은 약 65% 향상되었고, 스트레스 증상은 35% 향상되었다). 그들은 또한 긴장과 우울, 분노, 집중 이상이 줄었고, 활력이 증가했으며, 스트레스의 주변 증상(손발의 떨림 같은)도 줄었다고 보고했다. 또한 각성의 심폐 증상(심장이 뜀, 과호흡)과 중추신경 증상(어질어질함, 혼미함), 위장 증상(속 불편, 설사 같은), 습관적 스트레스 행동 패턴(흡연, 이갈기, 과식, 불면 등), 우울과 두려움, 정서적 불안정도 대기자 그룹에 비해 적었다고 보고했다. 이들 환자를 치료 완료 후 6개월 뒤 측정했다(통제 그룹도 함께). 그러자 추후 연구 기간에 걸쳐 두 그룹 모두에서 유사한 이익이 관찰되었다(Carlson, Ursuliak, Goodey, Angen, & Speca, 2001). 결합 그룹에서는 더 많은 연습이 전반적 기분 방해에서 더 큰 감소와 관련이 있었고, 불안, 우울, 짜증에서 더 큰 호전을 보였다.

Tacon, Caldera와 Ronaghan(2004)은 암 환자의 심리적 결과에 비치는 MBSR의 효과를 조사했다. 그들은 27명의 유방암 환자를 대상으로 소규모 전후 연구를 실시했다. 이들 여성 환자는 MBSR 코스를 밟는 동안 스트레스와 불안 척도에서 향상을 보였으며, 암에 대한 절망감과 불안 집착이 줄었고, 내적 통제 소재는 더 커졌다. Bauer-Wu와 Rosenbaum(2004)은 격리 입원된 골수 이식 환자들에게 MBSR을 개인적으로 응용했다. 그들은 통증과 불안 수치에서 즉각적인 효과를 나타냈다. Bauer-Wu와 Rosenbaum(2004), Horton-Deutsch, O'Haver Day, Haight와 Babin-Nelson(2007)은 또한 24명의 골수 이식 환자들에게서 MBSR의 효과를 조사했다. 그들은 환자들에게 6~8회의 격주 20~40분 개인 회기를 제공했다. 각 회기는 그룹 MBSR 커리큘럼의 응용에 기초하여, 경험 있는 지도자와의 일대일 마음챙김 훈련으로 구성되었다. 프로그램을 마치고 난 뒤 측정한 15명 환자의 결과에서, 메스꺼움과 식욕 부진의 증상이 증가되었음에도 불구하고 개입 후 부정적 정동(negative affect)이 줄어든 것으로 보고되었다. 또 환자들은 병원에 입원하기 전에 마음챙김 훈련을 받았다면 최적이었을 것(optimal)이라고 느끼긴 했지만 프로그램이 적절하다는 것(feasible)을 알게 되었다. 가장 대규모의 연구에서 Hebert 등(2001)은 유방암 환자 157명을 MBSR 그룹, 영양교육 프로그램 그룹, 통상적 관리 그룹에 임의 할당했다. 그리고 그들의 식이 지방, 복합 탄수화물, 섬유질, 체질량 등을 각각 측정했다. 예상한 바이긴 하지만, 오직 식이 영양교육 프로그램 집단만이 체질량과 지방 소비에 있어 변화를 나타냈다. 심리적 척도에 대한 결과는 보고되지 않았다.

마음챙김에 근거한 미술치료(mindfulness-based art therapy: MBAT)는 암 환자에게 적용된 독특한 MBSR 변형이다. 이것은 MBSR의 원리를 다른 창조적 방식들과 결합한 것이다. 한 임의 통제 실험(RCT; N=111)에서 연구자들은 통상의 암 치료를 받는 다양한 유형의 여성

암환자 이질 그룹에서 8주 MBAT 개입과 대기자 통제 그룹을 비교했다. 일반 관리 그룹에 비해 MBAT 참가자들은 우울과 불안, 공격성뿐 아니라 스트레스의 신체 증상도 더 적은 것으로 나타났다(Monti et al., 2005). 비통제 및 소수의 통제 연구에서 나온 점증하는 증거들은 암에 대처하는 다양한 개인에게서 스트레스, 불안, 안절부절못함, 우울 같은 심리적 증상을 줄이는 데 있어 MBSR의 유용성을 지지하고 있다.

유방암 치료를 마친 13명의 여성에게 MBSR 과정 중의 변화와 관련된 과정 변수를 탐색하는 데 초점을 둔 최근의 양적 및 질적 연구가 있었다(Dobkin, 2008). 그 여성들은 인지된 스트레스와 의학적 증상의 감소를 경험했다. 또한 마음챙김 주의자각척도(Mindful Attention Awareness Scale: MAAS)로 측정한 마음챙김 수준도 더 향상되었다. 환자들은 더 마음챙김을 하게 되었고, 스스로를 더 잘 돌보았으며, 삶을 더 의미 있고 관리 가능한 것으로 바라보는 성향이 생겼다. MBSR에 대한 자신들의 경험을 회상한 포커스 그룹 여성들이 발견한 주제로는 ① 수용, ② 마음챙김 통제(mindful control)를 되찾고 유지하는 것, ③ 변화시킬 수 있는 것에 대한 책임을 지는 것, ④ 개방과 연결성의 정신을 계발하는 것 등이 있었다. 이들 여성에게 작용하는 과정을 확인하는 데 있어서 마음챙김 수준과 세계관의 변화에 초점을 두고 살펴보았다.

앨버타 주 캘거리 프로그램에 참가한 환자들을 대상으로 한 또 하나의 과정 연구가 Brown과 Ryan(2003)에 의해 보고되었다. 그들은 초기 단계의 유방암 및 전립선암 환자 41명의 MAAS 점수가 증가한 것이 심리적 스트레스가 줄고 스트레스 및 스트레스 관련 증상이 감소한 것을 예측했다는 사실을 발견했다. Carlson과 Brown(2005)은 암 환자 122명의 MAAS 점수를 지역사회 통제 참가자 122명의 그것과 비교하여 두 그룹 모두에서 마음챙김이 높은 것과 기분 방해 및 스트레스 증상이 낮은 것 사이에 유사한 관련이 있음을 보고하였다. 이 사실은 이 환자 그룹에서 마음챙김 구성개념(construct)과 척도의 유효성을 강화하는 것이라고 하겠다.

요약하자면, 암 환자의 불안과 우울 같은 정신적 증상의 경감을 조사하는 연구와 마음챙김 및 대처 기술의 향상 같은 결과의 향상은 마음챙김에 근거한 개입의 중요한 역할을 지지해 준다.

생물학적 결과

지금까지 우리는 암 환자의 심리적 결과를 향상하는 데 있어서 MBSR의 역할에 초점을 맞추었다. 그런데 생물학적 결과, 수면과 같은 건강 행동을 조사하기 위한 다수의 연구도 또한 실시되었다. Carlson과 동료들(Carlson, Speca, Patel, & Faris, 2007; Carlson, Speca, Patel, & Goodey, 2003, 2004)은 모두 적어도 치료 3개월 후인 초기 유방암 및 전립선암 생존자 59명을 대상으로 MBSR을 실시했다. 그들이 측정하고자 했던 결과에는 심리적 변수 외에도 면역 기능, 내분비 기능, 자율 기능 같은 것이 있었다. 이전 연구와 마찬가지로, 전반적인 삶의 질과 스트레스 증상 그리고 수면의 질에서 상당한 호전이 관찰되었다. 면역 기능은 T세포와 NK(natural killer)세포를 포함한 다수의 림프구 하위 세트(subset)의 수를 살피는 것으로 측정했다. 세포 수 외에도 T세포와 NK세포가 면역 도전에 대응해 얼마만큼의 네 종류의 서로 다른 사이토카인(cytokine)을 분비하느냐를 측정함으로써도 그 기능을 측정했다. 사이토카인은 염증 반응을 촉진하는 성격과 억제하는 성격을 지닌 것이 있는데, 염증을 촉진하는 과정은 심장혈관 환자와 암 환자 모두에서 더 열악한 결과와 관련이 있었다. 림프구나 세포 하위 세트의 전반적인 수효에는 유의미한 변화가 없었지만, 인터루킨(IL)-4의 T세포 생산은 증가했고, 인터페론 감마는 감소했다. 한편 IL-10의 NK세포 생성은 감소했다. 이 결과는 우울 증상과 연관된 면역 프로파일에서 보다 정상적인 프로파일로의 이동과 일관성이 있었다. 프로그램 참가 후의 변화 유형에 대해서도 1년 동안 측정했다. 복잡하긴 했지만 1년 간의 추후 연구 기간 동안 사이토카인의 변화 유형은 염증 촉진 사이토카인의 지속적인 감소를 지지했다(Carlson et al., 2007).

이 연구는 또한 타액 내 코르티솔도 살폈다. 왜냐하면 매일 분비되는 타액 내 코르티솔 수치가 스트레스와 건강과 관련이 있으며, 종종 암 생존자에게 있어 조절이 잘 안 되기 때문이다. 이러한 조절 불능(dysregulation)은 더 열악한 질병 결과와 관련이 있었다. 타액 내 코르티솔은 프로그램 참가 전과 참가 후에 매일 3회 측정되었다. 그리고 하루 중 코르티솔 분비의 패턴도 측정했다. 이상 프로파일은 전이성 유방암 환자의 더 짧은 생존과 관련이 있었다(Sephton, Sapólsky, Kraemer, & Spiegel, 2000). 이런 호르몬 프로파일이 개입 전과 후가 바뀌었고, MBSR 후에 저녁에 코르티솔이 상승하는 경우가 더 감소하였으며, 비정상 주간 타액 코르티솔 프로파일이 정상화되는 경우가 있었다는 것이 흥미롭다(Carlson et al., 2004). 추후 연구를 하는 해 전반에 걸쳐서 전반적인 코르티솔 수치의 지속적인 감소가 관찰되었는데, 이것은 주로 저녁 코르티솔 수치의 감소 때문인 것으로 보인다(Carlson et al., 2007). 이것은 코르티솔 수치가 특히 저녁에 높은 것은 코르티솔 분비 패턴의 조절 불능과 더 열약한 임상 결과의 지표로 간주되기 때문에 특히 더 중요하다.

자율계 기능에 대한 측정도 흥미로웠는데, 이는 암 생존자들이 암치료의 독성 때문에 심장혈관 질환에 걸릴 위험성이 높기 때문이다. 그래서 Carlson 등(2007)은 MBSR이 휴지기(resting) 혈압과 심박수에 미치는 영향을 살폈다. 유방암과 전립선암 생존자 그룹에서 MBSR을 받은 후 전반적인 휴지기 수축기 혈압(최고 혈압)이 크게 감소했다. 이 것은 고혈압이 관상동맥 질환을 일으키는 가장 위험한 인자임을 고려할 때 매우 바람직한 결과다.

생물학적 결과에 대한 또 다른 작업에서, Kabat-Zinn 그룹에 의한 혁신적 연구는 생화학적으로 재발하는 전립선암 환자들의 전립선암 세포 활동성 수치를 가리키는 지표인 전립선 특이항원(PSA)에 식이개입과 MBSR을 결합한 개입이 미치는 효과를 살폈다(Saxe et al., 2001). 그들은 그 결합 프로그램이 10명의 표본 남성에게 있어 PSA 증가율을 둔화시킨다는 사실을 발견했다. 그들은 현재 이 결합 프로그램이 전립선암의 생화학적 재발의 매우 중요한 지표인 PSA에 미치는 중요한 영향을 실증하기 위한 대규모 임의 통제 실험을 진행 중이다.

비정상 자궁경부 세포진을 가진 저소득층 소수민족 여성에게 MBSR을 실시한 또 다른 연구가 있었다. 팹 테스트(Pap test, 자궁암 조기 검사법)는 자궁경부암의 전조인 돌연변이의 초기 지표를 확인하는 것이다(Abercrombie, Zamora, & Korn, 2007). 이 연구에서 스페인어와 영어를 사용하는 여성들이 6주간의 MBSR 프로그램에 참가하였다. 그러나 처음에 51명의 여성이 등록했음에도 오직 13명만이 하나 이상의 수업에 출석했고, 오직 8명의 여성만이 4개 이상의 수업에 출석하여 데이터를 제공했다. 연구에 끝까지 응한 여성들은 개입 후에 불안이 상당히 감소했으며 MBSR 프로그램을 긍정적으로 평가했다. 포커스 그룹 인터뷰에서 그들은 일상생활에서 스트레스를 감소시키고 건강 문제에 더 잘 대처할 수 있게 되었다고 진술했다.

수면 효과

수면 효과와 관련하여 Shapiro 등의 임의 통제 실험에서는 MBSR 프로그램 참가와 유방암 환자군의 수면의 질과 효과성 사이의 관계를 살폈다(Shapiro, Bootzin, Figueredo, Lopez, & Schwartz, 2003). 그들은 MBSR 그룹에의 참가와 수면의 질 사이에 통계적으로 유의미한 관계를 발견하지 못했다. 그러나 그들은 비공식 마음챙김을 더 많이 수련한 사람일수록 더 많은 휴식감을 느낀다는 사실을 발견했다. Carlson과 Garland(2005)는 MBSR에 참가하기 전 63명의 암 환자 표본에서 수면장애 환자의 비율이 매우 높다는 사실을 발견했다(약 85%). 이 환자들에서 수면 방해는 자기 보고 스트레스와 기분 방해와 밀접한 관련이 있었다. 그리고 MBSR 프로그램을 받는 중에 스트레스 증상이 완화되자 수면도 개선되었다. 개선은 주관적 수면 질과 수면 효과성 그리고 수면 시간을 측정하는 피츠버그 수면질지수(Pittsburgh Sleep Quality Index)로 관찰했다. 평균적으로 수면 시간은 매일 밤 30분에서 1시간 정도 늘어났다. 피로도 점수의 변화도 통계적으로 유의미했다. 개입 전과 후 모두에서 피로와 수면 사이의 연관이 발견되었다. 즉, 수면장애가 크면 클수록 피로도도 컸다. 이 결과는 수면에 관한 이전의 연구 결과와 유사했다. 이전의 연구에서 Carlson 등(2003)은 자신들의 수면을 '좋다'고 보고한 환자들의 비율이 프로그램 전 40%에서 프로그램 후 80%로 개선된 사실을 발견했다. 이것은 보다 최근의 발견을 강화해 주는 것이다.

요약하면, 암 환자에 대한 MBSR 연구는 아마도 다른 환자 그룹을 대상으로 한 어느 연구보다 발전되어 있다. 그러나 많은 결과 영역이 측정되었음에도 암 환자에 대한 적극적 개입과 MBSR을 비교하는 대규모 실험에 대한 필요는 여전히 존재한다. 또 프로그램 중 어떤 요소가 가장 적극적인 효과를 내는지, 또 어떤 기제를 통해 변화를 일으키는지에 관한 매개 연구와 해체 연구 또한 필요하다.

심장혈관 질환

고혈압과 관상심장질환 환자들을 대상으로 한 다수의 명상 연구[초월명상(TM)을 이용한]가 긍정적인 발견을 보고했다(예: Jayadevappa et al., 2007; Schneider, Alexander, Staggers, Orme-Johnson et al., 2005; Schneider, Alexander, Staggers, Rainforth et al., 2005). 이 연구에 대해서는 다른 곳에서도 리뷰를 했으므로(Ospina et al., 2007; Walton, Schneider, & Nidich, 2004), 여기서 우리는 마음챙김에 근거한 개입의 최근 적용에 초점을 두고 살펴보기로 한다.

소규모 임의 통제 실험으로 심장혈관 질환이 있는 여성 22명에게 MBSR을 실시한 한 연구에서는 MBSR과 대기자 그룹을 비교했다(Tacon, McComb, Caldera, & Randolph, 2003). 통제 그룹에 비해 MBSR 그룹의 여성들은 불안이 더 감소했고, 감정 통제가 향상되었으며, 개입 후 반사적 대처 양식을 사용하는 일도 줄었다. 이 연구자 그룹은 이어 여성 심장병 환자 18명을 MBSR과 비치료 통제 그룹에 각각 임의 할당한 다음 휴지기 스트레스 호르몬 수치와 신체 기능, 그리고 참가 전후의 운동 검사에 대한 심장혈관 반응을 측정했다(McComb, Tacon, Randolph, & Caldera, 2004). 스트레스 호르몬과 신체 기능에 미치는 통계적으로 유의미한 MBSR 프로그램의 효과는 없었지만 MBSR 그룹에서 더 향상된 결과로 나아가는 성향이 있었고, MBSR 그룹의 여성들은 호흡 빈도가 더 느렸다. 연구자들은 이런 경향이 더 큰 연구에서라면 유의미한 결과로 이어질 것이라고 생각했다. 그리고 MBSR이 심장혈관 질환을 지닌 여성 환자들의 생리적 지표를 개선할 수 있다는 희망을 보여 주었다고 생각했다.

심장병 환자 52명에 대한 잘 설계된 연구에서는 참가자들을 묵상적 명상 혹은 비치료 통제 그룹에 임의 할당한 뒤 심박수와 심장 수축기 및 확장기 모두에서 혈압(24시간 보행 모니터링으로 측정한)이 감소하는 것을 발견했다. 또한 정신 스트레스 검사에 대한 반응도 줄어들었다(Manikonda et al., 2008). 또 다른 연구에서는 19명의 매우 고령인 울혈성 심부전 환자 19명을 1주 1회의 회기에 참가하고 매일 집에서 2회 12주 동안 명상 테이프를 30분 듣는 명상 그룹과 단지 1주 1회의 모임에만 참석하는 통제 그룹에 임의 할당하였다(Curiati et al., 2005). 명상 그룹은 삶의 질에서 더 큰 향상을 보였으며, 노르에피네프린(흥분성 스테로이드) 수치가 더 낮아졌고, 운동 검사에서 더 향상된 심폐 기능을 보여 주었다.

심장혈관 질환 치료에 있어 오직 마음챙김에만 근거한 접근법에 관한 연구는 아직 무척 예비적이지만, 그것은 질병의 진행에 있어 핵심적일 수 있는 신체적, 생물학적 결과 모두를 향상할 수 있다는 희망을 보여 준다.

간질

명상이 간질 환자에게 부정적 영향을 미칠 수 있다는 연구 문헌에서 활발한 논쟁이 여전히 진행 중이다(Jaseja, 2006a, 2007; St. Louis & Lansky, 2006). 긍정적인 측에서는 간질에 있어 주로 초월명상에 대한 연구가 뇌전도 모니터링에서 뇌 활동의 이로운 변화와 간질 증상의 향상을 기록했다(Fehr, 2006; Orme-Johnson, 2006; Swinehart, 2008). 또 다른 가정은 명상 수련이 뇌 속의 신경 동조를 증가시킬 수 있고, 이것은 다시 인지적 점화를 일으켜 오히려 간질 발작의 임계점을 낮춘다는 의견도 있다(Lansky & St. Louis, 2006). 이 견해는 역효과에 대한 사례 연구로도 지지되고 있다(Jaseja, 2006b).

명상과 간질에 대한 관심과 이 주제를 둘러싼 몇몇 논쟁에도 불구하고 아직 MBSR(이 간질에 미치는 영향)에 대한 연구는 발표되지 않았다. 그러나 최근 한 연구자 그룹이 ACT를 간질 환자의 치료에 적용했다. 그들은 27명의 남아프리카공화국인들에 있어 ACT와 통상적 관리 치료를 비교하는 임의 통제 실험부터 실시했다(Lundgren, Dahl, Melin, & Kies, 2006). 9시간의 개인 및 집단 치료 후, ACT 그룹에서 발작 빈도가 현저히 줄었다. 개입 1개월 후에는 ACT 그룹의 57%가 발작이 완전히 사라진 반면, 통제 그룹에서는 발작이 사라진 환자가 한 명도 없었다. 12개월 후에는 ACT 그룹의 86%가 발작이 사라진 반면, 통제 그룹에서는 오직 8%만이 발작이 사라졌다. 그리고 삶의 질과 개인적 안녕감, 삶의 만족도 수치에서도 ACT 그룹이 더 큰 향상을 보였다. 이렇게 큰 향상을 보인 잠재적 명상가들을 더 살펴보았을 때, 연구자들은 발작의 변화와 삶의 질, 안녕감이 간질 관련 수용 혹은 탈융합

(defusion), 가치 획득, 장애물에도 지속하는 힘 등에 의해 부분적으로 매개됨을 알 수 있었다(Lundgren, Dahl, & Hayes, 2008). 환자들은 심리적으로 좀 더 유연해지는 법을 배웠으며 자신의 질병을 있는 그대로 받아들이는 수용력이 커졌고, 일어났다 사라지는 일시적 생각들을 덜 믿게 되었다. 또한 가치 있는 활동에 지속적으로 참여하고, 자신의 가치에 더 부합하는 삶을 사는 데 좀 더 집중하게 되었다.

이 연구자 그룹은 다음으로 간질 환자에 있어 ACT 개입과 요가 개입을 비교했다(Lundgren et al., 2008; Lundgren, Dahl, Yardi, & Melin, 인쇄 중). 약물이 듣지 않는 간질 환자 소그룹 18명을 12회기의 ACT 및 요가 그룹에 각각 임의 할당한 뒤 1년 간 추후 조사했다. 두 그룹 모두에서 발작의 빈도와 지속 시간이 줄어든 것으로 나타났다. 그런데 줄어든 정도는 ACT 그룹이 요가 그룹보다 훨씬 컸다. 또 두 그룹 모두 삶의 질에서 상당한 향상을 보였다. 마지막으로, 인도의 또 다른 연구자 그룹은 20명의 간질 환자에게 하루 2회씩 3개월간 요가와 명상을 결합한 프로그램을 실험했다(Rajesh, Jayachandran, Mohandas, & Radhakrishnan, 2006). 3개월 이상 수련을 지속한 16명의 환자 중 14명이 발작 빈도에서 50% 이상 감소했으며, 그중 6명은 3개월 동안 발작이 전혀 없었다.

간질 치료에 대한 마음챙김 치료에 대한 연구는 아직 무척 예비적 수준이나, 이들 연구는 간질 환자에게 ACT가 도움이 될 수 있다는 잠재성을 충분히 보여 주고 있다.

HIV/에이즈

HIV 바이러스에 감염된 사람들에 대한 두 건의 연구, 그리고 (말기 환자의) 고통 완화 관리를 받고 있는 에이즈 환자에 관한 한 건의 연구가 실시되었다. HIV 감염 젊은이에 대한 MBSR의 예비 연구는 이 유형의 개입이 13세에서 21세까지의 젊은이들에게 적용될 수 있는지 알아보는 목적이었다(Sibinga et al., 2008). 처음에 등록했던 11명의 미국 흑인 젊은이들 중 7명이 적어도 하나의 수업에 참가했고, 5명은 프로그램을 끝마쳤다. 프로그램을 끝까지 마친 젊은이들에 대한 인터뷰에서 다음 다섯 가지 주제를 확인했다. ① 태도 향상(부정성이 줄어듦), ② 반응성 및 충동성 감소, ③ 행동 향상, 공격성 감소, ④ 자기 관리 증대, ⑤ 그룹에 속해 있는 것의 가치. 평균적으로 그들은 그룹의 중요성의 1부터 10점까지의 척도에서 9.6점으로 평가했다. 이것은 비록 결시율은 높았지만 프로그램을 마칠 수 있었던 HIV 감염 젊은이들에게 그 프로그램이 이익이 되었다는 것을 가리킨다.

또 다른 연구는 HIV 환자의 면역 및 내분비 기능에 미치는 MBSR의 영향을 조사했다(Robinson, Mathews, & Witek-Janusek, 2003). 비임의 설계를 사용하여, 이들 연구자는 46명의 HIV 감염 환자를 모집해 각각 MBSR과 통제 그룹으로 나누었다(환자 자신의 선호에 따라). 그러나 오직 24명만이 연구를 마쳤다. 통제 그룹과 비교했을 때 MBSR 그룹의 참가자들이 NK세포의 활동과 수(HIV 감염의 중요한 척도)에서 더 큰 증가를 보였다. NK세포는 체내 선천 면역의 주요한 유형으로, 면역 체계 약화 시 발생하는 바이러스 감염을 퇴치하는 데 도움을 준다. 그러나 기분과 스트레스에 있어서 MBSR 그룹이 향상되었고 통제 그룹에서는 악화되긴 했지만, 그 수치의 변화에서 두 그룹 사이에 유의 미한 차이는 발견되지 않았다. 마지막 연구에서는 (말기 환자의) 고통 완화 관리를 받고 있는 58명의 말기 에이즈 환자를 1개월의 자애(메타)명상 그룹, 마사지 그룹, 두 가지 모두 하는 그룹, 그리고 둘 중 아무것도 하지 않는 그룹으로 임의 할당했다(A. L. Williams et al., 2005). 명상은 오디오테이프를 통해 스스로 실시하도록 했다. 그 결과, 명상과 마사지를 결합한 그룹이 전반적인 삶의 질과 영성에서 두 방법 중하나만 실시한 그룹보다 더 큰 이익을 나타냈다.

기타 진단

몇몇 연구에서 다양한 의학 증상에 있어 마음챙김에 근거한 개입의 잠재적 효과성에 대해 연구했다. 여기서는 현재 추진되고 있는 몇몇 탐구의 장에 대한 심화된 아이디어를 제공하는 이 절충 연구 그룹을 요약한다.

Kabat-Zinn 등(1998)의 잘 설계된 연구는 건선 손상에 대한 광선 요법 치료 동안 녹음된 마음챙김 명상 유도문을 들려주는 것이 치료 과정을 더 촉진할 수 있는지 살펴보았다. 건선은 신체 어디서나 생길 수 있는 발진 같은 손상으로 주로 똑바로 선 일광욕 침상에서 광선 요법으로 치료한다. 또한 스트레스가 심하면 증상이 더 악화되는 것으로 알려져 있다. 37명의 건선 환자를 마음챙김 그룹과 통제 그룹에 임의 할당한 뒤 실험에 대해 알고 있는(unblinded) 임상 간호사와 모르고 있는(blinded) 의사의 환자 검사에 의한 직접 검사로, 그리고 피부 손상 사진 평가로 건선 상태를 객관적으로 측정했다. 몇몇 시점이 설정되었다. 치료에 대한 첫 반응, 치료가 효과가 있는 것으로 판단할 수 있는 전환점, 중간 지점 그리고 마지막 완치 지점(clearing point)이 그것이다. 마음챙김 그룹 환자들은 중간 지점과 완치 지점에 통제 그룹 환자들보다 훨씬 더 빨리 도착했다. 이것은 간단한 마음챙김 수련만으로 치료 반응을 높일 수 있음을 보여 준다.

현재까지 관절 류머티즘(관절이 부어오르는 고통스러운 자가면역 질환)에 대한 MBSR의 효과를 조사한 연구는 두 편이 있다(Pradhan et al., 2007; Zautra et al., 2008). 첫 연구는 63명의 관절 류머티즘 환자를 각각 MBSR과 대기자 통제 그룹에 임의 할당했다. 자가 보고 질문지를 통해 우울 증상, 정신적 괴로움, 안녕감, 마음챙김을 평가했다. 그리고 관절 류머티즘의 질병 활동을 처치 상태를 모르고 있는 의사가 측정했다. 2개월 후 두 그룹 사이에 아무런 차이도 없었다. 그러나 6개월이 되자 MBSR 그룹에서 정신적 괴로움, 안녕감, 우울 증상 그리고 마음챙김 수치에서 유의미한 호전이 있었다. 가장 최근의 연구는 다중 양식 결과 척도를 사용하여 144명의 관절 류머티즘 환자를 다음 세 그룹 중 하나에 임의 할당했다. 통증에 대한 인지행동치료(CBT) 그룹, 마음챙김 명상 및 감정 조절 치료 그룹, 그리고 주의력 위약 통제 그룹 역할을 한 교육만 받는 그룹(Zautra et al., 2008). CBT 그룹에서 통증 통제와 염증 사이토카인의 감소에서 상당한 호전이 관찰되었다. 그러나 CBT와 마음챙김 그룹 모두에서 교육 통제 그룹보다 대처 효과성에서 더 큰 향상을 보였다. 특히 우울증 전력이 있는 환자들이 부정적 및 긍정적 감정과 의사들이 측정한 관절 유연성 모두에서 마음챙김으로부터 더 효과를 보았다는 사실이 흥미롭다. 이것은 MBSR이 우울증으로 고생하는 (관절 류머티즘) 환자를 치료하는 데 더 효과적일 수 있음을 시사하는 것이다.

유형 II 당뇨병 환자 11명에 대한 예비 연구에서는 이 환자 그룹에서 스트레스가 혈당 수치 조절을 어렵게 만든다는 사실에 착안하여 MBSR이 환자들의 혈당 통제 지수에 미치는 영향을 조사했다(Rosenzweig et al., 2007). MBSR 프로그램 실시 1개월 후, 혈당 수치를 측정하는 글리코실화 헤모글로빈 A1C(HbA1c)가 크게 감소했다. 또한 혈압, 우울, 불안과 전반적인 정신적 고통도 감소했다. 또 다른 연구는 81명의 II형 당뇨병 환자에서 'ACT + 1일 교육 워크숍'과 오직 교육만 받는 경우를 비교했다(Gregg, Callaghan, Hayes, & Glenn-Lawson, 2007). ACT 치료에 참가하여 수용과 마음챙김 기술을 힘든 당뇨병 관련 생각과 느낌에 적용하는 법을 배운 환자들은 적응적 대처를 더 잘 사용할 줄 알았으며 더 나은 자기 관리 행동을 보고했다. 그들은 또한 HbA1c 수치를 자신들의 목표 영역으로 유지하는 경향도 더 컸다. 매개분석을 통해 수용 대처의 변화는 ACT 치료가 HbA1c의 변화에 미치는 영향에 일정 부분 연관을 맺고 있다는 사실이 드러났다. 이 연구들은 당뇨병의 심리적 결과뿐 아니라 당뇨병의 질병 진행의 중요한 척도에 미치는 이점을 보여 준다는 점에서 희망적이다.

다발성 경화증(MS) 환자와 그들의 파트너에 대한 MBSR의 혁신적 적용에 관해서도 보고되었다(Hankin, 2008). 비임의 설계에서 25쌍이 MBSR을 받았고, 다른 10쌍은 비교 그룹으로 설정되었다. 치료 그룹은 상당한 불안 감소와 불확실에 대한 인내 증가를 보인 반면, 통제 그룹은 심리적 결과에서 아무런 변화도 보이지 않았다. 통제 그룹 참가자들은 다발성 경화증 관련 증상의 상당한 증가를 보고했으나, 치료 그룹의 다발성 경화증 증상은 안정된 상태를 유지했다. 이 결과는

MBSR 훈련이 커플들이 다발성 경화증 같은 완화성 및 재발성 질환의 어려움에 대처하는 데 도움을 줄 뿐 아니라 증상의 강도를 관리하는 데도 도움이 된다는 것을 시사한다.

또한 귀에서 계속해서 소리가 들리는 이명(tinnitus)의 재활에서도 MBCT에 모델을 둔 개입이 1시간씩 4회기를 통해 시도되었다(Sadlier, Stephens, & Kennedy, 2008). 25명의 이명 환자들을 연속해서 MBCT 혹은 대기자 통제 그룹에 할당했다. MBSR 그룹에서 이명 세기 척도에서의 감소가 치료 직후와 4~6개월 후에도 관찰되었다.

다른 다양한 질병에 대해서도 다수의 소규모 예비 연구가 실시되었다. 예를 들어, Carmody, Crawford와 Churchill(2006)은 여성의 폐경기 화끈거림과 관련된 불편감을 줄이는 데 MBSR 훈련이 도움이 되는지 조사했다. 몇 가지 중증 이상의 일과성 전신 열감을 겪는 여성 15명에 대한 예비 연구를 통해 화끈거림이 40% 정도 감소되었고 환자들의 전반적 삶의 질이 향상되었음이 드러났다. 과식과 포만 반응 지연이 특징인 프래더-윌리 증후군(Prader-Willi syndrome)을 가진 한 청소년에 대한 사례 연구에서는 운동, 건강 식단, 마음챙김 훈련을 결합한 치료법으로 3년간 체중 감소가 지속되었음을 보였다(Singh et al., 2008). 마음챙김 훈련을 추가했을 때 호전된 정도가 운동이나 영양만으로 호전된 정도보다 더 큰 것으로 보고되었다. 만성 C형 간염 환자에 대한 MBSR의 적용에 대한 관심도 있으나 아직 연구 데이터가 발표된 것은 없다(Koerbel & Zucker, 2007).

혼성 의학 진단

다수의 연구에서 마음챙김에 근거한 개입이 혼성 의료 환자 그룹을 대상으로 실시되었다. Reibel, Greeson, Brainard와 Rosenzweig (2001) 의 사전-사후 연구에서는 다양한 의학 진단을 받은 121명 환자 그룹 을 대상으로 한 MBSR을 조사하여 건강 관련 삶의 질에 대한 일반적 척도와 신체적, 정신적 증상에서 향상을 보였음을 관찰했다. 신체 증 상은 28%, SCL-90-R의 불안 하위척도는 44% 감소했으며, 우울 하위 척도는 34%가 감소했다. 그리고 이러한 향상은 1년간의 추후 연구 기 간 동안 지속적으로 유지되었다. 다양한 의학 진단을 받은 환자 21명 에 대한 보다 소규모의 독일 연구도 있다. 이 연구에서는 MBSR을 받 은 후 정서적, 신체적, 전반적 안녕감 수치가 향상되었음을 발견했다. 그리고 질적 인터뷰를 통해 높은 만족감과 지속적인 증상 감소를 확인 했다(Majumdar, Grossman, Dietz-Waschkowski, Kersig, & Walach, 2002).

장기 이식을 받은 환자들을 대상으로 일련의 연구가 실시되었다 (Gross et al., 2004; Kreitzer, Gross, Ye, Russas, & Treesak, 2005). 신장, 폐, 췌장 이식 환자 19명에 대한 예비 연구에서 MBSR 후 우울과 수면 수치의 기본 점수가 향상되었고, 수면에 대한 이로운 효과가 3개월간 의 추후 검사에서도 유지되었음을 보여 주었다. 또 불안도 눈에 띄게 감소했다. 수면과 불안 개선은 집에서 실시한 명상 수련의 양과 관련 이 있었다(Gross et al., 2004). MBSR 6개월 후 추후 평가에서 수면의 질과 수면 시간 그리고 불안과 우울에서도 지속적인 향상이 관찰되 었다(Kreitzer et al., 2005). 이들 환자에 대한 대규모 임의 통제 실험이 현재 진행 중이나 그 결과는 아직 보고되지 않았다.

건강한 참가자의 생리적 결과

이 장의 마지막 절에서는 마음챙김 수련(질병 결과에 잠재적 영향을 미칠 수 있지만 대개는 건강한 개인에 대해 실시되었던)이 생리적 결과에 미치는 영향을 살펴본다.

Massion 등은 MBSR 수업을 들은 뒤 계속해서 꾸준히 명상을 하는 여성과 명상을 전혀 하지 않는 여성의 소변 내 멜라토닌 수치를 조사했다(Massion, Teas, Hebert, Wertheimer, & Kabat-Zinn, 1995). 멜라토닌은 송과선에서 분비되는 주요 호르몬으로 수면과 각성 주기를 조절한다. 멜라토닌은 암과 같은 질병(Vijayalaxmi, Thomas, Reiter, & Herman, 2002)에서, 그리고 전반적인 면역 기능(Guerrero & Reiter, 2002)에서 중요한 역할을 하는 것으로 생각되고 있다. 그들은 명상을 하지 않는 여성에 비해 명상을 하는 여성의 소변 속 멜라토닌 대사산물의 양이 더 많다는 사실을 발견하고는 이것이 그들의 건강에 일정한 함의를 가질 것이라고 추측했다.

또 다른 연구자 그룹은 마음챙김 바디스캔에 대한 짧은 연습만으로 중요한 심장혈관 질환에 영향을 미칠 수 있다는 것을 실험실에서 조사했다(Ditto, Eclache, & Goldman, 2006). 첫 두 개의 연구에서 32명의 건강한 대학생을 바디스캔 명상 그룹, 점진적 근육 이완 그룹, 그리고 대기자 그룹에 무작위 할당한 다음, 각자에게 할당된 기법을 4주 동안 두 차례의 실험실 회기에서 수련했다. 바디스캔을 수련한 대학생들이 다른 그룹에 비해 부교감 심장혈관 활동의 증가를 보였다. 이것은 이완 반응이 더 크다는 것을 의미했다. 두 번째 연구에서는 또 다른

30명의 학생이 두 차례의 실험실 회기에 참가하여 바디스캔을 수련하거나 오디오를 들었다. 이 연구에서 여성들은 명상을 하는 동안 확장기 혈압이 더 많이 감소했고, 남성들은 명상을 하는 동안 심박출량(cardiac output, 심장이 1분 동안 박출하는 혈액량-역자 주)이 증가한 것으로 나타났다. 연구자들은 명상 기법과 다른 이완 활동 사이에 유사점과 차이점이 모두 있다고 결론지었다.

심박변이도(heart rate variability)는 심장질환 건강의 또 다른 예후 척도로서 태국의 명상 숙련자 35명에 대해 심박변이도를 측정했다(Phongsuphap, Pongsupap, Chandanamattha, & Lursinsap, 인쇄 중). 숙련 명상가를 70명의 통제 참가자와 비교했다. 4주간에 걸쳐 명상 전문가들의 명상 수련 중 심장혈관 변수(parameter)를 기록하고, 통제 참가자에 대해서는 조용한 휴식 중의 심장혈관 변수를 기록했다. 심박변이도의 진동수에 대한 분석을 통해 명상 중 특정 진동수에서 진동의 동조성(synchrony of oscillation)이 관찰되었다. 연구자들은 이 분석으로부터 명상이 부교감 신경을 활성화하고(이완 반응과 관련이 있는), 폐의 가스 교환의 효율성을 향상하는 것과 같은 건강상 이익을 주는 것으로 결론지었다.

마지막으로, Davidson 등(2003)은 어느 대기자 통제 실험에서 생명공학 회사의 직원들에게 MBSR 훈련을 실시한 뒤, 이 개입이 표준 인플루엔자 백신에 대한 항체가(抗體價, 혈청 반응에서 항원 혈청의 단위 용량에 포함되어 있는 항체량의 측정값 형성-역자 주)에 미치는 영향을 측정했다. 항체가 형성은 면역 반응의 건강함을 측정하는 데 흔히 사용되는 척도다. 8주의 MBSR 프로그램을 마친 뒤 직원들에게 독감 주사를 맞힌 다음 4개월 후에 항체 형성을 측정했다. 그 결과, MBSR 수

마음챙김 안내
읽기를 멈추고 방금 읽은 것이 어떤 내용이었는지 자문해 보라. 그 내용을 자세히 기억할 수 있는가, 아니면 마음이 방황하고 있었는가?

업 참가자들이 백신에 대한 항체가가 훨씬 더 크게 증가했다는 사실이 관찰되었다. 이것은 면역 반응이 더 강하다는 사실을 말하는 것이다.

질환 진행에서 중요한 의미를 가질 수 있는 몇몇 결과에 대한 이 절충적 작업은 마음챙김에 근거한 개입이 생리적, 내분비, 면역 결과에 미치는 잠재적 이로움을 탐구하는 첫걸음을 뗀 것에 불과하다.

요약

이 장에서 우리는 다양한 의학적 증상에 대해 실시된 여러 연구를 대략적으로 살펴보았다. 서로 다른 증상에서 연구의 질과 깊이는 천차만별이다. 암과 통증에 대해서는 많은 증거가 축적되어 있는 반면, 아직도 많은 영역에서 연구 작업이 지속적으로 이루어지고 있다. 이 연구는 아직 시작 단계에 불과하며 연구자들이 이런 유형의 연구 설계에 있어 더 많은 지식과 정교함을 갖추게 됨에 따라 향후 20년 동안 마음챙김에 근거한 개입의 의료적 적용의 수와 질, 폭은 계속해서 증가할 것이다.

chapter 07

마음챙김은 어떻게 도움이 되는가: 작동 기제

> 이것은 내 것이 아니다. 나는 이것이 아니다. 이것은 나의
> 자아가 아니다.
>
> —붓다(Jack Kornfield, 개인적 교신, 2007년 3월 15일)

앞의 두 장에서는 '마음챙김이 도움이 되는가?'라는 질문에 대답했다. 결론은 '그렇다'였다. 이런 방향의 연구는 마음챙김을 유효한 심리적 개입으로서 인증하는 데 확실히 필요하며 다양한 질병 그룹에 대한 통제 임상 실험도 계속되어야 한다. 그러나 앞으로 연구해야 할 또 다른 중요한 방향은 '마음챙김은 어떻게 도움이 되는가?'라는 질문에 답하는 것이다.

이 장은 Shapiro, Carlson, Aston, Freedman(2006), 임상심리학회지 제62호 373-386쪽에 실린 내용을 "마음챙김의 기제"라는 제목으로 통일한 것이다.

마음챙김이 지닌 변화 효과에 내재한 작동 기제에 관한 질문을 살펴기 위해서는 마음챙김에 대한 검증 가능한 이론이 필요하다. 이 장의 목적은 마음챙김의 신묘하고 복잡한 과정을 이해하는 것을 목적으로 하는 이론(Shapiro, Carlson, Astin, & Freedman, 2006)을 제시하는 것이다. 이것은 마음챙김 수련에 내재한 주요 작동 기제를 좀 더 자세히 이해하기 위한 공통의 토대를 찾는 시도다.

이론에 대한 제안

어떻게 마음챙김이 도움이 되는가? 이에 대한 이론을 세우는 데 있어서 마음챙김을 구성하는 구성개념(construct)에 대한 명확한 정의를 우선 내려야 한다. 1장에서 우리는 마음챙김에 대한 정의를 의도(intention), 주의(attention), 태도(attitude)(IAA)의 세 가지 구성 요소로 내려 보았다. 우리는 마음챙김의 기제를 탐구하는 이 장에서도 이 정의를 계속 사용하기로 한다.

마음챙김의 기제에 관한 우리의 이론은 마음챙김 수련이 관점의 변화로 이어진다고 상정한다. 즉, 자기 의식의 내용을 초연하게 관찰하고 목격하는 능력인 '재인식(reperceiving)' 능력이 생긴다고 보는 것이다. 우리는 '재인식'이야말로 마음챙김의 변화 효과에 기여하는 중요한 요인이라고 생각한다. 우리는 재인식이 변화와 긍정적 결과로 이어지는 추가적인 직접적 기제를 통괄하는 작동 기제라고 생각한다. 우리는 이들 추가적인 기제를 다음과 같이 4개로 정리해 보았다. ① 자기조절(self-regulation), ② 가치 명확화(value clarification), ③ 인지적, 정서적, 행동적 유연성, ④ 노출. 이들 변수는 심리적 증상의 경감과 같은 기타 결과들에 대한 잠재적 기제로 간주될 수도 있고, 그것들 자체로 결과로서 간주될 수도 있다. 또 이 경로는 결코 직선의 경로가 아니며, 각각의 변수가 다른 변수들을 지지하고 그에 영향을 미친다.

기제로서의 재인식

마음챙김의 과정을 통해 우리는 의식의 내용(즉, 자신의 생각, 감정, 가치판단)과 자신을 동일시하지 않을 수 있다. 그리고 자신의 매 순간의 경험을 더 큰 명료함과 객관성으로 지켜볼 수 있다. 우리는 관점의 근본적 변화를 포함하는 이 과정을 '재인식'이라고 부른다. 자신의 개인적 이야기나 삶의 스토리에 푹 빠지기보다 한발 뒤로 물러서서 다만 바라볼 수 있게 된다. Goleman(1980)은 이렇게 말했다. "'명상'에서 첫 번째의 깨달음은 지금 묵상의 대상이 되고 있는 현상과 그 현상을 묵상하는 마음이 서로 별개라는 사실이다." (p. 146)

재인식은 탈중심화(decentering; Safran & Segal, 1990), 탈자동화(deautomatization; Deikman, 1982; Safran & Segal, 1990), 초탈(detachment; Bohart, 1983) 등의 서구 심리학 개념과 유사하다. 예를 들어, Safran과 Segal(1990)은 '탈중심화'를 "자신의 직접적 경험에서 한발 물러나서 그 경험의 성질 자체를 변화시키는 것(p. 117)"이라고 정의했다. 또 Deikman(1982)은 '탈자동화'를 "인식과 인지를 통제하는 자동화 과정을 벗겨내는 작업"(p. 137)이라고 했다. 그리고 Bohart(1983)에 따르면, '초탈'은 "'거리'를 획득하고 현상학적 태도를 채택하여 주의 공간을 확장시키는 상호 관련 과정을 포괄하는 것"이다(Martin, 1997 참조). 이

> **마음챙김 안내**
> 지금 현재 당신의 자각의 질이 어느 정도인지 판단하지 말고 알아차리라. 단지 알아차리라.

개념들은 모두 그 핵심에서 관점의 근본적인 전환을 공유하고 있다. 우리는 이 전환이 마음챙김—열린 마음과 비평가적인 태도를 가지고 의도적으로 매 순간의 경험에 주의를 기울이는 과정(IAA, 1장에서 상술)—에 의해 촉진된다고 믿는다. 마음챙김을 통해 우리는 "자신의 감각과 생각, 느낌에 대한 자각(알아차림)이 감각과 생각, 느낌 자체와는 다른 것이라는 사실을" 깨닫게 된다(Kabat-Zinn, 1990, p. 297). 이런 자각, 주체에서 객체로의 이러한 이동을 통해 더 깊은 평정심이 생기며 명료함이 일어난다(임상 사례에 대해서는 〈표 7-1〉 참조).

표 7-1 사례 연구

캐시는 2기 유방암에서 회복 중인 48세 여성이다. 화학 요법과 방사선치료를 마친 그녀는 MBSR 프로그램에 등록했다. 이제 의료적 치료가 끝났으므로 '뭔가' 해야겠다고 느꼈기 때문이다. 그녀는 화학 요법 마지막 날 병원을 걸어 나오면서 울음을 터뜨렸다고 한다. 마치 자신에게 생명을 공급하던 탯줄이 끊어진 느낌이었다고 한다. 이제 그녀는 자기 스스로 서야 했다. 그러나 암이 재발하면 어떡하나 걱정이 되었다.

다음은 8주간의 MBSR 프로그램 중 네 번째 회기에서 있었던 대화 내용이다.

캐 시: 암이 재발할까 봐 무척 두려워요. 항상 그 생각만 해요. 두려움이 위장을 꼭 잡고 놓아주지 않는 듯해요.

치료자: 커다란 두려움을 경험하고 있군요. 암이 재발할지 모른다는 두려움 말이에요.

캐 시: 네, 두려움이 나를 완전히 녹초가 되게 만들어요.

치료자: 그것이 당신을 완전히 소진시키는군요. 마치 당신이라는 존재를 완전히 집어삼킬 듯이 말이지요.

캐 시: 네, 맞아요.

치료자: 그런데 두려움과 함께 있을 때 당신은 당신이 두렵다는 사실을 어떻게 알죠? 여기서 바로 그 두려움과 함께 있어 봅시다.

캐 시: 위장이 조여드는 듯한 느낌이 있어요. 호흡도 긴장되고 짧아지죠.

치료자: 당신이 두렵다는 사실을 아는 것은 당신의 어느 부분인가요?

캐　시: 잘 모르겠어요.

치료자: 당신이 두렵다는 걸 아는 자각 자체는 과연 두려움을 느낄까요?

캐　시: 음, 글쎄요……. 아뇨. 그 두려움을 바라보는 나의 일부는 다만 그 두려움을 지켜볼 뿐 그것 스스로 두려움을 느끼지는 않는 것 같아요.

치료자: 좋습니다. 두려움이 여기 있다고 해요. 그런데 두려움보다 더 큰 것, 그러니까 그 두려움을 친절과 수용으로 감싸안는 자각이라는 것도 있지요. 두려움에 휩싸이지 않고 다만 그 두려움을 '아는' 자각 말이에요. 그것을 느껴 볼 수 있나요?

캐　시: 네. 그것이 여기 있는 것같이 느껴져요. 두려움이 여전히 존재하고 있지만, 그것이 내 전부는 아니란 걸 알겠어요. 그것이 반드시 나를 그렇게 잡아먹지도 않을 것 같아요.

발달 과정으로서의 재인식

재인식은 이전에 '주체'이던 것이 '객체'가 되는, 의식에서의 교체라고 할 수 있다. 발달심리학자들은 이러한 관점 이동(주체에서 객체로의)이 우리가 살면서 일어나는 발달과 성장의 핵심이라고 말한다(Kegan, 1982). 따라서 재인식이 마음챙김의 근저에서 실제로 작동하는 기제라면, 마음챙김 수련은 우리가 자신의 내적 경험을 객관적으로 받아들이는 더 큰 능력을 획득하는 자연스러운 인간 발달 과정이라고 할 수 있다.

이 자연스러운 발달 과정은 엄마의 생일선물로 8세 아들은 꽃을, 그리고 3세 아들은 자기가 가장 좋아하는 장난감을 드리는 예에서 잘 드러난다. 자신이 좋아하는 장난감을 엄마에게 선물하는 3세 아들의 행동은 발달적 관점에서 매우 당연하지만, 그것은 기본적으로 자기

중심적(즉, 자기애적) 한계에 아직 갇혀 있는 것이다. 3세 아들에게 세상은 아직도 많은 부분 주관적이다. 즉, 세상은 여전히 자기 자아의 연장인 것이다. 그 결과, 아이는 자신의 욕구와 타인의 욕구를 분명하게 구분하지 못한다. 그러나 아이가 발달을 하면서 관점의 변화가 일어난다. 즉, 타인의 관점을 받아들이는 능력이 커지는 것이다(예: '엄마가 좋아하는 것은 내가 좋아하는 것과 달라.'). 그것은 이전에는 주체(엄마와의 동일시)였던 것이 이제는 자신이 거기서 분리되어 있다는 것을 깨닫는(즉, 더 이상 융합되어 있지 않는) 객체가 되었기 때문에 일어나는 일이다. 이로써 공감이 시작된다. 즉, 엄마를 엄마 자신의 필요나 욕구를 가진 별개의 사람으로 자각할 수 있게 된 것이다. 이 예는 우리가 자신의 개인적 참조 틀이라는 좁고 제한된 범위로부터 관점을 확장할 때 발달이 일어난다는 것을 보여 준다.

마음챙김 수련은 발달 과정을 지속시킨다

'재인식'이라고 이름 붙인 이러한 관점의 이동은 발달 과정에서 자연스럽게 일어난다. 그러나 우리는 마음챙김 수련을 통해 이러한 이동이 지속되고 가속도를 얻는다고 생각한다. 자신의 내적, 외적 경험과 관련하여 객관성 능력을 키우는 것은 여러 면에서 마음챙김 수련의 특징이기도 하다. 비판단적 주의를 의식의 내용에 의도적으로 집중시킴으로써, 마음챙김 수련자는 Deikman의 소위 '관찰하는 자기(observing self)'를 강화하기 시작한다(Deikman, 1982). 자기의 의식의 내용을 관찰하는 정도만큼, 그는 그 의식의 내용에 덜 함몰되고 융합된다. 예를 들어, '그것'을 볼 수 있는 사람은 더 이상 '그것'이 아니게 된다. 즉, 그는 '그것' 이상이 된다. 그렇게 될 수밖에 없다. '그 것'이 통증, 우울, 두려움 등 그 무엇이든 간에, 우리는 재인식을 통해 일어나는 자신의 생각과 감정, 신체 감각을 자신과 동일시하지 않게 되고, 그것에 의해 정의되는 것(예: 통제당하고, 조건화되고, 결정되는 것)이 아니라 다만 그것과 함께 있을 수 있게 된다. 재인식을 통해 우 리는 '통증이 곧 나는 아니야.' '이 우울함이 바로 나인 것은 아니야.' '이 생각은 내가 아니야.'라는 사실을 깨닫게 된다. 이것은 메타 관점 (metaperspective)으로부터 관찰할 수 있게 된 결과다.

우리가 지금 이야기하고 있는 관점의 이동은 앞서 예로 든 3세 아 동의 경우와 비슷하다. 아이는 자신이 완전히 속해 있던 객관적 세상 으로부터 분리된 존재로 자신을 볼 수 있게 된다. 그러나 이 경우 탈 동일시는 자신의 물리적 환경이 아닌 자기 마음의 내용물(예: 생각, 감 정, 자기 개념, 기억)로부터 생기는 것이다. 재인식을 통해 이전에는 그 토록 강하게 자신과 동일시되었던 이야기들(예: 나는 누구인가, 나는 무 엇을 좋아하고 싫어하는가, 사람들은 나를 어떻게 생각하는가 등)이 이제 는 다만 '이야기'일 뿐인 것으로 된다. 이런 식으로 자신의 생각이나 감정과의 관계에 있어 중대한 변화가 일어난다. 그 결과, 명료성, 관 점, 객관성 그리고 궁극적으로 평정심이 더 커진다.

이 과정은 Hayes 등이 말하는 인지적 탈융합(cognitive defusion) 개 념과 유사하다(Hayes, Strosahl, & Wilson, 1999). 인지적 탈융합에서는 생각의 내용 자체를 변화시키기보다 그 생각과 맺는 자신의 관계를 변화시키는 데 중점을 둔다. Hayes 등이 지적했듯이, 자신의 마음의 작용을 마음챙김 하며 관찰하는(mindful observing) 힘이 커지면서 그 에 상응하는 자기감(self-sense)의 변화가 일어난다. 이제 '자기'를 꿰

뚫어 보고 해체해 볼 수 있게 된다. 즉, 이제 자기라는 것이 심리적 구성물로서, 즉 관념과 이미지, 감각, 신념 같은 것들의 끊임없이 변화하는 시스템으로서 인식된다. 한때 안정된 자아를 구성하는 것으로 여겨졌던 이 무더기(aggregates) 혹은 구성물(constructs)이 마침내는 끊임없이 변화하는 것으로 통찰된다. 붓다는 다음과 같이 말했다.

> 모든 형성물(formations)은 순간적이다. 모든 형성물은 고통을 겪게 되어 있다. 모든 형성물은 고정된 자아(self)라는 것이 없다. 따라서 우리는 모든 형상 있는 것[色], 느낌[受], 개념[想], 의지[行], 의식[識]을─그것이 과거든 현재든 미래든, 자신의 것이든 외적인 것이든, 거칠든 섬세하든, 고귀하든 비천하든, 멀든 가깝든─실재와 참된 지혜에 비추어 이해해야 한다. 그것은 곧 '이것은 곧 내 것이 아니다. 이것이 내가 아니다. 이것이 나의 자아가 아니다.'라고 이해하는 것을 말한다(Goddard, 1994, p. 27).

재인식을 통해 우리는 자신의 삶을 살면서 마주치는 경험에 대한 자기 안의 수다로부터 한 발짝 물러나 관찰하는 법을 알게 된다. 또 자신이 궁극적으로 누구인가에 관한 자기 '스토리'에서 한 걸음 떨어지게 된다. Hayes 등(1999)은 이것이 '내용으로서의 자기(self as content, 의식 속에서 의식의 대상으로서 목격되거나 관찰되는 자기)'로부터 '맥락으로서의 자기(self as context, 의식 대상을 관찰하고 목격하는 자기, 즉 의식 자체)'로 이동하는 것이라고 했다. 우리가 마음챙김 수련을 통해 촉진하고자 하는 변화, 그 변화를 일으키는 장본인도 부분적으로는 바로 이러한 관점의 이동이다(Shapiro et al., 2006).

그러나 그 발달 과정은 이 주관-객관 이동에서 끝나지 않고, 분리된 자아감이 통찰되고 주관 대 객관의 모든 관념화가 종결될 때까지 계속된다. 그러면 경험은 단지 아는 것 혹은 인식하는 것이 된다. 인식하는 주체나 인식되는 대상이 따로 존재하는 것이 아니라 다만 자각만이 일어나게 된다(Kabat-Zinn, 개인적 교신, 2007). 이것이 마음챙김의 비이원적 성격의 핵심으로, 다음의 아름다운 힌두 격언에 잘 나타난다.

내가 누구인지를 잊을 때 나는 당신에게 잘 봉사합니다.
봉사를 통해 내가 누구인지 기억합니다.
그리고 내가 바로 당신이라는 사실도 알게 됩니다(힌두 격언).

> **마음챙김 안내**
> 마음이 방황할 때, 집중할 때, 관심이 증가하고 감소할 때, 긴박함을 느끼거나 이완되었을 때, 당신은 알아차릴 수 있는가?

재인식 vs. 거리두기

재인식은 무감정(apathy)이나 마비(numbness)에 이를 정도로 자신의 경험과 거리를 두려는 시도와 혼동되기 쉽다. 그러나 거리두기(detachment)는 실제적인 재인식 경험과 정반대되는 것이다. 재인식은 매 순간 일어나는 현상에 대한 깊은 앎과 친밀성을 창조한다. 재인식이 명료성의 측면에서 더 큰 거리를 만들어 내는 것은 사실이다. 그러나 이것이 단절(disconnection)이나 절연(dissociation)으로 이어지는 것은 아니다. 대신 재인식은 우리가 몸과 마음의 각 사건들을 그것과 동일시하거나 그에 집착하지 않고 깊이 있게 경험하도록 해 준다. "마음과 세계의 본성에 대한 깊은, 통찰적인 비개념적 앎"을 우리에게 선사하는 것이다(Kabat-Zinn, 2003, p. 146). 재인식이라는 이 과정을 통해 우리는 실제로 자신의 매 순간 경험과 더 친밀하게 연결할 수 있다. 그렇게 우리는 매 순간의 경험을 비집착의 태도로 자연스럽게 일어나고 사라지도록 허용할 수 있다. 그때 우리는 실재에 대한 주석이나 이야기가 아니라 실제로 존재하는 것 자체를 경험하게 된다. 그러므로 재인식은 무감각이나 무심함을 만들어 내는 것이 아니라 우리가 매 순간 더 풍부한 질감과 깊이를 경험할 수 있도록 해 준다. Peters는 이것을 '친밀한 거리두기(intimate detachment)'라고 했다(C. Peters, 개인적 교신, 2004년 4월 5일).

그 밖의 기제

재인식과 그것이 만들어 내는 '관점의 이동'은 마음챙김 수련에 의해 일어나는 긍정적인 결과들에 기여하는 그 밖의 기제로 이어질 수도 있다. 여기서 우리는 다음 네 가지 기제를 다뤄 보기로 한다. ① 자기 조절과 자기 돌봄, ② 정서, 인지, 행동의 유연성, ③ 가치 명료화, ④ 노출.

자기 조절과 자기 돌봄

자기 조절(self-regulation)이란 시스템이 기능의 안정성과 변화에 대한 적응성을 유지하는 과정을 가리킨다. 자기 조절은 피드백 고리(feedback loops)에 기초하고 있다. Shapiro와 Schwartz(2000a, 2000b)에 따르면, 의도(intention)와 주의(attention) 모두 이 피드백 고리를 향상해 건강을 증진시킨다.

의도(intention) → 주의(attention) → 연결(connection) →

조절(regulation) → 질서(order) → 건강(health)

　비평가적 주의를 의도적으로 계발하면 연결로 이어지고, 이것은 다시 자기 조절로, 그리고 궁극적으로 더 큰 질서와 건강으로 이어진다. 재인식의 과정을 통해 우리는 매 순간에 포함된 정보에 주의를 기울일 수 있다. 우리는 더 많은 데이터에—심지어 전에는 검토하기가 너무 불편했던 데이터조차—접근할 수 있다. Hayes는 "경험적 회피가 이제는 덜 자동화되고 덜 필요해진다."고 말했다(Hayes, 2002, p. 104). 이 과정을 통해서 조절 불능(dysregulation)과 그에 따른 질병을 피할 수 있다. 또 재인식은 자동적인 부적응 습관을 깨뜨릴 수 있다. 이제 특정 감정과 생각에 통제받는 경향이 줄고, 습관적인 반응 패턴으로 그것들을 자동적으로 따르는 경향도 준다. 예를 들어, 불안이 일어날 때 그것을 자신과 강하게 동일시하면 그에 잘못된 방식으로 반응하게 되고, 그러면 음주나 흡연, 과식 같은 행동으로 불안을 조절하게 된다. 재인식은 우리가 불안으로부터 한발 물러나 그것을 단지 현재 일어나고 있지만 시간이 지나면 사라질 감정 상태로 명료하게 바라보게 한다. 이처럼 모든 정신 현상의 항상적이지 않음 (impermanence)에 대한 이해는 불쾌한 내면 상태에 대해 더 큰 관용을 갖게 한다.

　불안과 같은 감정 상태에서 한발 물러나 바라보는 능력을 계발함으로써 우리는 그런 상태에 대한 반응에서 '자유의 정도'를 더 높이게 된다. 그리하여 자동적인 행동 패턴으로부터 우리 자신을 효과적으로 놓여나게 한다. 재인식을 통해 우리는 더 이상 불안이나 두려움 같은 상태에 통제당하지 않고, 이런 상태를 하나의 정보로 이용할 수 있게 된다. 즉, 이런 감정 상태에 주의를 기울여 건강과 안녕감을 증가시키는 방향으로 자기 조절을 할 수 있게 되는 것이다. 의식적으로(의도) 자각(주의)과 수용(태도)을 현재 순간의 경험에 가져옴으로써 더 폭넓고 적응적인 대처 기술을 더 잘 사용할 수 있게 된다. 이런 과정에 대한 예비적 지지는 Brown과 Ryan(2003)의 연구에서 발견할 수 있다. 이 연구에서는 마음챙김에 대한 유효하고 믿을 만한 척도에서 더 높은 점수를 획득한 사람들이 자기 감정과 행동에 대해 더 큰 자기 조절력을 보고했다.

가치 명료화

재인식은 또한 무엇이 자신에게 의미가 있고, 자신이 무엇을 진정으로 가치 있게 여기는지 인식하는 데 도움을 준다. 종종 우리가 중요하게 여기는 가치는 가족, 문화, 사회에 의해 조건 지어진 것이어서, 우리는 도대체 어떤 가치가 자신의 삶에서 내린 선택을 실제로 이끌어 가는지 알지 못할 때가 있다. 우리는 가치를 관찰하는 사람이 아닌 가치 자체가 되어 버린다. 사람들은 자신이 가장 중요하다고 여기는 (문화적, 가족적 조건화에 토대를 둔) 것에 이리저리 끌려다닌다. 그러는 과정에서 그것이 자기 자신의 삶의 맥락에서 정말로 중요한 것인지에 대해서는 반추하지 못하는 경우가 있다. 그런데 우리가 자신의 가치로부터 떨어져 나와 그것을 관찰하고 그에 대해 더 객관적인 태도

로 생각할 때, 우리는 우리 자신에게 더 진실한 가치를 재발견하고 선
택하는 기회를 가질 수 있다. 다시 말해, 전에는 단지 반사적으로
(reflexively) 선택하거나 조건화된 것들을 이제는 성찰적으로
(reflectively) 선택할 수 있게 된다. 연구 문헌은 자동적 처리(automatic
processing)가 욕구나 가치와 좀 더 조화를 이루는 선택안에 대한 고려
를 제한한다는 사실을 지적한다(Brown & Ryan, 2003; Ryan, Kuhl, &
Deci, 1997). 그러나 열린 마음의, 의도적인 자각은 우리로 하여금 좀
더 우리의 욕구나 흥미, 가치와 일치하는 행동을 선택할 수 있게 한다
(Brown & Ryan, 2003; Ryn & Deci, 2000). 한 연구는 피실험자들이 '마
음챙김을 지니고 행동할 때' (MAAS로 측정한) 자신의 실제 가치나 관
심사와 더 일치하는 방식으로 행동한다는 사실을 밝혀냈다(Brown &
Ryan, 2003).

인지, 정서, 행동의 유연성

재인식은 자신의 현재 경험과 자신을 과도하게 동일시하는 데서
오는 경직되고 반사적인 반응 패턴과 대비되는, 환경에 대한 보다 적
응적이고 유연한 대응을 촉진한다. 자기가 처한 상황과 그에 대한 자
신의 내적 반응을 더 명료하게 관찰할 때, 우리는 더 큰 선택의 자유
를 가지고(즉, 덜 조건화되고 덜 자동적인 방식으로) 대응할 수 있다.
Borkovec(2002)이 지적한 것처럼, 인지심리학과 사회심리학 연구는
"기존의 기대와 신념이 새롭게 이용 가능한 정보를 처리하는 과정을
왜곡할 수 있다."(p. 78)는 사실을 보여 준다. 분명하게 보는 법을 배
우는 것(그리고 배운다는 것은 일반적으로)은 기존의 패턴이나 신념과

얼마나 탈동일시를 할 수 있느냐에 달려 있다.

재인식은 삶에서 마주치는 경험들에 관한 자신의 정신적 주석을 관찰하는 능력을 촉진한다. 재인식은 우리가 기존 습관과 조건화, 경험에 의해 촉발되는 반응적 사고와 감정, 행동이 아니라 현재 상황을 있는 그대로 보고 그에 따라 대응할 수 있도록 한다. 재인식은 현재 순간을 바라보는, 지금까지와 다른 장소를 제공한다. 예를 들어, 우리는 바다의 표면에서 거친 풍랑에 마주칠 때 명확히 보기가 어렵다. 그러나 풍랑의 표면 아래로 들어가면(자신의 생각이나 감정적 반응의 움직임을 관찰하고 그것으로부터 탈동일시하는 과정에 대한 비유) 표면보다 더 고요하고 명료한 공간을 발견할 수 있다[Deikman(1982)의 '관찰하는 자기(observing self)' 혹은 명상 전통에서 말하는 이른바 '주시자(the witness)']. 이 새로운 지점에서 우리는 표면을 올려다보고 현재 거기에 있는 무엇이든 명료하게 볼 수 있다. 그렇게 될 때 더 큰 의식과 유연성으로 대응할 수 있다. 재인식은 끊임없이 변화하는 자기 내면의 체험을 관찰하는 능력을 키워, 자신의 정신적-정서적 내용을 더 분명하게 보는 능력을 향상시킨다. 그것은 다시 인지-행동의 유연성을 키워 주고 자동성과 반응성은 줄여 준다.

노출

연구 문헌에는 다양한 장애의 치료에서 노출의 효과에 대한 증거가 가득하다(Barlow & Craske, 2000). 재인식은 아주 강한 감정이라도 더 큰 객관성과 더 적은 반응성을 가지고 경험하도록 해 준다. 이러한 능력은 힘든 감정적 상태를 회피하거나 부정하는 습관적 성향을 누

그러뜨리고 그러한 상태에 대한 노출을 증가시키는 역할을 해 준다. 이러한 직접적 노출을 통해 우리는 자신의 감정, 사고, 신체 감각이 그렇게 두려운 것이 아님을 알게 된다. 부정적 감정 상태에 마음챙김을 지니고 주의를 기울이는 것을 통해 우리는 그러한 감정을 두려워하거나 회피할 필요가 없음을, 그리고 그것들은 결국 사라질 것임을 경험적이고 현상학적으로 알게 된다(Segal, Williams, & Teasdale, 2002). 이러한 경험은 결국 "전에는 이러한 자극에 의해 촉발되었던 공포 반응과 회피 행동이 사라지는 데" 까지 이어진다(Baer, 2003, p. 129). Goleman은 명상이 '전반적인 탈감작(global desensitization)'을 제공한다고 말했다. 그것은 명상적 자각이 자기 경험의 모든 측면에 적용될 수 있기 때문이다(Goleman, 1971).

Baer는 만성 통증 환자에 있어 이 과정의 사례를 다음과 같이 제시했다.

> 재앙적 결과가 없는 상태에서 만성 통증 감각에 충분히 노출되면 탈감작(desensitization)으로 이어질 수 있다. 즉, 통증 감각에 의해 일어나는 정서적 반응이 시간이 지남에 따라 줄어드는 것이다. 이렇게 마음챙김 기술은 과도하게 반응하지 않고 통증 감각을 경험하는 능력을 키워 준다(Baer, 2003, p. 128).

실제로 마음챙김의 최초의 성공적 임상 적용은 만성 통증의 맥락에서였다(Kabat-Zinn, 1990). 내적 자극에 대한 노출 촉진이 어떻게 치료적으로 도움을 주는가에 관한 또 다른 예는 공황장애에 있어 내적 자극 노출에 대한 연구 문헌에서 나왔다. 재인식은 넓은 범위의 사고,

감정, 감각을 탐험하고 관용할 수 있게 한다. 이것은 다시 우리를 불구로 만드는 다양한 증상에 긍정적인 영향을 미칠 수 있다.

과거의 모델 위에 구축하기

또 다른 이론가들은 정신장애의 발달과 지속에서 주의와 상위 인지(metacognition)가 하는 역할에 대한 모델을 개발했다. 이런 모델에는 Wells의 자기조절 실행기능(Self-Regulatory Executive Function: S-REF) 모델(Meyers & Wells, 2005; Wells, 1999)과 Teasdale의 차별 활성화 가정(differential activation hypothesis, DAH; Lau, Segal, & Williams, 2004; Sheppaard & Teasdale, 1996; Wells & Cartwright-Hatton, 2004)이 있다.

특히 Wells는 예민한 자기 초점 주의, 위협 모니터링, 반추적 과정, 역기능적 신념의 활성화 등으로 특징지어지는 인지-주의 증후군을 설명했다. 이런 것들을 상위인지 질문지(Metacognitions Questionnaire)로 측정했다(Cartwright-Hatton & Wells, 1997; Wells & Cartwright-Hatton, 2004). Wells와 동료들은 역기능적 상위 인지가 정신이상, 범불안장애, 강박장애, 건강염려증, 외상후 스트레스 장애(PTSD) 같은 장애나 증상과 관련이 있다는 것을 보였다. S-REF 모델은 불안 경험과 관련된 자기 내면의 감각에 주의를 집중함으로써 불안을 잠재적으로 키우는 데 있어서 자기 주도적인 주의(self-directed attention)의 중요성을 강조한다. 이런 내면의 집중은 통제를 잃는 것에 대한 두려움, 불안 증상 자체에 대한 두려움을 낳고, 자기에 대해 더 불만족하게 만들며, 부정적인 인지적 활동을 키운다(Wells, 1990). Wells는 내적 집중보다 외적 주의 집중이 불안장애 환자들에게 더 도움이 될 것이라고 제안했다. 그의 개입은 외적인 주의 모니터링과 청각 모드에서의 주의 변경(attention switching)으로 구성된다.

앞에서 설명했던 IAA 모델과 달리, S-REF 치료 모델은 집중과 교환의 주의력과 분산된 주의를 내면이 아닌 외면으로 적용한다. 이것에 관한 경험적 실험은 불안장애 환자에 있어서 마음챙김의 IAA 모델에 기초한 치료의 효율성과 S-REF 모델을 직접적으로 비교하는 것이 될 것이다.

정신장애에서 주의의 역할을 강조하는 또 다른 모델로는 Teasdale의 차별 활성화 가정(DAH) 이론이 있다. 이것은 역기능적인 부정적 인지의 활성화에 의한 우울증 재발의 취약성을 설명하는 이론이다. 여기서 역기능적인 부정적 인지는 Wells가 말한 역기능적 상위 인지에 비견되는 것이다. 이 우울증 재발 이론은 일시적인 부정적 기분이 이런 특징적인 부정적 성격 패턴을 일으켜 우울증 재발의 악순환을 지속하게 한다고 상정한다. Teasdale과 동료들은 부정적 기분과 연관된 일련의 자동적인 부정적 사고로부터 '탈중심화(decentering)' — 재인식과 매우 유사한 개념인 — 하는 것에 중점을 둔 마음챙김에 근거한 인지치료를 개발했다. 4장에서 이야기한 것처럼, Teasdale의 모델에서 마음챙김 수련은 환자들이 우울증 재발을 암시하는 자신의 부정적 사고와 감정을 인식하고 그것에 대해 새로운 방식으로 관계를 맺게 해 준다. 참가자들은 마음챙김 수련을 통해 자신의 반추적 처리(ruminative processing)로부터 떨어져 생각을 단지 생각으로 관찰하고, 그럼으로써 상위 인지 자각을 높이는 법을 배우게 된다. 이런 면에서 볼 때 이 모델의 치료 목적은 생각의 내용 자체가 아니라 그 사람이 자신의 사고 과정과 맺는 관계에 있다고 하겠다. Wells의 용어로 말하자면, 마음챙김 수련을 통해 자신의 생각을 개인적이고 위험한 것으로 평가했던 것에서 생각을 탈중심화된 관점에서 비개인적이고 지나가는 쇼의 일부로 보는 것으로 상위 인지가 옮겨 간다고 할 수 있다.

IAA 모델 역시 이 두 모델과 충돌하지 않는다. 사실 S-REF 모델과 DAH 모델의 풍부함은 정신건강의 맥락에서 마음챙김 수련이 긍정적 효과를 갖는 데 있어 주의가 어떤 방식으로 중요한 역할을 하는가를 밝히는 데 도움을 준다. 실제로 MBSR 참가자들에 있어 IAA 모델의 주의 요소를 상위 인지 질문지를 사용하여 측정할 수 있다. 마음챙김 훈련을 받는 동안 일어나는 변화를 조사하는 것이다. 이런 유형의 경험적 연구를 통해 상위 인지 자각에서의 변화가 상정한 것처럼 실제로 일어나는지 알 수 있다.

IAA가 위 두 모델과 상충하는 것은 아니지만 그래도 다른 점이 있다. IAA는 주의라는 하나의 요소만을 가진 모델과 달리 3개의 요소를 가진 모델이다. IAA는 특수한 의도(intention), 주의(attention), 태도(attitude)가 동시에 일어나는 방식으로 마음챙김을 정의한다. 반면 S-REF와 DAH 모델은 의도에 대해 특별히 언급하지 않는다. 또 DAH 모델에서 자신의 경험에 대한 '친근한' 태도를 이야기하긴 하지만 IAA 모델은 마음챙김의 태도적 요소를 중요하고 핵심적인 것으로 다룬다. IAA는 위 두 모델을 더 확장한 것이라 할 수 있으며, 마음챙김의 이론적 모델을 개발하는 과정에 대한 지속적인 시도다(Shapiro et al., 2006).

예비적 증거와 미래의 방향

마음챙김 수련을 통해 재인식과 관점의 이동이 발생한다. 이 이동이야말로 마음챙김 수련에 의한 변화의 핵심이다. 자기중심적 관점에서 보다 객관적 관점으로 관점을 이동할 수 있는 능력이 우리에게 유익하다는 예비적 증거가 이 이론을 뒷받침해 준다(Orzech, Shapiro, Brown, & Mumbar, 인쇄 중). 예를 들어 Kross, Ayduk과 Mischel(2005)은 '자기로부터 거리를 둔(self-distanced)' '자아로부터 탈중심화된(ego-decentered)' 관점에서 부정적 감정에 직면하는 것이 '자기에 함몰된 관점(self-immersed perspective)'에서 직면하는 것보다 부정적 감정과 반추에 반응하지 않고 부정적 상황을 관찰하게 해 준다는 것을 발견했다.

또 최근의 연구는 마음챙김 훈련이 이러한 재인식 능력을 실제로 키워 준다는 것을 확증하고 있다. 최근에 개발된 경험 질문지(Experience Questionnaire)로 측정한, 1개월간의 집중 마음챙김 명상 수련이 재인식에 미치는 효과를 조사한 장래 추적조사가 있다(Fresco et al., 2007). 이 믿을 만하고 유효한 측정은 재인식의 핵심을 파악한다. 측정 결과, 집중수련 참가자들이 1개월간의 집중 마음챙김 훈련 후에 대조군과 비교하여 재인식에서 상당한 증가를 보여 준 사실이 관찰되었다. 이 결과는 마음챙김이 심오하고 의미 있는 방식으로 관점을 이동하는 능력으로 이어진다는 예비적 확증을 지지하고 제공한다.

향후 연구는 어떠한 경로를 통해 변화가 일어나는지에 관해 다루어야 할 것이다. 우리는 이러한 이동이 다양한 기제를 촉진할 수 있다고 가정한다. ① 자기 조절, ② 가치 명료화, ③ 인지-행동의 유연성, ④ 노출이 그것이다. 향후 연구는 이들 기제가 실제로 관찰되는 변화를 상당 부분 설명할 수 있는지 조사해야 한다. 마음챙김 수련을 정신병리 증상의 감소나 긍정적 심리의 계발과 같은 결과와 연결시키는 모델이라면, 중재 및 완화 효과에 대한 통계적 검사를 통해 위에 제시한 직접 기제의 역할을 조사해야 할 것이다. 향후의 연구 방향에 대한 자세한 논의는 9장에서 하기로 한다.

결론

마음챙김에 대한 연구는 아직 걸음마 단계이며, 마음챙김이라는 이 현상의 풍부함과 복잡성을 제대로 밝혀내기 위해서는 상당한 정확성과 다양한 이론적 관점이 필요하다. 우리는 마음챙김이 어떻게 변혁과 변화를 촉진하는지 설명하는 모델을 최초로 제시하려고 시도했다. 이 모델은 분명히 예비적이며 아직은 하나의 모델에 불과한 것이지 최종적으로 확정된 모델은 결코 아니다. 이 신비스럽고 복잡한 과정에서 수많은 다른 가능성과 경로가 역할을 하고 있는지 모른다. 다음 단계는 경험적으로 조사할 수 있는 검증 가능한 가설을 세우는 것이다. 이 결과를 가지고 새로운 가설을 세우고, 그런 다음 보다 정교한 이론을 도출할 수 있다.

Part 3

The Art and Science of **MINDFULNESS**

패러다임의 확장

chapter 08

임상가를 위한
마음챙김과 자기 돌봄

남을 돌봐 주는 직업은 정작 자신의 정신, 신체 건강에는
무척 해롭다.

−Gill(1980, p. 24)

마음챙김이 어떻게 환자들에게 이로운가에 대해서는 다양한 연구와 임상적 관심이 있어 왔다. 그러나 건강 관리 패러다임은 이제 임상가 자신의 웰빙도 시스템의 필수적 일부로서 포함하는 것으로 확장되고 있다. 이러한 인식과 함께 마음챙김이 어떻게 환자뿐 아니라 임상가의 자기 관리를 증진할 수 있는가 하는 문제가 주목을

이 장은 Shapiro, Brow, Biegel(2007)이 "건강 돌봄 전문가들을 위한 자기 돌봄: 상담심리학 전공생들의 정신건강에 대한 MBSR효과"라는 제목으로 Trainy and Education Professonal Psychology, 2(2), 105-115쪽 내용을 통합한 것이다.

받기 시작했다.

건강관리 전문가로서 우리는 정작 자신을 '돌보는' 일을 잊기 쉽다. 나(Shapiro)는 애리조나 주 투산의 보훈병원에서 나의 첫 임상을 하는 동안 이러한 사실을 배웠다. 나는 그곳의 환자들을 도와야 한다는 사명감에 불탔다. 외상후 스트레스 장애, 주요우울증, 상상 자살, 정신분열, 기타 중요한 정신 진단으로 고통받고 있는 모든 환자를 내가 '구해야' 한다고 생각했던 것이다. 나는 일에 나를 던져 넣었고, 점심시간에도 환자를 봤으며 집으로 일감을 가져가기도 했다. 오로지 환자들 생각만 하고 살았다. 그렇게 2개월을 보낸 뒤, 나의 임상 슈퍼바이저가 자기 방으로 나를 부르더니 이렇게 말했다. "일해 보니 어때요?" 나는 나의 열심에 대한 칭찬을 기대하며 대답했다. "괜찮아요……." 슈퍼바이저는 잠시 침묵을 지키더니 말했다. "음, 당신이 여분의 환자를 돌보고 늦게까지 근무하며, 개인적인 인간관계도 갖지 않고 언제나 열심히 바쁘게 일하는 걸 보았어요. 만성적으로 지쳐 있는 것도요. 저는 당신이 훌륭한 임상가임에는 틀림없다고 생각하지만 당신의 실제 능력보다 자신과 다른 사람을 잘 돌보는 것 같지는 않아요." 나는 놀라서 물었다. "뭐라고요? 이해할 수 없군요. 내가 더 이상 무얼 할 수 있단 말이죠? 우리 클리닉의 대기자 명단에는 40명이 넘는 환자들이 있어요. 이렇게 일하지 않고 어떻게 하란 말이죠?" 그러자 슈퍼바이저는 당시의 나에게 어울릴 만한 비유를 들어 말했다. "심장도 우선은 자신에게 피를 펌프질한 다음 신체 나머지 부분으로 피를 보내지요. 그러지 않으면 심장은 기능을 멈춰 버리고 말 겁니다. 그러면 다른 신체 부위도 죽음을 맞이하겠지요. 다른 사람을 잘 돌보기 위해서는 우선 자신을 돌볼 줄 알아야 합니다. 이 사실을 잊지 마세요."

건강관리 전문가로서 우리는 우리 환자들의 삶을 깊이 공유하는 것에 특권을 받았다고 생각한다. 우리는 엄청난 에너지와 자원, 사랑과 시간을 들여 그들의 고통을 덜어 주고자 한다. 그러나 정작 우리 자신에게 그러한 관심을 쏟는 경우는 드물다. 환자의 복지를 우리 자신의 복지보다 우위에 두는 것은 그렇게 현명한 처사가 아니다. 그것은 해로운 결과로 이어질 수 있다.

마음챙김 안내
당신 자신을 위해서 당신이 하는 일은 무엇인가?

예를 들어, 건강관리 전문가들은 치료 작업의 상당 부분을 차지하는 감정 노동의 결과로, 흔히 연민피로(compassion fatigue; Figley, 2002, Weiss, 2004)를 경험한다(Mann, 2004). 스트레스 관련 정신 문제는 병원과 같은 힘든 환경에서 근무하는 건강관리 전문가들 사이에서(Vredenburgh, Carlozzi, & Stein, 1999), 그리고 돌봄 제공자에게 특별한 정서적 도전을 제공하는 환자 집단(남용, Coppenhall, 1995), 정신적 외상(Arvay & Uhlemann, 1996), 성격장애(Linehan, Cochran, Mar, Levensky, & Comtois, 2000)가 있는 환자들을 상대해야 하는 전문가들 사이에서 특히 널리 퍼져 있다. 연구에 의하면, 자신의 전 경력 중 일정 시기에 정신적 손상으로부터 영향을 받는 건강 전문가들의 수가 상당한 것으로 나타났다(Coster & Schwebel, 1997; Guy, Poelstra, & Stark, 1989).

스트레스가 도움 전문가들에게 미치는 부정적 영향에는 우울증, 정서적 소진, 불안(Radeke & Mahoney, 2000; Tyssen, Vaglum, Grønvold, & Ekeberg, 2001), 심리사회적 격리(Penzer, 1984), 업무 만족감 저하(Blegen, 1993), 개인적인 인간관계 손상(Myers, 1994), 외로움(Lushington & Luscri, 2001) 등이 있다. 스트레스는 주의와 집중에 부정

적 영향을 미치며(Skosnik, Chatterton, Swisher, & Park, 2000), 의사결정 기술에도 영향을 미치고(Klein, 1996; Lehner, 1997), 돌봄 제공자가 환자와 튼튼한 관계를 형성하는 능력을 저해한다(Enochs & Etzbach, 2004; Renjilian, Baum, & Landry, 1998)는 점에서 업무 효율성에도 해로운 영향을 미칠 수 있다. 또 스트레스는 몰개인화(depersonalization), 정서적 탈진(emotional exhaustion), 낮은 성취감을 포함하는 증상인 업무 소진(occupational burnout)의 가능성을 증가시킬 수 있다(Rosenberg & Pace, 2006).

20년 전에 관련 분야에서 이러한 문제를 인식하고 건강 전문가들에 대한 더 나은 돌봄을 주장하며 변화를 요구했다(Butterfield, 1988). 그러나 이런 인식에도 불구하고 불만과 스트레스는 계속해서 증가했다(S. L. Shapiro, Shapiro, & Schwartz, 2000). 건강 돌봄 전문가들은 자신의 일에 내재한 다양한 스트레스원(源)을 다루는 데 여전히 지원이 필요하다.

왜 우리 스스로를 돌볼 필요가 있는가

도움 전문가들의 영역 중 일부는 고통과 스트레스의 여분의 양과 마주하는 것이다. 따라서 우리는 타인을 돌볼 힘과 명료성을 가질 수 있도록 우리 자신을 돌보는 일이 절대적으로 중요하다. 타인의 필요를 우리 자신의 필요보다 우선시할 때, 우리는 분리의 환상을 강화하고 자기와 타인의 간격을 넓히는 꼴이 된다. 그렇게 우리는 '그들'이 정말로 고통을 겪고 있으므로 그들이 '나'보다 더 많은 돌봄과 도움이 필요하다는 생각을 강화하게 된다. 종종 명상 수련을 통해 우리가 깊은 차원에서 서로 연결되어 있다는 것을 보기 시작할 때, 우리는 잘못된 분리의 견해를 내려놓을 수 있다. 우리는 우리 환자들의 고통이 우리 자신의 고통과 다르지 않다는 것을 알게 된다. 우리 모두가 똑같은 인간이라는 것을 깨닫게 된다. 우리 모두는 고통을 겪는다. 우리 모두는 건강과 안전, 행복과 사랑을 원한다. 그럼에도 우리 건강 전문가들은 그에 합당한 시간을 자신에게 내어주려고 생각하지 않는다. 우리 주변에서 목도하는 엄청난 불행과 고통 앞에서 그건 너무 이기적인 처사 아니겠냐고 생각한다. 이런 생각이 깊은 차원에서 '우리'와 '그들'이 결국 비슷하다는 것, 그리고 우리 각자가 모두 동일하게 친절과 관심을 받을 가치가 있다는 사실을 보지 못하게 만든다. 붓다는 다음과 같이 말했다.

> 온 세상을 뒤져 당신 자신보다 더 당신의 사랑과 애정을 받을 가치가 있는 사람을 찾으려고 해도 그런 사람을 결코 찾을 수 없다. 당신 자신이 온 우주의 어떤 존재보다도 더 당신의 사랑과 애정을 받을 가치가 있는 사람이다.

붓다의 가르침은, 우리로 하여금 우리 자신을 포함한 모든 사람이 친절과 관심, 돌봄을 똑같이 받을 가치가 있음을 인식할 것을 요구한다. 우리가 모두 서로 연결되어 있다는 사실을 고려할 때 누가 누구보다 더 사랑받을 가치가 있다고 할 수 없다. 만약 당신의 왼손이 오른손에 박힌 가시를 뽑는다 해도 당신은 왼손에 고마워하지 않을 것이다. 그것은 다만 적절한 반응일 뿐인 것이다. 우리가 우리 자신과 타인의 고통을 볼 때도 우리는 그것을 덜어 주고자 하는 적절한 반응을 하는 것일 뿐이다.

이러한 통찰의 지혜에도 불구하고, 자기 자신에 대해서라면 도움 직업에 있는 많은 사람이 자기 자신의 고통과 스트레스에 관심과 주의를 잘 기울이지 않는다. 『회복력 있는 임상가(The Resilient Clinician)』에서 Robert Wicks(2007) 박사는 마음챙김과 자기 돌봄의 부족에서 생긴 중요한 부정적 결과를 지적하며, 부정과 회피라는 임상가들의 소리 없는 심리적 방어에 대해 썼다.

스트레스를 관리하고 자기 돌봄 능력을 키우는 것은 직업 훈련뿐 아니라 임상 훈련의 필수적 부분이 되어야 한다(Newsome, Christopher, Dahlen, & Christopher, 2006; Shapiro, Brwon, & Biegel, 2007). 그러나 환자와 대학원 커리큘럼의 부담 때문에 임상가들이 자기 돌봄과 스트레스 관리 개입에 별개로 여유를 가질 수 없는 실정이다.

현업에 종사하고 있는 전문가들뿐 아니라 임상 수련생들에게도 자기 돌봄 기술을 가르치는 프로그램은 향후 심리적 문제를 야기할 위험에 놓여 있는 전문가들을 위한 중요한 '예방 치료'가 되어 줄 수 있다(Coster & Schwebel, 1997 참조). 그럼에도 자기 돌봄의 책임은 불행히도 학생 혹은 전문가 개인의 몫으로 남겨져 있으며 자기 돌봄을 위한 특별한 수단도 제공되지 않고 있는 실정이다(Newsome et al., 2006). 이것은 도움 전문가들과 그들이 돌보는 사람들에게 중요한 영향을 미칠 수 있는 현재 우리의 건강 돌봄 시스템과 훈련 프로그램에서 눈여겨봐야 할 문제다.

자기 돌봄으로서의 마음챙김 훈련

마음챙김 안내
지금 당신의 숨은 어떠한
가?

5장과 6장에서 보인 것처럼 마음챙김의 계발이 심리적 안녕감과 정신건강, 신체건강을 증진한다는 것을 보여 주는 연구 결과가 증가하고 있다(메타분석 리뷰에 대해서는 Baer, 2003; Grossman, Niemann, Schmidt, & Walach, 2004 참조). 이들 연구의 대부분은 환자에 대한 치료적 개입으로서의 마음챙김에 집중했다. 그러나 마음챙김 수련은 건강 돌봄 전문가와 수련생들에게도 스트레스를 관리하고 자기 돌봄을 증진하는 수단으로서 특별한 의미가 있다.

스트레스 관리와 자기 돌봄 개입에는 다른 많은 선택지가 있지만, 우리는 마음챙김이 건강 돌봄 전문가들에게 특별히 적절하다고 생각한다. 첫째, 마음챙김 수련은 우리 자신의 고통과 괴로움을 깊이 들여다보고, 그러한 고통을 일으키는 원인과 조건화도 보게 하기 때문이다. 마음챙김 수련은 단지 스트레스를 기계적으로 제거하기 위한 것이 아니라 우리의 경험을 좀 더 친밀하게 알고 이해하며 그것과 새로운 방식으로 관계를 맺는 데 도움을 준다. 마음챙김은 우리 자신의 마음과 몸, 가슴의 내적 작용에 대해 친절로써 관심을 갖도록 가르친다. 그리고 이를 통해 인간적이 된다는 것이 무엇을 의미하는지를 발견하도록 해 준다. 마음챙김 수련은 우리가 환자들의 스트레스와 고통을 감소시키도록 도움을 주는 데 준비를 시켜 줄 뿐 아니라 우리 자신의 스트레스와 고통을 감소시키는 데도 도움을 준다. Cozolino(2004)가 『치료자의 탄생(The Making of a Therapist)』에서 적절히 지적했듯이, 타인을 돕는 데는 다음과 같은 것이 요구된다.

(치료자는) 자신의 내적 세계와 개인적 생각도 동시에 탐험해야 한다. ……훈련을 시작할 때 우리는 두 여행을 동시에 시작하는 셈이다. 하나는 전문가로서 자기 바깥으로 향하는 여행이며, 다른 하나는 우리 자신의 정신의 미로를 통과해 가는 자기 내부로 향하는 여행이다. ……우리가 자신의 내면세계에 대한 탐험에 두려움이 없을수록 자기에 대한 앎과 내담자를 돕는 우리의 능력은 커질 것이다(pp. xv, xvi).

마음챙김 수련은 의식, 현존, 의도를 가지고 이 '내면세계의 탐험'에 참가하는 귀중한 도구가 된다. 우리가 우리 자신의 정신을 제대로 가늠할 수 있을 때, 우리는 환자들의 정신에 대한 비슷한 탐험에 참가하는 것에 대해서도 덜 불안하고 덜 두려워할 수 있다.

애쓰지 않음(nonstriving), 수용(acceptance), 자기연민(self-compassion) 같은 마음챙김의 태도적 특질로 인해 마음챙김은 도움 전문가들을 위한 특별히 적절한 개입이 될 수 있다. 이런 특질은 치유 직종에 내재한 요구와 스트레스에 대처하는 데 특히 중요하다. 예를 들어, 환자 '치료'라는 단 하나의 목적을 향해 애쓰는 특질이 도움 전문가들 사이에서 너무나 흔하다. 우리는 환자를 '치료'해야 한다는 엄청난 책임감을 느낀다. 이런 압박감은 비현실적인 목표 설정으로 이어져 우리가 지금 돌보고 있는 환자와의 현재적 만남을 잃어버리게 만든다. 마음챙김은 특히 치료자들에게 이런 목표 지향적 태도를 내려놓고 어떻게 하면 현재 순간에 온전히 머물 수 있는가를 가르쳐 준다. 애쓰지 않는 태도를 연습하는 과정을 통해 우리는 비로소 모든 상황을 자기 식대로(my way) 통제하고자 하는 방식들이 어떻게 우리 자신과 우리가 도움을 주고자 하는 사람들에게 해를 입힐 수 있는지 알게 된다. 우리는 우리가 각 상황에 불필요하게 덧입히고 있는 고통을 인식하고 있는 그대로의 순간 속으로 이완할 수 있게 된다. 마음챙김 수련을 통해 우리는 우리가 할 수 있는 것은 가능한 한 깨어 있는 의식과 사랑의 마음으로 응대하는 것뿐임을 인식하며 모든 상황을 있는 그대로 받아들일 수 있게 된다.

마음챙김은 또한 우리에게 자신을 사랑할 것(self-compassion)을 가르친다. 즉, 불완전해도(imperfect) 좋다는, 바꿔 말해 '완벽하게 인간적이어도(perfectly human)' 좋다는 허가증을 자신에게 부여하는 것이다. 마음챙김은 우리가 지혜롭게 행동하지 못할 때 우리 자신을 비난하거나 수치스러워하지 않고 그것을 인식하도록 도와준다. 우리는 우리가 스트레스를 받을 때, 지치고 배가 고플 때를 사랑의 마음으로 관찰할 수 있다. 우리가 환자들에게 주는 관심과 사랑의 마음을 가지고 자기 자신을 보듬을 수 있게 된다. 우리는 "우리가 환자들과 함께 하고 싶어 하는 바로 그 방식대로 우리 자신과 함께하는 법"을 연습한다 (Wicks, 2007, p. 6). 자신을 친절로 대할 줄 아는 것은 타인에 대한 친절을 훈련하는 중요한 방법이다(자애명상에 대해서는 〈표 8-1〉 참조).

마음챙김 수련이 건강 돌봄 전문가들에게 특히 이로운 마지막 이유는 마음챙김이 스트레스를 받았을 때만 사용되는 단순한 테크닉이 아니라 우리가 삶을 살아가는 매 순간에 적용할 수 있는 기술이라는 사실에 있다. 마음챙김은 힘든 상황에 대해 우리가 더 깨어 있는 의식을 가지고 대응하도록 도움을 줄 뿐 아니라 아름답고 즐거운 순간에 대해서도 더 생생하게 느낄 수 있게 한다. 이것은 개인적으로 이로울 뿐 아니라 치료 중에 일어나는 통찰과 변화, 성장의 순간들을 알아차리고 그에 더 조율할 것(be attuned to)을 상기시킨다. 도움 전문가들의 일은 힘들기도 하지만 그만큼 보람도 있다. 마음챙김은 우리가 이 두 가지 모두에 좀 더 현존할 수 있도록 해 준다.

표 8-1   자애(메타)명상

자애명상은 자신과 타인에 대한 돌봄, 친절, 사랑을 계발하는 명상이다. 자애명상에서 일으키는 감정은 어머니가 자신의 자식을 돌보듯 자애로움으로 가득 찬 깊고 이타적인 사랑이다. 자애명상은 자신과 타인에 대한 관심과 우정을 계발하는 아름다운 방법이다.

우선 편안한 자세를 취하고 자리에 앉는다. 몸과 호흡과 연결한 다음, 한 손 혹은 양손을 가슴 한가운데에 둔다. 심장 박동과 심장이 산소와 영양소를 실은 혈액을 몸 전체의 각 세포로 보내는 것을 느껴 본다. 자애명상의 의도를 의식적으로 생각해 보는 시간을 갖는다. 예를 들어 '가슴을 열다' '자애의 마음을 계발하다' '나 자신을 돌본다' 등.

자신에게 자애를 보낸다. 자신에 대해 가장 깊이 바라는 바를 표현하는 특정 문구가 있는지 살펴본다. 그 문구는 모든 존재에게 보낼 수 있을 정도로 충분히 일반적인 것이 좋다. 전통적인 문구로는 '내가 안전하고 행복하기를. 내가 건강하고 편안하게 살기를. 내가 고통으로부터 벗어나기를' 같은 것이 있다. 이 구절을 부드럽고 조용하게 마음속으로 반복하면서 자신이 잘되기를 계속해서 빌어 준다. 이 구절들이 당신의 존재를 통과해 흐르도록 하라. 당신의 마음이 쉬고 몸이 휴식을 취하도록 허용하라. 마음이 이 구절과 현재 순간에서 달아난 것을 알게 되면 부드럽게, 그러나 단호하게 이 구절을 다시 암송하라.

"내가 안전하기를, 내가 행복하기를. 내가 건강하고 편안하게 살기를……."

자신에 대한 이런 바람에 저항감이 생긴다면 이런 생각과 몸에서 일어나는 느낌에 주의를 준 다음 부드럽게 구절을 다시 반복한다. 공허한 말처럼 느껴지더라도 인내심과 친절을 가지고 지속하면서 자신의 반응을 관찰한다.

준비가 되었다면 자신에게 구절을 보내는 데서 이제는 당신이 좋아하는 사람, 예컨대 친구나 은인, 당신이 존경하는 사람을 향하여 이 구절을 보낸다.

가능한 한 분명하게 그들을 마음속에 그린다. 그들의 존재를 느낀다면 부드럽게 자애의 구절을 그들에게로 향한다.

"당신이 안전하기를. 당신이 행복하고 건강하기를. 당신이 편안하게 살기를……."

당신의 바람이 시공간을 넘어 전달되어 사랑하는 사람에게 받아들여진다고 상상하라. 그 사람의 안녕을 계속해서 빌어 주면서 당신 자신의 가슴에서 일어나는 감각을 느껴 본다.

다음으로, 준비가 되었다면 이 사람을 놓고 이제는 중립적인 사람, 잘 모르는 사람, 좋지도 싫지도 않은 사람을 마음속에 떠올린다. 그 사람의 이름을 알 필요도 없다. 단지 당신의 삶에서 일정한 역할을 하는 사람, 예컨대 버스 운전사나 마트의 계산원이어도 좋다. 그 사람을 마음속에 떠올려 보고 자애의 구절을 그를 향하여 보낸다.

"당신이 안전하기를. 당신이 행복하기를. 당신이 건강하고 편안하기를……."

이제 다음으로 당신이 힘들어하는 사람을 마음속에 떠올린다. 자신이 가장 어려워하는 사람이 아니어도 좋다. 약간의 거부감을 느끼는 사람을 선택하여 자애의 구절을 그를 향하여 보낸다. 그 사람에 대한 넘치는 사랑을 느끼지 않아도, 또 구절이 다만 형식적인 것으로 느껴져도 상관없다. 다만 자신이 할 수 있는 데까지 그 사람을 향하여 자애의 구절을 보낸다. 그 과정에서 그 구절을 방해하는 것은 무엇이든 마음챙김을 지니고 알아차린다. 예컨대 생각이나 신체 감각, 혼란 등. 너무 불편하게 느껴지면 자신이나 사랑하는 사람에게 자애의 마음을 보내는 과정으로 돌아간다. 이 훈련의 목적은 배제가 아닌 포용의, 간과가 아닌 연결의, 무심함이 아닌 돌봄의 가능성을 향하여 우리의 가슴을 여는 것이다.

그러나 억지로 하지는 않도록 한다. 당신의 가슴은 시간이 되면 자연스럽게 열릴 것이다.

"당신(내가 힘들어하는 사람)이 안전하기를. 당신(내가 힘들어하는 사람)이 행복하고 건강하기를. 당신(내가 힘들어하는 사람)이 편안하기를……."

결국 우리의 의도는 우리의 가슴을 열어 모든 존재의 안녕을 빌어 주는 것이다. 우리는 자애의 구절을 차별이나 구분 없이 모든 존재에게 보내고자 한다.

모든 존재가 안전하고 행복하고 건강하기를. 모든 존재가 평안하기를…….

연구 리뷰

여기서 우리는 MBSR이 건강 돌봄 전문가와 수련생들에게 주는 이로운 효과를 실증하는, 증가하는 연구들을 살펴보고 있다(Cohen-Katz, Wiley, Capuano, Baker, Deitrick, et al., 2005; Rosenzweig, Reibel, Greeson, Brainard, & Hojat, 2003; Shapiro, Astin, Bishop, & Cordova, 2005; Shapriro, Schwartz, & Bonner, 1998).

예를 들어, 78명의 의예과 학생들을 대상으로 한 임의 대기자 통제연구에서 Shapiro 등(1998)은 8주간의 MBSR 프로그램이 불안과 우울, 공감, 영적 체험에 미치는 영향을 조사했다. 그 결과, MBSR 그룹의 학생들이 대기자 통제 그룹에 비해 불안과 우울 수치는 줄었고 공감과 영적 체험은 증가했다. 이 결과는 스트레스를 많이 받는 기말고사 기간에도 지속되었고, 이러한 발견은 대기자 통제 그룹 참가자들이 MBSR 개입을 받자 재현되었다. 이 연구의 결론은 최근의 4개 연구에 의해 뒷받침되었다. 통제 실험에서 Jain과 동료들(2007)은 MBSR 개입을 받은 예과 학생들이 통제 그룹에 비해 긍정적인 기분 상태에서 유의미한 증가를, 그리고 스트레스와 반추에서는 상당한 감소를 보였다는 사실을 발견했다. 또 Rosenzweig 등(2003)은 MBSR에 참가한 의대생들이 통제 그룹에 비해 총합 기분 방해나 스트레스에서 유의미한 감소를 보였다는 사실을 발견했다. 간호대학 학생들에 대한 MBSR의 효과를 조사한 또 다른 사전-사후 연구(pre-post study)에서도 학생들은 스트레스 수치에서뿐 아니라 공감의 두 측면에서도 유의미한 증가를 보였다(Beddoe & Murphy, 2004).

상담심리학 대학원 졸업생들의 스트레스와 정신건강 증상에 대한 MBSR의 효과를 측정한 최근의 연구도 이미 인용한 연구를 지지하고 있다(Shapiro, Brown, & Biegel, 2007). 한 학기에 걸쳐 10주 동안 실시된 이 코스는 MBSR 프로그램의 모델을 따랐으며, 다양한 마음챙김 명상 기법과 집에서 하는 수련에 대한 매주 지침을 포함한 것이었다. 강의를 들었던 통제 그룹 참가자들에 비해 MBSR 코스의 학생들은 인지된 스트레스, 부정적 정서, 반추, 상태 및 특성 불안(state and trait anxiety)에서 상당한 감소를, 그리고 긍정적 정서와 자기연민에서 유의미한 증가를 보였다. 이 발견은 MBSR이 스트레스와 괴로움을 낮출 뿐 아니라 감정 상태를 조절하는 능력(반추가 감소하는 데서 보이는)도 향상한다는 것을 시사한다. 이것은 우울한 상태를 예방하는 데 특히 중요하다(Nolen-Hoeksema, Morrow, & Fredrickson, 1993). 또 자기연민의 증가는 상담과 치료 분야에서 특히 필요하다. 내담자와 자신에 대한 연민은 효과적인 치료를 수행하는 데 필수적인 요소로 생각되어 왔다(Gilbert, 2005). 연구에 따르면, 자기연민이 부족하고 자신에 대해 비판적이며 통제적인 치료자는 자신의 환자에 대해서도 더 비판적이고 통제적인 태도를 취하며, 환자의 치료 결과도 더 좋지 않은 것으로 나타났다(Henry, Schacht, & Strupp, 1999).

이러한 연구를 현재 임상에 임하고 있는 전문가들에게 확장시키려는 일환으로 Shapiro와 동료들은 MBSR이 보훈병원에서 일하는 건강 돌봄 노동자들에게 미치는 영향을 조사했다. 이 장래 통제 연구에서 얻은 결과를 통해 8주간의 MBSR 개입이 건강 돌봄 전문가 집단에서 스트레스를 감소시키고 삶의 질과 자기연민을 증진시키는 데 효과가 있다는 결론을 내릴 수 있었다(Shapiro et al., 2005). 이 연구를 지지하는 또 다른 일련의 연구가 간호사들의 스트레스와 소진 감소에 대한 MBSR의 효과를 연구하였다(Cohen-Katz, Wiley, Capuano, Baker, & Shapiro, 2004, 2005; Cohen-Katz, Wiley, Capuano, Baker, Deitrick et al., 2005). 참가자들은 MBSR과 대기자 통제 그룹에 임의 할당되었다. MBSR 그룹 참가자들이 대기자 통제 그룹에 비해 소진의 측면에서(개인적 성취와 정서적 고갈) 상당한 호전을 보고했다. 그리고 이 결과는 개입 3개월 후에도 지속되었다(Cohen-Katz, Wiley, Capuano, Baker, Deitrick et al., 2005; Cohen-Katz, Wiley, Capuano, Baker, & Shapiro, 2005). 질적 결과는 간호사들이 이완과 자기 돌봄을 증진시키는 데, 그리고 가정과 직장에서의 관계 개선에 MBSR 프로그램이 도움이 된다고 생각한다는 것을 보여 주었다(Cohen-Katz, Wiley, Capuano, Baker, Deitrick et al., 2005; Cohen-Katz, Wiley, Capuano, Baker, & Shapiro, 2005). 간호사들은 특히 이완이 증진되고 고요, 자기 수용, 자기연민, 자기 인식, 자기 돌봄, 자기 의존의 느낌을 확인했으며, 신체적 통증이 줄고 수면의 질이 개선되었다고 말했다. 의사소통을 더 잘하게 되면서 상대에 더 현존하고 공감을 느끼며, 덜 반응적이게 되면서 그들의 인간관계는 개선되었다. 그들은 명상 수련에 방해가 되는 것으로 안절부절못함, 통증, 다루기 어려운 감정 등을 꼽았다.

 이 연구를 더 지지해 주는 것으로, Mackenzie와 동료들은 간호사와 간호조무사들을 대상으로 한 MBSR에 대해 조사했다. 이 연구에서는 4주간의 MBSR 프로그램에 참가한 16명의 간호사를 14명의 대기자 통제 참가자와 비교하여 평가했다(Mackenzie, Poulin, & Seidman-Carlson, 2006). 평가 결과, 소진과 이완, 전반적인 삶의 질에서 향상된 결과를 보였다.

전반적으로 그 연구는 마음챙김이 건강 돌봄 전문가와 수련생들에게 주는 이로움을 지지하고 있다. 다음 단계는 마음챙김 훈련을 어떻게 대학원 커리큘럼에 통합할 것인가를 알아보는 것이다.

마음챙김을 커리큘럼에 집어넣기

Christopher와 동료들은 이렇게 말했다. "상담훈련 프로그램의 교수진들은 학생들이 훈련 기간 동안, 그리고 훈련이 종료된 후 임상 실제에서도 자기 돌봄이 중요하다고 강조한다."(Christopher, Christopher, Dunnagan, & Schure, 2006, p. 494) 이런 공백을 메우기 위해 몇몇 선도적인 프로그램이 자기 돌봄을 그들의 커리큘럼 안에 집어넣는 코스를 개설하고 있다.

예를 들어, 몬태나 주립대학교 상담심리학 교수진들은 MBSR 훈련을 통한 자기 돌봄 기술을 학생들에게 전수하기 위해 '심신의학과 자기 돌봄 기술(Mind/Body Medicine and the Art of Self-Care)'이라는 강좌를 개설했다(Christopher et al., 2006). 포커스 그룹, 질적 보고서, 양적 코스 평가 등에서 얻은 결과를 통해 이 강좌에 참여했던 학생들에게서 긍정적인 신체적, 정서적, 지식적, 영적, 대인관계적 변화가 관찰되었다. 또 학생들은 상담 중의 침묵이나 내담자의 강렬한 감정에 더 편안하게 대응할 수 있게 되었고 공감과 연민, 주의 기울여 듣는 능력도 신장되는 등 임상 훈련과 치료 관계에서 상당한 이익을 보고했다(Newsome et al., 2006).

산타클라라 대학교(SCU)의 상담심리학 석사 프로그램에서 우리는

'스트레스와 스트레스 관리'라는 강좌를 개설하고 있다. 이 강좌는 스트레스의 부정적인 정신적, 신체적 영향 및 다양한 스트레스 관리 개입의 가치에 대한 학문적 교육과 함께 마음챙김 명상에 대한 철저한 훈련도 제공하고 있다. 학생들은 개인 마음챙김 훈련을 통한 상당한 이익을 보고하고 있다. "이 강좌가 당신 개인에게, 그리고 당신의 직업에 얼마나 중요한 의미를 갖고 있습니까? 1~7점의 척도로 답해 주세요."라는 무기명 설문에 대해 95%의 참가자는 이 강좌가 자신의 개인적, 직업적 측면 모두에서 6~7점의 중요성을 갖는다고 답했다.

학생들의 관심과 보고된 이익에 대응하여 최근 SCU 상담심리학 커리큘럼에 '마음챙김과 심리치료: 이론, 연구 그리고 실제'라는 제목의 고급 세미나가 개설되었다.[1] 이 고급 세미나는 마음챙김의 심리치료에 대한 적용을 궁리하는 것으로, 임상 기술을 향상하는 도구로서, 그리고 치료자의 자기 돌봄의 과정으로서 마음챙김의 독특한 적용에 초점을 맞추고 있다. 이 강좌를 처음 제공한 결과, 특히 자기 돌봄과 관련하여 학생들로부터 상당한 관심과 긍정적인 반응이 있었다. 학생들은 마음챙김 수련을 자기 자신에게 적용하는 법을 배우자 자신들의 임상 기술에 상당한 영향을 미쳤으며, 이와 똑같이 중요하게 자기 자신과 관계 맺는 방식에도 큰 영향을 미쳤다고 말했다. 학생들은 또한 자신의 임상 작업, 삶에 대한 관계에서 자각과 공감, 연민, 명료성이 커졌다고 말했다(무기명 학생 보고에 대해서는 표 〈8-2〉 참조).

---

1) 이 강좌의 개설은 미국학회협의회(American Council of Learned Societies)와 묵상하는 마음 센터(Center for Contemplative Mind in Society)가 Shauna Shapiro에게 수여한 '묵상수련 펠로십(Contemplative Practice Fellowship)'의 후원을 받았다.

표 8-2 　'MBSR 프로그램이 당신의 삶에 어떤 영향을 주었나' 라는
질문에 대한 MBSR 프로그램 참가자(건강 돌봄 전문가)의
무기명 글로 쓴 진술

- 이 수련은 연민의 태도로 삶을 사는 데 반드시 필요한 수련이다.
- 내가 갖고 있는 파괴적인 생각 패턴과 그것을 다루는 다양한 방식에 눈을 뜨게 해 줬다.
- 내가 모든 걸 통제할 수 없다는 사실을 받아들일 수 있게 됐다.
- 스트레스를 받는 와중에도 숨쉴 수 있다는 사실을 알게 됐다.
- 용서를 배웠다.
- 괴로운 감정에 어떻게 대처해야 하는지 배웠다.
- 더 충만한 삶을 살 수 있을 것 같다.
- 특히 정서적으로 어려운 시기에 언제라도 이 스트레스 관리 기법을 사용할 수 있을 것 같다.
- 자연의 아름다움에 더 눈뜨게 되었고, 만나는 사람 한 사람 한 사람마다 나름의 아름다움을 갖고 있다는 것을 인식하게 되었다.
- 나 자신에게 부드럽고 친절하게 대할 수 있게 되었다는 것이 최고의 이익이었다.
- 어떻게 사랑해야 하는지 알 것 같다.

결론, 향후 연구 방향

　학문적 지식과 기술이 임상 대학원 프로그램의 핵심을 이루는 것이긴 하지만 자신을 자각하는 것(self-awareness)과 자신을 돌보는 것(self-care)도 건강 돌봄 영역의 전문가들에게 매우 중요하다. 마음챙김 훈련과 명상 기술을 통합하는 강좌들은 도움 전문가들이 자기 돌봄에 대해 배울 수 있는 하나의 수단을 제공한다. 강좌들을 통해 우리는 친절하고 치유적인 방식으로 자신에게 관심을 가질 수 있으며, 이

러한 관심과 친절, 돌봄을 우리가 만나는 환자들에게까지 확장시키는 능력을 키우게 된다.

임상가의 스트레스와 소진이 환자들의 만족감 저하, 치료 순응률(compliance) 저하, 회복 지연 등 환자 돌봄에 부정적인 영향을 미친다는 상세한 연구가 있다(Halbesleben & Rathert, 2008; Shanafelt, Bradley, Wipt, & Back, 2002). Halbesleben과 Rathert(2008)는 이렇게 결론을 내렸다. "시스템 전체 개입 프로그램을 통해 (치료자들의) 소진을 경감하기 위한 주도적 조치를 취하는 조직은 환자 만족도와 회복률에서 훨씬 더 큰 이익을 보게 될 것이다."(p. 29)

치료자와 환자 모두의 이익을 위해 건강 돌봄 전문가와 수련생들에 대한 자기 돌봄에 더 주의를 기울일 필요가 있다. 여기서 제시한 예비 연구는 마음챙김의 계발이 건강 돌봄 전문과와 수련생의 안녕감을 크게 증진시킨다는 사실을 시사한다. 수련생 커리큘럼과 전문성 개발의 보조 프로그램으로 MBSR과 기타 자각에 기초한 자기 돌봄 프로그램의 유용성에 관한 연구가 향후 더 이루어져야 할 것이다. 돌봄 직업에 있는 사람들에게 자기를 돌보는 법을 가르침으로써 그들은 환자들을 더 잘 돌볼 수 있다.

chapter 09

인간 잠재력의 한계를 넓히다

나는 크다. 내 안에는 다중(多重)이 들어 있다.

—Walt Whitman("Song of Myself", 1891)

마음챙김 명상의 본래 목적에 대해 탐구하는 것은 서구 심리학의 '정상(normal)'에 대한 현재의 정의를 재검토하고 정신건강의 개념을 확장하는 데 도움이 될 것이다. Shapiro와 Walsh(2007)에 따르면, "우리의 모델을 확장하여 긍정적인 심리적, 초개인적, 영적 변수까지 포함한다면 우리는 인간 잠재력의 더 넓은 영역을 이해하게 될 것이다"(p. 69).

이 장은 The Humanistic Psychogist 31호 86~114쪽에 실린 Shapiro와 Walsh(2003)의 '최근 명상 연구 분석과 미래 방향에 대한 제안'의 내용을 통합한 것이다.

5장과 6장에서 살펴본 것처럼 수백 건의 연구가 심리적, 생리적 병리의 감소를 포함하는, 마음챙김에 근거한 개입의 수많은 중요한 발견에 대해 보여 주었다. 그러나 마음챙김 명상의 본래 의도는 의학적 모델을 훌쩍 넘어 긍정적 자질과 영적 발달에 대한 잠재력을 중요시한다. 이 장에서는 현재 지배적인 환원주의적이고 생물의학적인 모델에서 긍정적인 심리적 영역을 포괄하는 모델로 초점을 확장하고자 한다.

마음챙김과 명상은 대부분의 건강 관리 패러다임 바깥에 놓여 있는, 인간으로서의 가능성과 본성의 핵심적 측면에 호소하는 세 가지 중요한 가정을 제공하고 있다(Shapiro & Walsh, 2003). 그중 첫째는 우리의 평소 심리적 상태는 차선의 상태에 있으며(suboptimal) 제대로 발달되지 않았다는 사실이다. William James는 다음과 같이 말했다.

> 대부분의 사람은 신체적으로, 지능적으로 그리고 도덕적으로 그들 자신의 잠재적 존재의 매우 제한된 범위 안에서만 생활한다. 사람들은 자신의 가능한 의식의 매우 적은 부분만 활용하고 있다. 우리는 누구나 우리가 꿈꾸지 못했던, 그리고 활용할 수 있는 삶의 저장고(reservoir)를 갖고 있다(Shapiro & Walsh, 2003, p. 86).

마음챙김 안내
인간의 잠재력에 대한 이 확장된 패러다임의 어떤 측면이 당신을 자극하는가?

두 번째 가정은 발달 잠재력으로서의 더 높은 상태와 단계가 가능하다는 것이다. "우리가 정상(normality)이라고 부르며 인간 가능성의 한계라고 간주해 온 것들이 실은 점점 더 임의적이고 문화적으로 결정되는 일종의 발달 억제(developmental arrest)인 것으로 보이고 있다(Shapiro & Walsh, 2003; Walsh & Vaughan, 1993). 이러한 가정은 관습적이며 개인적인 발달 단계 너머에 비관습적이고 초개인적인 단계와 가능성이 존재하고 있음을 시사하는 주류 발달심리학으로부터 지지를 받고 있다(Fowler, 1995; Kohlberg, 1981; Loevinger, 1997; Maslow, 1971; Wilber, 1999, 2000).

세 번째 가정은 긍정적인 심리적 발달과 초개인적 상태와 단계들이 마음챙김 수련을 포함한 다양한 심리적, 영적 수련을 통해 촉진될 수 있다는 사실이다(Shapiro & Walsh, 2003). 따라서 마음챙김에 근거한 치료법들이 이런 긍정적인 심리적, 영적 발달에 미치는 영향에 대해 살펴볼 필요가 있다.

기초 연구

연구자들은 주로 스트레스 관리 및 증상 완화를 위한 자기 조절 전략으로 마음챙김에 근거한 치료법의 효과를 연구해 왔다. 지난 30년 동안 상당한 연구에서 심리적 장애와 의학적 장애에 대한 마음챙김의 심리적이고 생리적인 효과를 연구해 왔다. 그리고 마음챙김에 근거한 치료법들은 현재 다양한 건강 돌봄 현장에서 사용되고 있다(5장과 6장 참조).

그러나 마음챙김 수련의 본래 의도는 병리적 증상의 완화에 그치지 않는다. Walsh(1983)는 마음챙김과 명상 수련의 전통적인 목적을 "정신적 과정, 의식, 정체성, 실재의 본성에 대한 깊은 통찰을 계발하고, 심리적 안녕감과 의식의 최적 상태를 계발하는 것"(p. 19)이라고 했다. 마음챙김 수련은 사람들이 제한된 자아 중심적 관점에서 벗어나 더 큰 공감과 연민, 자각과 통찰을 기르도록 돕고자 한다.

그러나 이러한 목적을 달성하는 마음챙김 명상의 효과를 탐구한 연구는 드물었다. 다시 말해, 더 깊은 차원의 명상의 본래 의도를 간과한 채 기존의 심리적 변수에만 집중한 연구들이 많았다는 말이다. 긍정적 자질과 영적 발달을 계발하는 명상의 본래 목적에 대한 엄정한 연구가 필요하다. 우리는 이러한 탐색을 통해 Maslow(1971)의 이른바 '인간 본성의 보다 확장된 영역(farther reaches of human nature)' 을 찾아낼 수 있을 것으로 믿는다.

마음챙김에 관한 기본적인 연구도 중요하고 지속되어야 하겠지만, 명상 전통 자체의 초점과 목적에 대한 연구도 필요하다. 즉, 명상 전통에 따르는 심리학과 철학을 평가하고, 그것이 인간의 본성과 병리, 치료와 가능성을 이해하는 데 갖는 다양한 함의를 탐구하는 작업도 필요하다는 말이다(Shapiro & Walsh, 2007, p. 60). 이러한 패러다임의 확장을 통해 긍정심리학과 같은 새로운 움직임을 촉진하고, 비교문화 심리학, 통합 심리학, 통합 심리치료와 같은 통합적 운동을 촉진한다면 지금보다 훨씬 더 큰 이익이 있을 것이다(Arkowitz & Mannon, 2002; Snyder & Lopez, 2005).

최근 연구

연구의 패러다임 확장을 위한 소중한 기초를 제공하는 몇몇 선구적 연구들이 있다. 마음챙김 수련이 긍정적인 심리적, 영적 변화에 미치는 효과를 연구한 최근의 잘 설계된 연구들을 살펴보기로 한다.

주의

　주의(attention)는 연습을 통해 변화시킬 여지가 별로 없는 고정된 신경학적 능력으로 종종 개념화되어 왔다. 그러나 기능성 자기공명영상(fMRI), 피부 전기전도성(skin conductance), 뇌전도 등을 사용하여 마음챙김 훈련이 다양한 주의 능력에 미치는 영향을 연구한 최근의 연구들은 그렇지 않다는 사실을 보여 주고 있다. Jha와 동료들은 (Jha, Krompinger, & Baime, 2007) 명상 훈련을 받지 않은 그룹, 8주간의 MBSR 수업에 참가한 그룹, 그리고 한 달간의 마음챙김 집중수련에 참가한 그룹의 주의력 범주를 비교했다. 비교 결과, MBSR 참가자들이 다른 두 그룹에 비해 선택된 자극에 신속하게 주의를 향하는 능력이 더 향상된 것으로 나타났다. 이와 대조적으로, 1개월 간의 명상 집중수련을 마친 참가자들은 수용적 주의(receptive attention, 외부 사건으로 방해받은 선택 자극에 다시 집중하는 능력)에서 다른 두 그룹(MBSR 그룹과 명상을 하지 않은 그룹)보다 더 향상된 것으로 나타났다.

　최근의 마음챙김 명상 연구는 '주의 깜빡임(attentional blink)'이라는 주의의 또 다른 측면을 연구했다. '주의 깜빡임'이란 이전의 자극에 주의를 기울이느라 현재 일어나고 있는 자극을 놓치는 경향을 말한다. 주의 자원은 제한적인 데 비해 두 개의 자극이 서로 경쟁하는 상황에서 주의 깜빡임 현상이 일어난다고 보고 있다. 이전에는 주의 깜빡임의 지속 시간이 바뀌지 않는다고 생각되었으나, 한 연구에 의하면 3개월간의 집중 마음챙김 명상 수련 후 사람들의 주의 깜빡임의 크기가 감소했다. 그들은 첫 번째 자극에 덜 주의를 기울였고, 이전에는 놓쳐 버렸던 두 번째 자극에 더 주의를 기울일 수 있었다. 이것은 제한된 뇌의 자원을 더 잘 통제하게 되었다는 것을 말한다(Slagter et al., 2007). 연구자들은 이러한 결과가 평생에 걸친 정신 기능의 가소성(plasticity)이 존재한다는 사실을 뒷받침하는 것이며, 그 가소성은 마음챙김 훈련을 통해 계발될 수 있다고 생각한다.

명상을 하는 사람과 하지 않는 사람의 뇌 속 주의 시스템의 해부학적 차이를 연구한 신경과학 연구는 마음챙김 수련이 뇌의 실제 구조를 긍정적인 방식으로 변화시킬 수 있다는 또 다른 일련의 증거를 내놓았다. 최근의 연구는 주의 및 감각 처리와 관련된 뇌의 부위가 장기간 명상을 수련한 사람에게서 그렇지 않은 사람보다 더 두껍게 나타난다는 사실을 발견했다. 또 대뇌 피질의 두께는 명상 경험과 상관이 있었다. 즉, 가장 오래 명상을 수련한 사람이 뇌의 회백질도 가장 많은 것으로 나타났다(Lazar et al., 2005). 또 명상 수련자와 명상을 하지 않는 사람 사이의 대뇌 피질 두께의 차이는 노인들에게서 가장 두드러지게 나타났다. 이것은 명상 수련이 정상적인 노화에 따른 피질 두께의 손상 효과를 상쇄할 수 있음을 암시한다. 이러한 추측은 경험이 풍부한 선(禪) 수련자와 명상을 하지 않는 통제 그룹 사이에서 다양한 뇌 부위의 주의 능력과 회백질 양을 비교한 또 다른 연구에 의해 뒷받침되었다(Pagnoni & Cekic, 2007). 이들 연구자는 또한 노화에 따라 일반적으로 일어나는 뇌의 주의 영역에서의 회백질의 양과 주의 기술의 감소가 통제 그룹에서는 나타난 반면 명상 그룹에서는 나타나지 않았음을 발견했다. 이들 연구를 종합해 볼 때 명상이 노년의 젊은 주의 능력을 유지하는 데 일정한 역할을 하는 것으로 볼 수 있다.

그러나 이들 연구는 아직 예비적 연구로 간주되어야 한다. 왜냐하면 연구 결과들 간의 상관관계가 존재하긴 하지만 아직 결정적인 인과관계를 보이지 못했기 때문이다. 즉, 명상을 배우기로 선택한 사람들이 그렇지 않은 사람과 애당초 생리적으로 차이를 갖고 있기 때문일 수 있는 것이다. 그러므로 명상이 위에서 언급한 뇌 구조와 기능의 차이를 직접적으로 일으킨다고 결론 내리기는 어렵다. 그러나 이들 예비 연구는 충분히 흥미로우며, 향후 마음챙김 훈련이 뇌에 미치는 영향을 탐구하는 출발점이 되리라 본다.

대인관계

Carson, Carson, Gil, Baucom(2004)은 자애 수련이 포함된 마음챙김 개입(4장 참조)과 부부를 대상으로 하는 마음챙김에 근거한 개입을 통합하였다. 좋은 부부 관계를 유지하는, 평균 11년 결혼생활을 해 온 부부 44쌍을 대기자 통제 그룹과 명상 그룹에 각각 임의 할당했다. 명상 프로그램은 2시간 반씩 8회기와 6시간의 집중수련으로 구성되었다. MBSR 프로그램(Kabat-Zinn, 1990)의 구성 요소들 외에도 부부 관계를 증진하는 다양한 요소가 추가되었는데, 자애명상, 부부 요가, 부부 문제에 대한 마음챙김의 집중 적용, 그룹 논의 등이다. 실험 결과, 명상 그룹의 부부가 배우자에 대한 관계 맺기나 수용뿐 아니라 관계의 만족도에서도 훨씬 큰 향상을 보였다. 또 낙관성이나 신나는 자기 성장 활동, 영성, 이완 등에서도 유의미한 향상을 보고했다. 특히 신나는 자기 성장 활동을 더 많이 하게 된 것이 부부 관계의 질을 향상하는 것과 관련이 있다는 사실이 흥미롭다(Carson et al., 2004, 2006).

Wachs와 Cordova(2007)도 친밀한 관계에서 마음챙김과 정서 목록의 관련성을 측정했다. 기혼 커플 표본에서는 마음챙김이 클수록 결혼생활의 질도 높았다. 또 자기 감정을 인식하고 의사소통하는 기술과 분노 표현을 조절하는 능력이 마음챙김과 결혼생활의 질 사이의 관련성을 매개했다. 즉, 마음챙김 기술이 좋을수록 부부는 자기 감정을 더 잘 전달하고 감정 표현을 통제하는 데도 더 능숙했다. 이것은 더 행복한 결혼생활로 이어진다.

마지막으로, Nielsen과 Kaszniak(2006)은 자기 보고와 생리 모니터링 모두를 사용하여 마음챙김 훈련이 미묘한 감정적 느낌을 구별하는 능력을 향상할 수 있는지 연구했다. 정서적으로 모호한 자극에 대한 자신의 생리적 반응을 인식하는 과제를 수행하게 하자, 명상을 해 온 사람들은 명상을 하지 않는 통제 그룹보다 자기 감정을 더 잘 구분할 수 있었고, 정서적으로 모호한 자극에 생리적으로 덜 반응하는 것으로 나타났다. 또한 통제 그룹 참가자들보다 정서적 명료함을 더 많이 느꼈다. 이것은 마음챙김의 경험이 의사소통과 대인관계에서 도움이 되는 내적 정보 처리에 대한 더 정확한 기술을 연마하게 해 준다는 사실을 암시한다.

자기 개념

횡단적 연구 설계(cross-section study design)를 이용하여 Haimerl과 Valentine(2001)은 마음챙김 명상이 자기 개념(self-concept)의 개인 내[intrapersonal; 자기 주도성(self-directedness)], 개인 간[interpersonal; 협력성(cooperativeness)], 초개인[transpersonal; 자기 초월(self-trascendence)] 수치에 미치는 효과를 조사했다. 피실험자는 명상 경험이 없었지만 이번 실험으로 명상을 하게 될 사람들(n=28), 명상 경험 2년 미만의

초급 명상가(n=58), 그리고 명상 경험 2년 이상의 고급 명상가(n=73)로 나뉘어 실험을 진행했다. 3개 하위척도 모두에서 고급 명상가가 이제껏 명상 경험이 없었던 피실험자보다 유의미하게 높은 점수를 기록했으며, 개인 간 하위척도에서는 초급 명상가보다 높은 점수를 획득했다. 그리고 오직 고급 명상가 그룹에서만 개인 간 하위척도에서보다 초개인 간 하위척도에서 더 높은 점수가 나왔다. 연구자들은 개인 내, 개인 간 그리고 초개인 수준에서의 점수가 명상 경험의 긍정적인 기능이라고 결론을 내렸다. 이것은 불교 명상이 진전하면 인격의 이러한 구성 요소에서 의미 있는 일련의 성장이 일어날 수 있다는 사실을 시사한다.

또 하나의 흥미로운 연구는 뇌의 기능성 자기공명영상(fMRI)을 사용하여 피실험자들이 자신의 지속적인 특징에 대한 자각과 현재 순간에 끊임없이 변화하는 자기에 대한 자각 사이를 오가도록 했을 때 뇌의 활동성에 어떤 차이가 나타나는지를 조사했다(Farb et al., 2007). 8주 MBSR 프로그램을 마친 참가자들을 명상을 하지 않은 참가자와 비교했다. 명상을 하지 않은 참가자들에게 오직 현재 순간의 경험에 집중하도록 하자 개인적 특징 및 개인적 과거와 관련된 뇌의 영역이 활성화되었다. 그러나 마음챙김 훈련을 받은 참가자들은 자신의 현재 순간 경험에 진정으로 집중할 수 있었고, 그에 따라 개인적 특징 및 개인적 과거와 관련된 뇌의 영역이 활성화되지 않았다. 이 결과는 이러한 뇌의 영역들(개인적 특징 및 개인적 과거와 관련된 뇌 영역)이 마음챙김 수련을 통해 '연결을 해제할 수(decoupled)' 있음을 의미한다. 그리하여 참가자들은 현재 순간의 자기에 대한 자각을 그들의 개인적 특징이나 과거에 대한 자각으로부터 분리할 수 있게 된다. 명상을 하는 사람들은 시간의 경과에 걸친 지속적 실체로서의 자기와 끊임 없이 변화하는 현재 순간의 자기를 더 잘 구분할 줄 알았다. 그리고 이 두 개의 서로 다른 자기 자각과 관련된 뇌의 영역도 그에 따라 변 화를 보였다. 이러한 결과는 우리가 마음챙김 훈련을 통해서 자기 마 음을 '객관화할(objectify)' 수 있고, 또한 자신을 자기 존재의 총합으 로서의 정신적 활동으로부터 탈동일시할 수 있다는 사실을 의미한다 (Siegel, 2007a).

긍정적 정서

긍정적 정서(positive affect)는 인간으로서 잘 살아가는 데 중요한 요 소다. 저명한 심리학자 Barbara Fredrickson(2001)은 긍정적 정서가 안녕감(well-being)의 지표이자 원인이라고 했다. 긍정적 정서는 그 사람의 사고-행동의 범위를 넓혀 주고, 지능적, 심리적 자원을 풍부 하게 해 주는 것으로 생각된다. 많은 예비 증거가 마음챙김이 자기 보 고와 생리적 지표로 측정되는 긍정적 정서를 높여 준다는 사실을 보 여 주고 있다. Davidson은 이 영역에서의 설득력 있는 연구를 통해 집중 자애명상이 뇌 활동에 미치는 효과를 보였다. Davidson의 팀은 경험 많은 티베트 불교 승려들의 뇌 전기 활동을 스캔한 결과, 그들의 긍정적 정서 발생과 관련된 뇌 영역의 활성화 정도가 명상을 하지 않 은 일반인들에 비해 훨씬 크다는 사실을 발견했다(Lutz, Greischar, Rawlings, Ricard, & Davidson, 2004). 연구자들은 이 집중 명상 수련이 보다 긍정적인 정서 상태와 타인에게 연민의 마음을 갖는 능력을 키 우는 데 있어 뇌 기능에 실질적인 변화를 일으킬 수 있다고 생각했다

(Goleman, 2003). 이 연구자 그룹은 또 첨단기술 회사 직원들에게 준 효과에 대해서도 연구를 했다. 통제 그룹에 비해 MBSR 참가자들이 자기 평가 부정적 정서가 더 크게 감소했고, 긍정적 정서와 관련된 것으로 확인된 뇌 부위(좌측 전방부)가 활성화되는 정도도 더 컸다 (Davidson et al., 2003). 이 일련의 연구는 집중적인 명상 수련과 초보자의 초급 수련을 통해 긍정적인 정서 상태를 뒷받침하는 뇌 활성화를 변화시킬 수 있다는 것을 보여 준다.

이러한 발견을 뒷받침하는 Jain과 동료들(2007)의 최근 통제 연구에서는 마음챙김 개입이 의대생과 간호대생 그리고 예과 학부생들의 긍정적 기분 상태를 유의미하게 증가시킨다는 사실을 발견했다.

공감

공감(empathy)은 정신건강의 핵심적 측면이자 인간관계의 근본적인 부분으로 간주된다. 2장에서 살펴본 것처럼, 예비 연구는 공감이 마음챙김 수련을 통해 계발될 수 있다는 사실을 지지하고 있다. 예를 들어, Shapiro와 동료들(1998)은 78명의 의대생을 대상으로 MBSR이 미치는 효과에 대한 임의 통제 연구를 수행했다. 대기자 통제 그룹에 비해 MBSR 그룹 참가자들의 공감 수치가 더 크게 증가했고, 불안과 우울 수치는 더 크게 감소했다. 이 발견은 통제 그룹 참가자들이 MBSR 프로그램을 마친 뒤에 동일한 결과(공감 상승과 불안 및 우울의 감소)를 얻었다는 사실에 의해서도 뒷받침되었다.

이 같은 발견은 MBSR이 상담심리 학생들의 공감에 미치는 영향을 조사한 최근 연구에 의해서도 뒷받침되고 있다. 8주간의 MBSR 코스에 참가한 상담 전공 학생들의 공감 수치는 통제 그룹에 비해 유의미한 증가를 보였다(Shapiro & Izett, 2008). 상담 대학원 학생들에 대한 또 다른 질적 연구의 결과는 이러한 양적 발견을 뒷받침하고 있다(Schure, Christopher, & Christopher, 2008). 마음챙김 수련 후 학생들은 내담자와 더 잘 연결할 수 있었으며 그들의 고통에 대해서도 더 공감을 느낀다고 말했다. 그것은 학생들이 자신의 불안에 함몰된 상태에서 내담자의 문제를 해결할 방법에 골몰하는 대신, 현재 순간에 집중하는 과정을 통해서였다.

Lutz, Brefczynski-Lewis, Johnstone과 Davidson(2008)의 최근 연구에서는 초보 명상가와 경험 많은 명상가가 자애-연민의 명상적 상태를 일으키는 동안 fMRI를 사용하여 그들의 공감 및 연민과 관련된 뇌 활동을 조사했다. 참가자들이 명상을 하는 동안, 그리고 중립적 상태에 있는 동안 연구자들은 감정적 혹은 중립적 소리를 들려준 뒤 참가자들의 감정 활동을 조사했다. 이 실험의 가정은 자애명상을 통해 길러지는 타인에 대한 관심이 정서적 처리 과정—특히 타인의 괴로움의 소리에 대응하여—을 촉진할 것이라는 것이었다. 연구자들은 또한 정서적 소리에 대한 반응이 명상 수련의 정도에 의해 조절된다고 가정했다. 실제로 공감적 처리와 관련된 뇌 부위[섬(insula), 대상 피질(cingulated cortices)]의 활동이 자애명상 수련을 통해 조절되었다. 즉, 모든 참가자가 그냥 휴식을 취하고 있을 때보다 자애명상을 하는 동안 타인의 고통의 소리에 대한 신경 반응을 더 강하게 보였다. 또 경험 많은 명상 수련가들은 연민 명상을 하는 동안 감정과 느낌에 관여하는 것으로 알려진 뇌 부위에서 부정적 정서 소리에 대해 초보자들보다 더 강한 반응을 보인 것으로 나타났다. 뇌의 몇몇 부위의 활동성

강도는 실험 참가자가 자신이 명상 상태에 성공적으로 진입했다고 여기는 정도와 관련이 있었다. 이 연구는 연민명상 수련이 공감이나 타인의 고통을 돕고 싶은 바람과 관련이 있는 뇌 부위가 활성화되는 것과 관련이 있다는 것을 보여 준다.

자기연민

자기연민(self-compassion)은 자신이 고통을 겪고 있다는 사실에 대한 자각, 그리고 그 고통을 끝내기 위한 자신에 대한 진실한 관심과 친절을 말한다(Nelf, Kirkpatrick, & Rude, 2007). 최근의 연구에 의하면, 자기연민은 다른 긍정적인 심리적 변수, 예를 들면 지혜, 개인적 주도성, 호기심, 탐험심, 행복감, 낙관성, 긍정적 정서 같은 것을 상당 부분 예측한다(Neff et al., 2007). 또 자기연민은 긍정적 정서 및 성격과의 공통 편차를 통제한 뒤에도 정신건강을 유의미하게 예측하는 것으로 나타났다.

최근의 연구에 의하면, MBSR 프로그램에 참가한 상담심리 대학원생들은 정신건강과 자기연민이 증가한 것으로 나타났다(Shapiro, Brown, & Biegel, 2007). 코호트(cohort, 동일한 통계 인자를 가진 집단) 통제 그룹과 비교하여 MBSR 프로그램에 참가한 학생들이 인지된 스트레스와 부정적 정서, 상태 및 특성 불안, 반추에서 유의미한 감소를 보였고, 긍정적 정서와 자기연민에서는 증가를 보였다. 2장에서 언급한 것처럼, 자기연민의 증가는 상담과 치료 분야에서 특히 효과적이다. 왜냐하면 내담자와 자기에 대한 연민은 효과적인 치료를 수행하는 데 있어 필수적인 부분으로 생각되기 때문이다(Gilbert, 2005). 또

220

MBSR 참가를 통해 마음챙김의 수준이 높아졌으며, 이것은 자기연민의 증가를 매개했다. 이 결과는 건강 돌봄 전문가들이 MBSR 개입 후 자기연민이 증가했음을 보인 이전의 통제 연구를 지지한다(Shapiro, Astin, Bishop, & Cordova, 2005).

영성과 외상 후 성장

영성(spirituality)은 서로 다른 사람에게 서로 다른 것을 의미하는 복잡한 개념으로 사람마다 경험하는 방식이 다르다. 현재의 연구는 마음챙김 명상이 영적 체험을 계발하는 데 도움을 준다는 사실을 보여주고 있다.

Carmody, Reed, Merrim과 Kristeller(2008)의 최근 연구는 MBSR 개입에의 참가가 영성을 유의미하게 증가시켰으며, 영성의 증가는 정신적, 의료적 증상의 호전과 연관이 있다는 것을 발견했다. 앞에서 언급한 Carson과 동료들(Carson et al., 2006)의 연구에서 마음챙김에 근거한 관계 향상 개입을 받은 부부들은 통제 그룹에 비해 영성에서 유의미한 증가를 보고했다. 이것은 MBSR 개입이 통제 그룹에 비해 의대생들의 영적 체험을 유의미하게 증가시켰다는 이전의 발견을 지지하고 있다(Shapiro et al., 1998). 그리고 통제 그룹에서 동일한 마음챙김 개입을 받자 이 결과들은 재현되었다. 또 Astin(1997)은 학부생들을 대상으로 MBSR 그룹과 통제 그룹을 비교한 임의 통제 연구에서 MBSR 그룹의 영성 체험이 유의미하게 증가한 사실을 보였다.

암 진단과 치료의 외상적 경험에 뒤이은 영성 및 외상 후 성장(post traumatic growth)의 영역에 대한 연구는 마음챙김이 긍정적 성장을 촉진하는 데 잠재적인 역할을 한다는 사실을 보여 준다. 암은 개인이 자신의 세계관과 기대, 계획을 점진적으로 바꾸게 만드는 정신사회적 변화로 작용하는 주요한 생애 사건(life event)이다. 암 환자는 자신이 처한 상황에서 긍정적인 이익을 발견함으로써 암 진단에 대처할 수 있다. 이런 과정을 외상 후 성장, 이익 발견(benefit finding), 역(逆)성장(adversarial growth), 긍정적 변화, 번성(thriving), 개인적 성장, 긍정적 적응, 변화(transformation) 등의 용어로 표현한다(Brennan, 2001; Helgeson, Reynolds, & Tomich, 2006). 이것은 의미 창조, 신념, 목적, 타인이나 더 큰 힘과의 연결 같은 차원을 포함하는 것으로 정의되는 영성과 유사한 개념이다(Mytko & Knight, 1999). 영성은 자신의 개인적 초월 체험과 관계를 맺는 더 큰 전체와의 관계라는 점에서 특정 신앙에 기초한 수련인 신앙 체험(religiosity)과 다른 개념이다. 영성은 보다 포괄적이다.

최근의 연구에서 Garland, Carlson, Cook, Lansdell과 Speca(2007)는 진단 후 평균 1년 반이 지난 암 환자 60명에 대해 MBSR을 실시한 뒤 그들의 외상 후 성장과 영성을 측정했다. 그리고 스트레스 관련 증상과 기분장애도 측정했다. 시간의 경과에 따라 참가자들의 영성 및 외상 후 성장 점수가 유의미하게 향상되었다. 그리고 스트레스 증상과 기분장애, 우울과 분노도 향상되었다. 미술치료에 참가한 비교 그룹에 비해 MBSR 그룹이 영성, 불안, 분노, 스트레스 감소, 기분 증상에서 더 큰 호전을 보였다.

MBSR 그룹이 영성과 외상 후 성장에서 더 큰 향상을 보이는 현상을 조사하기 위해 연구자들은 MBSR 참가자들 중 특정 하위 그룹을 대상으로 질적 인터뷰를 실시했다(Mackenzie, Carlson, Munoz, &

Speca, 2007). 8주간의 정식 MBSR 프로그램에 참가한 뒤 이후 지속적으로 주 1회의 비정식 MBSR 세션에 참가하는 암 환자 9명을 대상으로 인터뷰를 했다. 질적 이론 분석을 통해 다섯 가지 주요 주제를 확인했다. 그것은 변화에 대한 개방성, 자기 통제, 경험 공유, 개인적 성장 그리고 영성이었다. 이 정보를 토대로 MBSR이 암 환자에게 일으키는 변화 기제와 관련한 특수 이론을 개발했다. 이 이론에서 최초의 8주 프로그램 참가는 단지 지속적인 자기 발견 과정의 시작으로, 성장 과정을 시작하게 하는 방향 설정(orientation)에서의 약간의 변화일 뿐으로 간주된다. 처음에 환자들은 외롭고 두려우며, 자신의 암 진단에 대해 무엇을 해야 할지 난감해한다. MBSR 프로그램은 암 환자들에게 이 여정에서 자기 혼자가 아님을 알게 해 주고, 자기 조절을 위한 구체적인 도구를 가르쳐 주며, 이전에는 생각해 보지 않았던 세계를 들여다보는 방법을 일러 준다. 이것은 스트레스와 기분장애의 감소로 이어진다.

비정식 모임에서 수련을 지속해 나감에 따라 참가자들 사이의 관계가 더 깊어지면서 사회적 지지가 강화된다. 또 환자들은 덜 반응적이 되고, 더 다양한 삶의 환경에 대해 더 확산된 자기 조절력을 발휘하게 된다. 이 과정의 근저에 있는 것이 개인적 변화(personal transformation)라는 주제, 즉 자신을 더 큰 전체의 일부로 느끼는 것이다. 이와 함께 최초의 프로그램 참가 후 기록된 단순한 증상 감소를 넘어 개인적 성장과 건강 향상이라는 긍정적 특성이 계발된다. 자신의 삶에서 의미와 목적을 찾는 영성의 성장과 타인과의 연결감 증대는 이러한 개인적 변화의 일부다. MBSR 프로그램의 취지는 종교적인 것이 아니지만, 참가자들은 자신이 더 큰 세계와 연결되어 있다고 느끼며 더 영적인 느낌을 갖게 되었다고 말한다. 예를 들어, 한 참가자는 명상 수행을 통한 자신의 성장 과정을 이렇게 묘사했다. "그것은 나의 인생관과 인간관계, 그리고 가장 중요하게는 나 자신과의 관계에 변화를 일으켰어요." 감사와 연민, 평정의 특질은 아마도 이 수련의 궁극적인 절정이라 할 것이다. 마음챙김 수련의 발달에 대한 이 이론은 선형적(linear) 관점에서 기술되었지만, 이 모든 과정은 정도는 다르지만 동시에 일어난다. 따라서 특정 측면에 대한 강조와 중요성은 각 개인이 처한 삶의 환경에 따라 차이가 있을 수 있다.

결론

이 연구 요약이 보여 주듯이, 마음챙김 수련은 병리적 증상을 감소시키는 것으로 보일 뿐 아니라 긍정적 정신 상태와 인간 발달에서도 심오한 영향을 미칠 수 있다. 긍정심리학의 출현과 새로운 측정 도구와 연구, 이론적 관점이 다양하게 등장하면서, 이제 마음챙김의 초점을 증상의 감소에서 긍정적인 마음 상태의 계발에 대한 탐구로 확장해야 할 시점이 되었다. Seligman(긍정심리학의 창시자-역자 주)과 Csikszentmihalyi['몰입'(flow)] 개념을 개발-역자 주](2000)에 의하면, 긍정심리학의 목적은 "심리학의 초점을 삶의 최악의 것을 고치는 데 몰두하던 것에서 긍정적인 자질을 계발하는 것으로 이동시키는 데 촉매 작용을 시작하는 것"(p. 5)이다. 지혜와 연민, 덕(virtue)을 포함한 긍정적인 마음을 계발한다는 이 목적은 마음챙김의 본래 의도의 정수이기도 하다. 마음챙김은 마음의 안녕과 주의 조절이라는 특수한 상태를 계발하는 수련을 지난 2,500년 동안 체계적으로 제공해 왔다. 이런 방식으로 마음챙김에 대한 통합적이고 협력적인 탐험은 긍정심리학에 새로운 일련의 응용 수련을 제공해 줄 수 있다(이에 관한 현재의 연구에 대해서는 Barbara Fredrickson, 2008 참조). 또한 이 영역에서 '정상(normal)'에 대한 현재의 정의를 재평가하고 서구 심리학의 정신건강 개념을 확장하는 데도 도움을 줄 수 있다.

마음챙김과 긍정심리학이라는 두 영역의 탐험과 협력이 앞으로 더욱 필요하다. 이러한 시도는 이전 연구의 토대를 다지는 것뿐 아니라 그것을 더 확장하고 새로운 패러다임을 개발하는 것까지 포함한다. 향후 연구는 우리가 정신건강과 안녕을 바라보는 렌즈에 대해 다시 평가해야 하고, 연구자들도 인간 가능성의 더 먼 지대를 탐험하는 데 관심을 가져야 한다. 마음챙김 심리학(mindful psychology)은 이전과 다른 새로운 패러다임으로 정신건강과 웰빙에 접근하는 기회를 제공한다. 그것은 경이로움으로의 초대다.

chapter **10**

미래의 방향

우리는 결코 탐험을 멈추지 않을 것이다

그런데 우리의 모든 탐험의 종착역은

결국 우리가 처음 시작했던 지점으로 돌아오는 것

그리고 그 장소를 '처음으로' 알게 되는 것이다.

－T. S. Eliot("Little Gidding", 1943, p. 49)

앞에서 우리는 마음챙김의 정의와 마음챙김이 심리치료와 임상 훈련에 어떻게 적용되는지 살펴보았다. 또 다양한 환자 그룹에서 마음챙김에 근거한 개입의 효과를 조사하는 연구에 대해서도 살펴보았고, 마음챙김의 작용 기제에 대해서도 논의했다. 마지막으로 전문적인 자기 돌봄과 긍정적 마음 상태의 계발에 대한 마음챙김의 적용에 대해 중점적으로 다루면서 건강 패러다임의 확장에 대해서도 알아보았다. 이 모든 유망한 영역 안에는 더 큰 탐구의 장이 기다리고 있다. 이 장에서 우리는 ① 마음챙김의 정의와 측정, ② 임상연구와 실체에 대한 마음챙김의 적용, ③ 패러다임의 확장이라는 더 큰 주제 아래 몇 가지 제안을 해 보고자 한다.

마음챙김의 정의와 측정

마음챙김 연구의 가장 핵심적인 이슈는 어떻게 의미 있게 양화 가능하고(quantifiable) 합의 가능한(consensual) 방식으로 마음챙김을 조작적으로(operationally) 정의할 것인가 하는 것이다. 다수의 학자와 임상가가 동의할 수 있는 일관되고 정확한 정의를 만들기 위한 시도가 있었다(Baer & Krietemeyer, 2006; Bishop et al., 2004; Brown & Ryan, 2003; Shapiro, Carlson, Astin, & Freedman, 2006). 예를 들어, Brown과 Ryan(2003)은 마음챙김 주의자각척도(Mindful Attention Awareness Scale: MAAS)를 개발하는 과정에서 마음챙김을 "현재 순간에 일어나고 있는 일에 대한 주의와 자각이 있고 없음(the presence or absence of attention to and awarness of what is ocurring in the present)"(p. 824)으로 정의했다. 그들은 마음챙김의 태도적 요소보다 주의 요소에 더 중점을 두면서 현재 중심의 자각이 가장 근본적이라고 했다. 따라서 마음챙김에 대한 이 정의는 의도, 주의, 태도(intention, attention, attitude: IAA) 모델에서 오직 주의라는 하나의 요소만을 다루고 있다고 하겠다.

또 다른 예로, Bishop과 동료들은 합의 컨퍼런스(consensus conference)의 결과물로서 2개 요소를 포함한 마음챙김 정의를 발표했다(Bishop et al., 2004). 첫 번째 요소는 자신의 직접적 체험에 초점을 지속하는 주의의 자기 조절력이다. 이것은 현재 순간에서 정신적 사건에 대한 인식을 높여 준다. 두 번째 요소는 현재 순간의 경험으로 주의의 방향을 향하는 것이다. 이것은 호기심, 개방성, 수용의 특징을 갖는다. 따라서 이 정의에서는 IAA 모델의 두 가지 요소인 주의와 태도가 포함되어 있다.

마음챙김에 대해 합의할 수 있는 정의가 만들어진 다음에는 마음챙김의 다차원적 성질을 포착할 수 있는 신뢰도 있는 측정법을 개발하는 것이 중요해진다. 가장 많이 연구된 측정법이 2003년 Brown과 Ryan이 발표한 MAAS다(Brown, 2003). 이 측정법은 마음챙김에 대한 두 연구자의 이론적 정의(앞에서 기술한)와 안정성, 내적 일관성, 예측 및 동시발생 유효성(predictive and concurrent validity)을 증진시키도록 고안된 척도 수행력(scale performance)에 대한 경험적 실험을 토대로 하고 있다. MAAS는 15개의 짤막한 항목으로 구성된 척도로 모든 항목이 현재 순간의 주의력을 측정하는 한 가지 요소에 중점을 두고 있다. 이 척도는 몇몇 MBSR 실험에서 유용한 것으로 판명되었으나 단일 차원인 것(오직 '주의'만을 측정한다는 것), 그리고 마음챙김의 태도적 요소를 평가하지 못한다는 것에 대한 비판을 받았다. 이런 점을 보완하기 위해 켄터키 마음챙김 기술척도(Kentucky Inventory of Mindfulness Skills: KIMS) 같은 마음챙김 측정법이 탄생했다(Baer & Krietemeyer, 2006). 39문항으로 구성된 KIMS의 이론적 토대는 주로 변증법적 행동치료(DBT)에서 왔다. KIMS에는 4개의 하위척도가 있는데, 그것은 관찰(observing), 기술(describing), 자각 행동(acting with awareness) 그리고 비판단적 수용(accepting without judgment)이 그것이다. 이는 바로 DBT에서 가르치는 마음챙김 기술을 측정하는 방식인 것이다(이에 대해서는 4장에 상술).

Baer와 동료들(Baer, Smith, Hopkins, Krietemeyer, & Toney, 2006)은 최근 현존하는 모든 마음챙김 측정법(총 112개 항목에 대한 5개 측정법)을 통합하여 그것을 실험 참가자 그룹에 대해 실시했다. 마음챙김에 대한 통합적이고 다차원적인 측정법으로 만들어 보려는 시도였다. 연구자들은 또 기분과 감정 조절, 성격, 수용, 자기연민과 같은 다른 다양한 측정법도 포함시켰다. 그 결과가 5측면 마음챙김 질문지(Five Facet Mindfulness Questionnarie: FFMQ)라고 하는, 39항목으로 구성된 다차원적 질문지다. 이 질문지는 다음 5요소로 구성된다. ① 관찰(예: 어떤 사물의 냄새나 향기를 알아차린다), ② 기술(예: 내 느낌을 쉽게 말로 표현할 수 있다), ③ 자각 행동(예: 주의를 기울이지 않고 행동하는 때가 있다), ④ 내적 경험에 대한 비판단(예: 내 감정 중 어떤 것은 나쁘고 부적절하므로 그것을 느껴서는 안 된다), ⑤ 내적 경험에 대한 비반응(예: 내 느낌과 감정에 반응하지 않은 상태로 그것을 인식한다). 이 질문지는 마음챙김 훈련, 그리고 이들 서로 다른 마음챙김 요소들에서 시간의 경과에 따라 일어나는 보다 특정한 변화들 사이의 관계를 알고자 하는 연구자들에게 유용할 것으로 보인다.

FFMQ는 또한 다섯 가지 측면 중 어느 것이 특정한 향상과 가장 관련이 있는지 밝힘으로써 마음챙김 훈련과 심리적 기능의 향상 사이의 기계적 관계를 측정하는 데도 유용할 수 있다. 실제로 이 도구를 이용한 예비 연구에서는 FFMQ의 다섯 측면과 이론적으로 예측한 다양한 심리적 구성개념 사이에 강한 상관관계가 있음을 발견했다. 그것은 명상 경험이 없는 그룹이나 경험이 많은 그룹이나 마찬가지였다(Baer et al., 2006). 예를 들어, 비판단은 신경증과 사고 억압과 가장 큰 부정적 상관이 있었으며(비판단적일수록 덜 신경증적이고, 괴로운 생각을 억압하는 성향도 적었다), 비반응성은 자기연민과 가장 강한 상관이 있었으며, 자각 행동은 넋빠진 상태(absent-mindedness) 및 해리(dissociation)와 부정적인 상관이 있었다. 또 기술(describing)은 정서지능과 높은 상관, 그리고 자신의 감정 체험을 자각하지 못하는 감정표현불능증(alexithymia)과 부정적 상관이 있는 것으로 나타났다. 추가 연구에서 Baer 등(2008)은 기술, 비판단, 비반응성이라는 세 측면이 명상 경험자 집단에서 명상 수련과 전반적인 심리적 안녕감 사이의 관계를 매개하는 것을 발견했다. FFMQ 같은 척도의 한계는 분량이 길어 참가자가 질문지를 완료하는 데 부담을 느낀다는 점이다. 연구자의 필요 및 측정하고자 하는 마음챙김 요소의 상세도 정도에 따라 보다는 간단한 척도를 사용하는 것이 도움이 될 수도 있다.

이제까지 언급한 마음챙김 측정법은 모두 자기 보고 방식에 초점을 맞춘 것이다. 그러나 자기 보고 방식의 측정법은 중요한 한계를 지니고 있다. 향후의 연구는 다양한 평가 방식을 통합해야 할 필요가 있을 것이다. 행동 관찰, 대리 보고(proxy reports), 경험 표집, 신경학 데이터 등을 통해 마음챙김을 보다 객관적으로 측정할 수 있다. 현재 진행 중인 '정서 균형 계발(Cultivating Emotional Balance)' 프로젝트는 마음챙김의 행동적 측정의 한 예를 보여 준다. 이 연구의 목적은 학교 교사들이 교실에서 학생들에 대해 마음챙김을 하는 법을 가르치는 것이다. 이 연구에서는 교사들이 학생들과 교실에서 상호작용하는 것을 관찰하여 마음챙김을 측정한다. 그런데 이런 유형의 측정 방식은 어떤 행동이 마음챙김을 표현하는 것으로 간주되어야 하는가를 기술하는 평가 척도를 개발하고 유효성을 입증해야 한다는 문제가 있다. 대리 평가(proxy assessment)를 이용한 보다 간단한 방법에서는 해당 인물의 주위 사람에게 그 인물이 얼마나 마음챙김을 하는 것으로 생각하는지를 물어본다. 기존의 자기 보고 척도를 그러한 목적에 맞게 변화시킬 수도 있다. 그러나 아직 그러한 시도 가운데 발표된 것은 없다.

향후 연구 가능성이 유망한 또 다른 분야는 fMRI나 양전자방출단층촬영(PET)을 통해 뇌에서 마음챙김을 측정하는 것이다. 이런 유형의 연구를 선도하고 있는 사례가 Cresswell과 동료들(Cresswell, Way, Eisenberger, & Lieberman, 2007)에 의해 수행되었다. 연구에서는 MAAS 척도를 이용하여 건강한 참가자 27명의 마음챙김을 측정했다. 참가자들에게 얼굴 표정 사진을 보여 주고 각각의 사진과 그 사진에서 표현되고 있는 감정을 짝지어 보는 과제를 내준 다음 fMRI로 그들의 뇌를 스캔했다. 실험 참가자들이 감정에 이름표를 붙일 때, MAAS 점수가 높게 나온 실험 참가자들은 전전두엽 활성화 정도가 더 큰 반면 편도체(amygdala) 활성화는 더 낮았다. 이는 대뇌 피질이 변연계의 감정적 반응성을 제어하고 있다는 사실을 암시하는 것이다. 연구자들은 마음챙김이 전전두엽의 감정 조절 능력을 향상해 부정적 감정을 감소시킨다고 판단했다. 이러한 유형의 연구는 마음챙김이 신경 구조—우리가 5장과 6장에서 살펴본 많은 임상 연구에서 관찰되는 변화로 이어지는—에서 어떻게 작동하는지 이해하는 데 있어 아직은 빙산의 일각에 불과하다.

임상 연구와 실제에 대한 마음챙김의 적용

우리는 심리치료에서 마음챙김의 적용을 세 가지 경로를 통해 살펴보았다. ① 마음챙김 치료자(mindful therapist), ② 마음챙김 응용치료(mindfulness-informed therapy), ③ 마음챙김에 근거한 치료(mindfulness-based therapy)가 그것이다. 이들 각 영역에서 마음챙김에 관한, 무수한 미래의 중요한 연구 방향이 있다. 마음챙김 치료자와 관련해서는 핵심 임상 기술을 키우는 수단으로서의 마음챙김에 대한 연구와 치료자의 마음챙김이 환자 결과를 예측할 수 있느냐에 대한 연구가 더 필요하다. 예를 들어, 마음챙김 훈련이 수련 중인 치료자의 주의와 공감을 증가시킨다는 예비 증거를 반복하고 확장시키는 연구가 필요하다. 또 이런 기술의 향상이 궁극적으로 환자 증상에 영향을 주는지 여부도 확인해야 한다.

예를 들어, 마음챙김에 대한 다차원적 측정법은 치료자의 자기 보고나 환자 보고 그리고 행동 관찰을 통해 치료자 마음챙김을 측정할 수 있다. 그렇게 해서 치료자 마음챙김이 환자 결과와 관계가 있는지를 알아보는 것이다. 또 자기 보고, 행동 관찰, 임상 평가 척도 등 다양한 방법으로 측정했을 때 치료자의 마음챙김 훈련이 환자 결과에 미치는 영향을 조사한 독일의 Grepmair와 동료들의 연구를 더 심화시키는 것도 유익하다(Grepmair, Mitterlehner, Loew, Bachler et al., 2007; Grepmair, Mitterlehner, Loew, & Nickel, 2007).

치료자 마음챙김이 환자 결과에 미치는 효과 여부를 조사하는 것 외에도 그 효과가 어떤 기제를 통해 일어나는지에 대한 심층 연구도 필요하다. 어떤 경로를 통해 마음챙김이 임상 능력과 환자 결과를 향상하는 것일까? 예를 들어, 그것은 치료 관계에서 치료자와 내담자가 공유하는 요소를 증대시키는 것을 통해서일까? 아니면 그것이 치료자 측의 주의력이나 공감이 커진 결과일까? 그러한 과정 변수가 명확해진 다음에야 '치료자는 얼마만큼의 마음챙김 훈련이 필요한가?' '마음챙김 훈련이 대학원 커리큘럼, 직업 개발, 임상 건강 돌봄 시스템에 어떻게 가장 잘 통합될 수 있는가?'와 같은 질문을 던질 수 있을 것이다. 그 한 예로서, 연구를 통해 임상가들에 대해 서로 다른 종류의 마음챙김 훈련을 실시하여 어떤 요소가 핵심 치료 기술을 향상하는 데 가장 효과적인지 알아볼 수 있다. Gregory Kramer는 자신의 책 『통찰 대화(Insight Dialogue)』에서 마음챙김을 대화에 적용하는 훈련 과정을 소개하여 관심을 일으켰다(Kramer, 2007). 이런 훈련이 공식 마음챙김 수련과 결합하면 마음챙김 명상만으로 치료자를 훈련시키는 것보다 훨씬 효과적일 것이다.

또 다른 연구 영역은, 지금까지 대부분의 연구가 마음챙김에 근거한 치료법(mindfulness-based therapy)에 집중되어 크게 주목받지 못했던 마음챙김 응용 치료법(mindfulness-informed therapy)이 갖는 효과를 조사하는 것이다. 마음챙김 응용 치료법은 궁극적으로 더 많은 수의 치료자의 작업을 대변할 수 있으므로, 공식 마음챙김 수련에 대한 어떠한 소개도 없이 불교에서 끌어낸 가르침과 비유, 통찰이 치료 과정에 어떤 영향을 미치는지 측정하는 것도 중요하다. 마음챙김에 대해 특별히 언급하지 않고, 또 명상 수련법을 특별히 가르치지 않고 특정 마음챙김 가르침을 통합하는 것은 특정 가르침과 공식 수련 '모두'를 포함하거나 아니면 아무것도 하지 않는 치료법과 비교될 수 있다. 이런 유형의 연구가 MBSR 그룹과 비교 그룹이 보인 효과를 조사하는 임의 통제 실험을 통해 현재 진행 중이다. 비교 그룹은 MBSR 그룹과 동일한 교재와 수업 자료를 사용하지만 공식 마음챙김 수련은 전혀 받지 않는다(Shapiro, Ebert, Pisca, & Sherman, 2008).

마음챙김을 심리치료에 적용하는 것과 관련된 마지막 방향은 마음챙김에 근거한 치료법이다. 여기에는 MBSR이나 MBCT처럼 이미 확립된 프로그램을 경험적으로 증명하는 지속적인 노력뿐 아니라 마음챙김에 근거한 불면증 치료(Ong, Shapiro, & Manber, 2008)와 같은 마음챙김에 근거한 통합 치료의 지속적인 개발 등 미래의 많은 연구 영역이 기다리고 있다. 그리고 마음챙김 교사의 자격 증명이나 혹은 성공적인 치료를 위해 치료자가 어느 수준까지 훈련이 필요한지에 관한 연구도 필요하다.

교육과 자녀 양육

교육과 자녀 양육 영역에도 마음챙김을 적용하는 데 관심이 증가하고 있다. 예를 들어, 학교에서는 스트레스 감소를 넘어 명상이 학생들에게 제공하는 이익에 관심을 갖고 있으며 집중과 주의, 열린 마음 같은, 학습 과정에 근본적인 필수 기술뿐 아니라 해당 과목의 이해와 수업 참여를 향상하는 시도로 명상을 정규 수업 과정에 포함시키는 가능성을 모색하고 있다(Shapiro, Brown, & Astin, 2008). 미시간 음악 스쿨에서는 학생들이 명상을 강조하는 '재즈와 명상연구(Jazz and Contemplative Study)'라는 프로그램으로 학사 학위를 취득할 수 있으며 브라운 대학에서는 종교 연구 과정에 명상 '실습'이 커리큘럼의 일부로 되어 있다(Gravois, 2005). 산타클라라 대학은 상담심리 대학원 프로그램에서 공감이나 현존 같은 핵심 치료 기술의 발달을 촉진하려는 시도로 명상을 커리큘럼에 포함시키고 있다(Shapiro & Izett, 2008). 브라운 대학은 20명의 교수진이 주도하는 '명상연구 이니셔티브(Contemplative Studies Initiative)'를 출범시켰다. 교수들은 이 분야에서 학생들의 학문적, 개인적 연구를 이끌 묵상 연구 센터를 학부에 설립하는 과정에 있다(Roth, 2006). 예비 연구를 통해 마음챙김을 교육과정에 통합하면 학생 웰빙과 학업 성취 측면에서 상당한 이익이 있을 것으로 보고 있다(이에 관한 리뷰는 Shapiro, Brown, & Astin, 2008 참조).

또 연구자들은 교사들에게 마음챙김과 정서 균형을 가르치는 것에도 관심을 가져 왔다. Dalai Lama의 격려에 대한 직접적 반응으로 2002년부터 진행되어 오고 있는 '정서 균형 계발' 프로젝트는 샌프란시스코 지역 중등학교 교사들을 대상으로 마음챙김 훈련과 수업을 정서지능에 통합시켰다. 훈련의 목적은 자신과 타인에게 해로운 정서적 반응을 완화시키고 연민과 공감을 키우는 것이었다. 커리큘럼에는 일곱 가지 구성 요소가 포함된다. 즉, ① 몸, 느낌, 마음 상태, 마음의 내용을 마음챙김하기 위한 명상 훈련, ② 공감 기술 훈련, ③ 파괴적인 사고 패턴과 부정적 감정을 물리치는 것, ④ 스트레스 상황을 다루기, ⑤ 감정을 시각화하여 인식하는 훈련, ⑥ 신체 운동 연습, ⑦ 일상생활에서 깨어 있는 마음으로 움직이기다. 이 프로그램은 현재 심층 검증 중이며, 아직까지 결과물은 발표되지 않았다. 우리는 교육에서 이러한 마음챙김의 영역이 다음 10년 동안 훨씬 더 확장될 것으로 믿는다. 학교에서의 마음챙김의 중요성과 효과성을 입증하는 중거들이 계속 증가하고 있기 때문이다.

마음챙김 자녀 양육(mindful parenting) 역시 상당한 관심을 일으키고 있는 또 하나의 임상 영역이다. 태아의 스트레스 경감을 위해 자녀 양육의 최초 단계인 임신 기간 동안의 마음챙김 훈련에 대한 상당한 관심이 있어 왔다. 임신 기간 동안의 심신 개입에 관한 한 리뷰에 따르면, 임신기 심신 개입으로 태아의 체중이 증가하고 분만 시간이 단축되었으며, 자연 분만율도 높아졌다. 또 스트레스와 불안도 줄었다 (Beddoe & Lee, 2008). Nancy Barnacke가 개발한, 임신기 부모를 위한 마음챙김에 근거한 개입인 '마음챙김 출산 및 양육(Mindfulness-Based Childbirth and Parenting: MBCP)'은 곧 부모가 될 사람들에게 태아의 건강과 안녕감을 높이는 MBSR 기술을 가르친다. MBCP 프로그램의 효과성에 대한 연구는 샌프란시스코 캘리포니아 대학(UCSF)에서 현재 진행 중이다.

출산 후에도 마음챙김 자녀 양육은 임상 개입과 연구의 여지가 풍부한 분야다. '마음 챙기는 부모(The Mindful Parent)'라는 이름의 단체는 마음챙김 자녀 양육을 "아이와의 연결성 및 아이의 존재에 대한 자각을 통해 부모들이 현재 순간에 더 뿌리를 내리게 돕는 명상 수련"이라고 정의한다(The Mindful Parent, 2008). 이 단체는 워크숍과 세미나, 그리고 Jon Kabat-Zinn과 그의 아내 Myla의 책 『매일의 축복: 마음챙김 자녀양육의 내면 작업(Everyday Blessings: The Inner Work of Mindful Parenting)』(M. Kabat-Zinn & Kabat-Zinn, 1998)의 구절을 인용한 마음챙김 자녀양육 뉴스레터도 발행하고 있다. 최근에는 Scott Rogers가 『마음챙김 자녀양육: 더 기쁨에 찬 삶을 위한 명상, 시 그리고 시각화(Mindful Parenting: Meditations, Verses, and Visualizations for a

More Joyful Life)』에서 현재 순간의 알아차림을 확장하고 자녀와의 연결성에 대한 더 깊은 자각을 통해 기쁨의 감정을 일으키는 명상 기법을 소개하고 있다(Rogers, 2006).

MBSR이 부모에게 미치는 영향에 대한 예비 연구도 매우 희망적이다. 예를 들어, 최근의 한 연구는 만성병 자녀를 돌보는 부모가 MBSR 개입으로 스트레스와 기분장애의 감소 등 상당한 이익을 얻는다는 것을 발견했다(Minor, Carlson, Mackenzie, Zernicke, & Jones, 2006). 또 자녀의 요구에 대한 응대에서 부모의 자각과 의도를 높임으로써 이혼 후 자녀 양육의 질을 높이기 위한, 마음챙김에 근거한 개입인 마음챙김 자녀 양육 프로그램(Mindful Parenting Program)도 개발되었다. 사전-사후 예비 연구로부터 얻은 예비 결과는 부모의 마음챙김은 상당히 증가했지만 부모-자녀 상호작용에는 변화가 없다는 것을 보여 주었다(Altmaier & Maloney, 2007).

Singh과 동료들은 마음챙김 훈련이 자폐증(Singh et al., 2006)과 발달장애(Singh, Lancioni, Winton, Adkins et al., 2007; Singh, Lancioni, Winton, Singh et al., 2007)가 있는 자녀를 둔 부모가 자녀를 대하는 데 도움을 줄 수 있는지를 연구했다. 각 사례에서 개별적으로 12회기 동안 마음챙김의 이론과 실습을 훈련하고 『매일의 축복』을 읽었다. 또 부모들이 자녀와의 상호작용 속에서 마음챙김 연습을 적용할 수 있도록 했다. 첫 번째 연구에서 3명의 부모가 프로그램에서 훈련을 받은 뒤 객관적 측정법과 주관적 측정법으로 결과를 측정했다. 마음챙김 자녀 양육에 대한 어머니의 평가는 아동의 공격성, 비순응 행동, 자해(self-injury)의 감소, 자녀 양육 기술과 자녀와의 상호작용에 대한 어머니의 만족도 증가와 연관이 있었다(Singh et al., 2006). 마찬가지로, 발달장애가 있는 아동의 부모 4명의 표본에서 부모들은 공격 행동의 감소와 아동의 사회 기술의 향상을 보고했다(Singh, Lancioni, Winton, Adkins, et al., 2007; Singh, Lancioni, Winton, Singh et al., 2007). 그들은 또한 자신의 자녀 양육에 대한 만족도 증가, 자녀와의 사회적 상호작용 증가, 자녀 양육 스트레스 감소 등을 보고했다. 또 자녀들은 형제자매와의 긍정적인 사회적 상호작용이 증가했다.

부모와 자녀가 함께 참여하는 마음챙김 코스의 효과에 대한 연구도 시작되었다. Saltzman과 Goldin(2008)은 4~6학년 초등학생과 부모에 대한 마음챙김에 근거한 개입을 개발했다. 이 프로그램의 초점은 마음챙김을 일상의 가족생활에 적용하는 것이었다. 부모와 아이가 8주간의 코스를 받는 동안 함께 만났다. 단, 마지막 15분 동안은 부모들끼리 '어른 토론(adult discussion)' 시간을 가지고 아이들은 바깥에서 놀거나 그림을 그리거나 시를 쓰게 했다. 프로그램 커리큘럼에는 공식, 비공식 마음챙김 수련과 자각, 언어 커뮤니케이션, 예술 표현을 신장시키는 훈련이 포함되어 있었다. 또 부모들에게는 자녀와 함께 집에서 연습할 수 있는 마음챙김 활동들을 선택하게 했다. 프로그램 실시 결과, 큰 변화가 나타났다. 마음챙김 코스에 참가한 부모와 자녀는 주의산만 요인(distracter)에 직면했을 때 주의를 조절하는 능력이 통제 그룹에 비해 훨씬 크게 향상되었다. 또 MBSR 참가자들은 자기연민과 자기 판단에서도 향상을 보고했다. 이 연구는 부모와 자녀에 대한 마음챙김 개입이 주의력과 감정, 상위 인지 과정을 향상할 수 있음을 보여 준다(Saltzman & Goldin, 2008).

이 분야의 연구는 아직 초기 단계이지만 향후 큰 발전이 있을 것으로 생각한다.

변화 기제

지금까지 살펴본 다양한 분야 외에도 연구할 가치가 있는 분야가 또 있다. 예컨대, 마음챙김에 근거한 개입의 근저에서 작동하고 있는 기제에 관한 연구를 향후 지속해야 한다. 마음챙김에 근거한 개입을 실시하는 동안 기계적으로(mechanistically) 무슨 일이 일어나는지 탐구하는 두 가지 주요한 방법론이 있다. 첫째는 변화 매개요인(mediator) 혹은 중재요인(moderator)에 대한 통계적 연구다. 둘째는 해체 연구(dismantling studies)의 실행을 통해서다. 예를 들어, MBSR을 통한 불안 감소가 공식 수련에 들인 시간의 결과라는 가정을 확인하고 싶은 연구자가 있다고 하자. Baron과 Kenny 모델에 대한 매개분석을 이용하여 이것을 증명하기 위해서는 우선 MBSR 참가와 관심 있는 결과(이 경우 불안)의 개선 사이의 관계를 먼저 설정해야 한다. 집에서의 수련이 이러한 효과를 매개하는지 증명하기 위해서는 세 가지 조건이 만족되어야 한다. 즉, ① 최초변수(MBSR 프로그램 참가)가 결과(불안 감소)와 연관이 있다는 것, ② 최초변수(MBSR 프로그램 참가)가 매개변수(집에서의 수련)와 연관이 있다는 것, ③ 매개변수(집에서의 수련)가 결과변수(불안)와 관련이 있다는 것이다. 이 분석은 최초변수와 매개변수를 회귀방정식(regression equation)이나 구조방정식 모델(structural equation model)에 집어넣어 최초변수의 효과를 통제한 다음, 매개변수가 결과와 상관이 있음을 보여 줌으로써 확립된다. 최초변수와 결과 사이의 관계는 부분적으로 매개될 수도 있고 전적으로 매개될 수도 있다.

매개와 대조적으로, 중재변수가 최초변수(프로그램 참가)와 결과(불안 증상) 사이의 인과관계를 완전히 변화시킬 때 중재 효과(moderated effect)가 발생한다. 이것은 대개 나이나 성별, 인종 등 중재변수가 고정되어 있는 경우에 나타난다. 개입(마음챙김 훈련)이 성별(남성보다 여성에 더 효과적인)에 의해 중재될 수 있다는 것이 고전적인 사례다. 매개(mediation)와 중재(moderation)의 주요한 차이점은 매개가 하나의 변수가 다른 변수에 영향을 미치는 기제를 규명하는 시도라면, 중재는 이미 존재하는 변수에 기초하여 그룹 할당(group assignment)과 결과 사이의 관계에서 차이점을 찾으려는 시도라는 점이다.

변화 기제를 탐구하는 두 번째 방법은 통계분석이 아닌 실험 설계(experimental desgin)를 통해서다. 어떤 통계학자들은 해체 연구야말로 작용 기제를 규명하는 유일하게 참된 방법이라고 믿는다. 따라서 가정에서의 수련(home practice)이 불안 증상의 완화에 중요한 역할을 하는지 조사하기 위해서는 우선 가정에서의 수련 시간에 차등을 두는 실험 설계가 적용되어야 한다. 즉, 가정에서의 수련 시간을 독립변수의 일부로 하여 개입 자체에 변화를 주는 것이다. 특히 그룹의 다른 모든 요소는 동일하게 통제한 다음 각 그룹에 서로 다른 숙제 시간을 할당하는 것이 가장 확실한 방법이다. 앞에서 언급한 것처럼, Shapiro 등(2008)은 이런 유형의 연구 설계를 사용했다.

또 중요한 것이 수련의 효과를 판별하는 것이다. 즉, 명상을 많이 하면 할수록 효과도 커진다는 것을 판별하기 위해서는 마음챙김 수련의 빈도와 지속 시간을 기록해야 한다(예: 수련일기 등). 또 만약 그렇다면 그 관계가 선형인지(linear), 곡선인지(curvilinear), 아니면 다른 더 복잡한 패턴인지 확인하기 위해서도 수련 빈도와 시간을 기록할 필요가 있다(Shapiro & Walsh, 2003). 미래 연구의 또 다른 중요한 영역은 추후 조사 평가(follow-up assessment)다. 마음챙김을 개발할 수 있는 기술로 정의한다면, 개입 직후의 결과보다 일정 시간이 흐른 뒤의 결과가 더 강력하다는 가정을 실험하기 위한 장기 추적 연구도 필요할 것이다(예: Oman, Shapiro, Thoresen, Plante, & Flinders, 2008).

패러다임의 확장

마음챙김 안내
당신이 이 책을 읽기 시작했을 때의 의도를 기억하라. 당신의 직업과 개인 생활에서 마음챙김의 여정을 계속하려는 당신의 의도는 무엇인가?

　　마지막으로 마음챙김이 어떻게 건강과 치유의 패러다임을 확장하는 데 도움을 줄 수 있는지에 대한 지속적인 탐구도 필수적이다. 하나의 유망한 연구 분야는 마음챙김이 치료자 웰빙에 미치는 효과를 조사하는 것이다. 마음챙김은 임상가의 웰빙도 전체 시스템의 필수적 일부로 포함시킴으로써 건강 돌봄 패러다임의 확장을 뒷받침한다. 8장에서 언급한 것처럼 마음챙김 훈련이 임상가의 자기 돌봄을 증진할 수 있다는 사실을 예비 증거가 암시하고 있다. 미래 연구는 추후 조사 평가, 임의 비교 그룹 등을 통해 예비 연구를 확장할 수 있을 것이다. 또 이미 짜인 임상 표준 작업과 대학원 훈련 커리큘럼에 마음챙김을 통합시키는 창의적인 방법을 연구해 볼 수도 있다.

　　미래 연구의 또 다른 영역은 긍정적 성장과 발전의 차원을 지속적으로 연구하여, 지속적인 명상 수련으로 계발되는 인간 잠재력의 영역을 더 확장하는 것이다. Elenor Rosch(1999)가 말했듯이, "그렇다. 명상 전통에 대한 연구는 오랜 사고방식으로부터 헤아릴 수 있는 데이터를 제공한다. 그러나 그것은 훨씬 더 많은 것, 즉 새로운 시각을 제공할 수 있다"(p. 224). 우리는 첨단 방법론을 가지고 전통적인 불교 문헌에 적힌 독특하고 비범한 능력을 탐험할 수 있는 기회를 가졌다. 그리고 그것을 증명할 예비 연구가 시작되었다(Shapiro & Walsh, 2007 참조). 또 미래의 연구는 장기간 명상가, 이를테면 개인당 1만 시간 이상의 명상 수련을 한 티베트의 수행자들에 대한 연구를 통해 유용한 자료를 얻을 수도 있다. 그들이 지속적인 집중 명상 수련을 통해 얻은, 발달과 웰빙에 대한 심대한 효과를 발현하도록 돕는 것이다 (Shapiro & Walsh, 2003). 나아가 도덕 발달, 연민, 지혜 같은 긍정심리학의 변수들을 엄격한 통제 실험에 포함시킬 수도 있다.

우리는 이런 연구의 장이 커다란 이익이 될 것이라고 믿는다. 이것은 환자나 병리에 집중하는 패러다임에서 환자와 임상가 모두의 치유와 성장, 발달에 초점을 맞추는 패러다임으로 이동하는 데 도움을 줄 것이기 때문이다.

결론

서구 심리학의 이론과 연구, 수련에 대한 마음챙김의 응용 가능성은 무한하다. 그리고 그런 협력의 열매가 이미 결실을 맺기 시작하고 있다. 30년간의 연구를 통해 마음챙김에 근거한 치료법이 다양한 환자 그룹에 유의미한 이익 효과를 주고 있다는 것이 밝혀졌다. 또 특정 환자 그룹에 대한 새로운 마음챙김에 근거한 개입이 개발되면서 혁신적인 임상 응용 작업도 진행 중이다. 특히 임상가와 관련하여 마음챙김 수련은 치료자 건강과 웰빙을 유지할 뿐 아니라 핵심 치료 기술에 대한 체계적인 훈련을 제공해 줄 수 있다.

　마지막으로, 마음챙김 수련은 이제까지 서구 연구자들이 별로 관심을 두지 않았던 긍정적인 심리적 자질을 계발하는 데도 희망적이다. 마음챙김은 건강과 치유의 패러다임을 확장하며 우리가 소망하는 의도를 더 깊이 해 주며, 무엇이 가능한지에 대한 우리의 비전을 넓혀 준다. 마음챙김이라는 연구 영역은 아직 젊다. 그리고 마음챙김을 서구 심리학과 건강 돌봄 영역에 통합할 가능성은 아직 무궁무진하다. 실제로 마음챙김은 심리치료의 새로운 모델로 제안되기도 했다. 바로 '마음챙김 지향 심리치료 모델(mindfulness–oriented model of psychotherapy)'이 그것인데, 이것은 서로 다른 이론적 정향을 가진 임상가들을 묶어 주는 통합 패러다임을 제공해 줄 수 있다(Germer, Siegel, & Fulton, 2005). 우리는 이론과 연구, 실제를 한데 묶어 주는 데 있어서, 통합 심리치료 모델로 이어지는 데 있어서, 그리고 궁극적으로 모든 존재의 건강과 행복, 자유의 향상을 위해서 마음챙김이라는 예술과 과학에 대한 지속적 탐구가 이루어질 것으로 낙관한다.

　책을 마무리하면서 이 책을 쓴 의도가 모든 존재의 이익을 위한 것이라는 점을 다시 한 번 상기한다. 우리는 마음챙김에 관한 어떠한 지적 저술의 시도도 궁극적으로 한계가 있다는 것을 인식하고 있다. 그리고 아마도 이 아름답고 풍요로운 알아차림의 길을 가장 잘 표현하는 것은 은유나 시가 아닐까 싶다. Rumi의 시 '여인숙(The Guesthouse)'을 소개하는 것으로 책을 마치고자 한다.

여인숙

인간이라는 존재는 여인숙이다.
매일 아침 새로운 손님이 도착한다.

기쁨, 절망, 비열함
그리고 어떤 순간적인 깨어 있음이
예기치 않은 방문객처럼 찾아온다.

그 모두를 환영하고 맞아들이라.
설령 그들이 슬픔의 무리이어서
그대의 집을 난폭하게 쓸어가 버리고
가구들을 몽땅 내가더라도.

그렇다 해도 각각의 손님을 존중하라.
그들은 어떤 새로운 기쁨을 주기 위해
그대를 청소하는 것인지도 모르니까.

어두운 생각, 부끄러움, 후회
그들을 문에서 웃으며 맞으라.
그리고 그들을 집 안으로 초대하라.
누가 들어오든 감사하게 여기라.
모든 손님은 저 멀리에서 보낸
안내자들이니까.

A 부록: 바디스캔

바디스캔 명상은 대개 등을 바닥에 대고 누운 채 실시한다(요가에서는 '휴식 자세' 또는 '송장 자세'라고 부른다). 다리는 편하게 뻗은 채 양발은 엉덩이 넓이로 벌린다. 손은 손바닥을 천장으로 향하여 몸통에서 약간 떨어진 위치에 편하게 둔다(이 개방적이고 수용적인 자세가 당신에게 편안하게 느껴진다면). 이상적인 환경은 방해받는 요소가 없는, 춥지 않고 안전하며 조용한 장소다. 휴대폰이나 애완동물이 있다면 방해되지 않도록 미리 조치를 취해 둔다. 바디스캔의 요령은 우리의 주의를 천천히 의도적으로 그리고 체계적으로 몸 전체에 기울이는 것이다. 발가락 끝에서 머리까지, 혹은 반대로 머리에서 발가락 끝까지, 매 순간의 자각(알아차림)을 각 신체 부위에서 일어나는 현상에 가져가는 것이다. 각 신체 부위에서 느껴지는 감각, 감정, 그와 연관된 생각 등 무엇이든 일어나는 현상 그대로에 순간순간의 알아차림을 가져간다. 바디스캔은 신체에 면밀히 주의를 기울이는 능력을 키우기 위해 수주에 걸쳐 매일 연습하는 것이 가장 이상적이다. 바디스캔을 1회 완료하는 데는 보통 30~45분이 걸리지만 자신의 필요나 시간 일정에 따라 단축시킬 수도 있다.

우선 바디스캔 수련의 의도를 분명히 하는 것으로 시작한다. 바디스캔의 의도는 이 순간 당신에게 진실되게 느껴지는 어떤 것이든 될 수 있다. '나의 몸과 사랑스러운 방식으로 함께할 수 있기를' '더 큰 마음챙김을 계발하기를' 혹은 '나의 이 수련이 모든 존재에게 도움이 되기를' 등. 일단 자기 의도를 확인한 다음에는 마음속으로 그것을 자신에게 되뇐다. 그런 다음 그것을 놓아 버리고 호흡에 의식을 둔다. 몸속으로 들어오고 몸 밖으로 나가는 호흡을 느껴 본다. 매 순간 판단하지 말고, 마치 파도를 타듯이 자신의 호흡의 물결을 가만히 느껴 본다.

몸에서 느껴지는 호흡의 흐름과 접촉해 보았다면 이제 왼쪽 발가락으로 의식을 가져간다. 거기서 느껴지는 어떠한 감각이라도(아무런 감각이 없다면 그것마저도) 가만히 주의를 기울여 본다. 가능하다면 발가락의 윗부분과 발톱 그리고 아랫부분까지 구분해서 느껴 보도록 한다. 호흡과 발가락에서 느껴지는 느낌을 함께 알아차리도록 해 본다. 이때 콧구멍을 통해 들어온 들숨이 전신을 통과해 왼쪽 발가락 끝까지 내려간 뒤 날숨에서 다시 온몸을 통과해 콧구멍 밖으로 나온다고 상상한다. 주의 집중이 잘 안 되거나 딴생각이 들어도 상관없다. 딴생각이 들면 그 순간, 그런 자신을 평가하지 말고 의식을 다시 발가락으로 부드럽게 가져온다. 발가락에서 느껴지는 어떠한 감각이라도 그것을 관찰한다.

최소 1분 동안 이 집중을 유지한다. 그런 다음 날숨과 함께 발가락에 대한 알아차림을 놓는다. 이렇게 발가락에 대한 의식이 자연스럽게 사라진 다음에는 왼쪽 발바닥으로 의식을 옮겨 간다. 발꿈치가 바닥에 닿는 느낌이나 바닥을 누르는 압력도 느껴 본다. 앞서 발가락에 대해 했던 방식과 마찬가지로 들숨을 쉬면서 호흡이 온몸을 통과해 왼쪽 발바닥까지 내려간다고 상상해 본다. 잘한다, 못한다 평가하지 말고 다만 자신의 몸과 함께 있도록 한다. 어떤 느낌이든 있는 그대로 느낀다. 몸을 느끼는 '옳거나' '그른' 방식은 없다. 왼쪽 발바닥에 1~2분 정도 머문 다음, 왼쪽 발등으로 의식을 옮긴다. 발등의 뼈와 피부, 힘줄 그리고 발목 관절도 느껴 보도록 한다.

이런 방식으로 천천히 그리고 체계적으로 몸 전체의 각 부위로 의식을 옮겨 간다. 바디스캔에서 의식을 옮겨 가는 순서는 이렇다. 왼쪽 발목 → 왼쪽 아랫다리 → 무릎 → 대퇴부 → 고관절 → 오른쪽 발가락 → 오른쪽 발바닥과 발꿈치 → 오른쪽 발등 → 발목 → 아랫다리 → 무릎 → 허벅지 → 고관절. 다음으로, 양쪽 고관절을 모두 포함한 골반 → 성기 → 엉덩이 → 직장(直腸) → 허리와 배 → 등 → 갈비뼈 → 가슴 → 어깨뼈와 어깨. 각 부위에서 어떤 감각이 느껴지는지 살피고 그 감각 속에 가만히 머물러 본다. 또 몸 각 부위에 주의를 기울일 때마다 일어나는 뭉침이나 긴장, 또 그와 함께 일어나는 감정도 관찰한다. 다음 부위로 빨리 넘어가고자 하는 욕구나 한곳에 계속해서 머물고자 하는 성향도 관찰한다. 한 부위에서 다른 부위로 의식을 옮길 때, 날숨과 함께 그 부위에 대한 집중이 풀리고 그 부위가 인식에서 자연스럽게 사라지도록 허용한다.

이제 손가락과 손으로 의식을 이동한다. 이번에는 양손을 함께 한다. 손가락, 엄지손가락, 손바닥, 그리고 바닥에 닿은 손등의 느낌, 손목, 아래팔, 팔꿈치, 윗팔, 어깨를 차례대로 느껴 본다. 이번에는 손가락에서 어깨까지 양쪽 팔 전체를 느껴 보도록 한다. 그런 다음 날숨과 함께 양팔 전체가 의식에서 사라지게 한다. 팔에서 목과 머리로 의식을 이동하는 과정에서 어떤 텅 빈 느낌이나 따뜻함, 무거움, 가벼움을 느낄 수도 있다.

다음으로 목과 목구멍으로 의식을 이동한다. 그러고는 날숨과 함께 목의 앞과 뒤를 둘러싼 근육에 대한 의식을 놓고 이번에는 얼굴과 머리로 의식을 이동한다. 턱에서부터 시작하여 얼굴을 스캔한다. 턱이 자연스럽게 이완되도록 하고, 혀가 입속 아랫니 뒤쪽에 닿는 느낌을 느껴 본다. 그다음 바로 그 의식을 입술, 이, 잇몸, 입천장, 혀, 후두, 볼, 코(콧구멍을 통해 드나드는 공기의 느낌), 귀(들리는 소리), 눈, 눈꺼풀, 눈 주위, 눈썹, 이마, 관자놀이, 두피 그리고 두피 아래 두개골 전체로 이동하며 순서대로 느껴 본다.

마지막으로 머리 정수리에 잠시 동안 의식을 머문다. 그리고 마치 고래처럼 머리 꼭대기에 바람구멍이 하나 있어서 그곳으로 공기가 드나든다고 상상한다. 들숨과 함께 그곳을 드나드는 공기가 몸 전체를 관통해 발끝에까지 이르고, 다음으로 날숨과 함께 발끝에서 몸 전체를 통과해 머리 꼭대기로 공기가 빠져나간다고 상상한다. 몸 전체로 숨을 쉬면서 어떤 따뜻한 느낌이 몸에 퍼지는 것을 느낄 수도 있다. 그와 함께 어떤 충만감이나 만족감도 느껴진다. 이렇게 따뜻한 몸으로 하는 호흡을 몇 분간 지속한 다음 몸을 완전히 의식에서 놓는다. 이제 몸의 특정 부위에 의식을 두지 않고 다만 숨이 들어오고 나가는 느낌과 함께 현재 순간에 머물러 본다.

이제 숨마저도 놓아 버리고 다만 현재의 매 순간 자기 의식의 장에 들어오는 무엇이든 알아차린다. 여기에는 생각이나 느낌, 감각, 소리, 호흡, 정지, 고요함 등 어떤 것도 포함될 수 있다. 바디스캔을 하는 동안 신체 각 부위에 의식을 두었던 것과 똑같은 방식으로, 지금 현재 일어나는 어떤 것에든 주의를 기울여 그것과 함께 있어 본다. 일어나는 생각과 충동, 감각, 느낌, 감정 등 어떤 것도 다만 관찰한 다음 놓아 버리는 연습을 반복한다. 일어나면 바라보고(관찰하고) 놓아 버리고, 또 일어나면 관찰한 다음 놓아 버린다. 지금은 여기 이렇게 누워서 현재에 존재하는 것, 깨어 있는 것 외에는 할 일이 없다고 생각한다.

바디스캔을 마무리하면서 이 수련이 자신의 몸과 마음에 어떤 효과가 있었는지 살펴본다. 처음과 지금이 어떻게 다른지도 느껴 본다. 그리고 바디스캔을 일상생활에 적용할 수 있겠는지도 살펴본다. 마지막으로, 이렇게 시간을 내어 자신에게 이런 자각의 선물을 선사한 데 대해 스스로에게 감사의 마음을 갖는다.

B 부록: 앉기 명상

앉기 수련에 대한 자신의 의도를 먼저 상기한다. 그 의도는 이 순간 자신에게 진실한 어떤 것이라도 좋다. '매 순간 친절과 호기심을 갖게 되기를' '처음 시작하는 마음을 갖기를' '이 수련이 모든 존재에게 도움이 되기를' 등 어떤 것이라도 좋다. 앉기 명상을 하는 자신의 의도를 분명히 했다면 그것을 자신에게 속으로 되뇌면서 천천히 의식에서 놓은 다음, 이제 의식을 현재 자리에 앉아 있는 자신의 몸으로 가져간다. 발이나 엉덩이가 이 지구와 연결되어 있음을 느끼면서 양발과 엉덩이, 척추, 가슴을 차례로 느껴 본다. 무릎 위에 편안하게 올려놓은 손과 팔도 느껴 본다. 그리고 어깨와 목, 얼굴까지 차례로 느껴 본다. 이제 자리에 앉아 있는 몸 전체를 느껴 본다. 이렇게 마음이 넓어지는 것을 느끼고 몸 전체가 편안하게 이완되도록 한다. 어떤 일도 억지로 생기게 할 필요가 없이 그냥 놓아둔다.

이제 자신이 쉬고 있는 호흡에 주의를 보낸다. 호흡을 변화시키려고 하지 말고 다만 쉬어지는 대로 호흡을 느낀다. 숨이 몸 안으로 들어오고 나가는 전 과정을, 매번 숨을 쉴 때마다 느껴지는 그 감각을 알아차린다. 호흡과 함께 일어나고 꺼지는 배의 느낌, 아니면 콧구멍을 통해 들고 나는 숨을 느껴 본다. 한 번의 들숨과 한 번의 날숨에서 자기가 얼마나 한 과정 전체를 온전히 느낄 수 있는지 살펴본다.

다음으로, 배가 불러오고 꺼지는 느낌이나 콧구멍을 통해 공기가 들고 나는 느낌에 주의를 기울인다. 넓게 열린 의식을 가지고, 호흡을 조절하려 하지 말고, 다만 호흡이 자연스럽게 스스로의 리듬을 타도록 내버려 둔다. 매 호흡의 느낌을 처음부터 끝까지 온전히 느껴 본다. 호흡의 느낌에 대해 생각하는 것이 아니라 다만 현재 순간에 존재하는 느낌 그것을 실제로 느껴 보도록 한다.

호흡이 매우 강하고 분명하게 느껴질 때도 있고 희미하고 불분명하게 느껴질 때도 있을 것이다. 그것에 개의치 말고 다만 있는 그대로를 관찰하라. 호흡이 길거나 짧거나, 아니면 거칠거나 부드럽거나 다만 끊임없이 변화하는 호흡을 느끼며 그것과 함께 있다.

호흡에 주의를 기울이고 있는데 만약 문득 어떤 소리가 들려 호흡에 집중하던 의식이 소리로 달아난다면 소리를 관찰한다. 차 소리니, 에어컨 소리니 하는 소리의 원인을 파악하려 하지 말고 소리를 다만 청각의 진동으로 느껴 본다. 그렇게 하다가 소리가 더 이상 의식을 잡아당기지 않으면 다시 호흡으로 의식을 가져온다.

몸의 어떤 감각이나 감정, 생각이 호흡에 집중하는 의식을 빼앗아 갈 경우에도 새롭게 떠오른 그것에 의식을 향한다. 그것이 어떤 느낌인지, 느낌의 성질을 부드럽게 탐색한다. 그러는 과정에서 그 느낌이 더 커지는지 혹은 약해지는지도 관찰해 본다.

그 어떤 것이든 호흡에서 의식을 빼앗는 그것을 관찰한 다음에는 다시 호흡으로 돌아온다. 호흡을 마치 물 위에 떠 있는 배가 아래로 내린 닻이라고 생각한다. 주의가 호흡 이외의 다른 것으로 달아날 때마다 다시 호흡으로 주의를 가져오는 '닻'으로 호흡을 생각해 본다. 이렇게 지속적으로 주의를 기울이고 또 현상을 관찰하는 연습을 통해 마음챙김과 집중력의 힘이 커진다. 마음이 한곳에 있지 못하고 방황한다면 다만 '방황, 방황, 방황……'이라고 자신에게 되뇌면서 그것을 관찰하라. 그리고 자신이 방황하고 있는 것을 자각한 다음에는 다시 부드럽게 호흡으로 의식을 가져온다.

의식을 단순하게 만들어 호흡하는 것에 계속해서 머물 수 있도록 하라. 무엇이 호흡에서 주의를 빼앗는지 관찰한 다음 부드럽게 호흡으로 주의를 되돌린다. 이 과정을 계속해서 반복한다.

앉기 명상을 마무리할 때가 되면 자신의 몸과 마음, 가슴이 어떻게 느끼는지 살핀다. 이렇게 더 큰 자각과 친절, 통찰을 계발하는 데 시간을 낸 자신에게 감사함을 느낀다. 이렇게 길러진 마음챙김의 힘을 일상생활에까지 연장하겠다는 의도를 내보는 것도 좋다. 천천히 눈을 뜨고 그 사이로 햇빛이 들어오기 시작하면 천천히 몸을 움직이면서 이 마음챙김 자각을 지금부터 매 순간 지닐 수 있겠는지 본다.

C 부록: 걷기 명상

명상은 앉거나 서거나 눕거나 걷거나 등 어떤 자세로도 할 수 있다. 걷기 명상은 서 있거나 걷는 동안 자기 몸의 감각을 알아차리는 명상이다. 이것은 걷는 과정에 주의를 기울이는 것을 통해 개방된, 호기심 있는, 비판단의 방식으로 의도적으로 주의를 기울이는 연습을 하는 기회다.

걷기 명상을 시작하려면 우선 조용한 장소에서 왔다 갔다 할 수 있는 직선 3~6m 정도의 거리를 확보한다. 걷기 명상에서는 우리가 어딘가에 도달하려 하거나 운동 목적으로 걷는 것이 아님을 상기할 필요가 있다. 우리는 (걷기 명상을 통해) 다만 마음챙김을 계발하려는 것이다. 우선 걷기 명상을 하는 자신의 의도부터 상기해 본다. 의도가 분명해졌으면 그것이 자각의 배경이 되도록 한 다음, 지금 현재 서 있는 감각에 주의를 집중한다. 자기 몸의 무게, 발의 감각, 그리고 몸의 균형을 유지하기 위한 모든 미세한 몸의 움직임을 알아차린다.

준비가 되면 정해 둔 거리를 끝까지 천천히 걷는다. 이때 걸으면서 움직이는 발의 동작에 주의를 보낸다. 속으로 '듦' '나아감' '내림' 처럼 각각의 동작에 이름을 붙일 수도 있다. 정해 둔 거리를 끝까지 걸었으면 멈춘 다음 서 있는 몸의 자세와 호흡을 느낀다.

다음으로 천천히 몸을 돌려 반대 방향으로 걷는다. 15분에서 30분 정도 왔다 갔다를 반복한다. 걷기 명상을 하는 동안 마음이 발의 움직임 외의 다른 곳으로 달아나더라도 단지 '생각' '생각'이라고 이름 붙여 관찰하면서 다시 걸음의 신체적 감각과 움직임에 주의를 확립 한다. 또한 자신의 주의의 질도 계속적으로 체크한다. 즉, 주의가 긴 장되고 뻣뻣한가, 아니면 부드럽고 유연한가? 걷기 명상을 마칠 때가 되면 자신의 의도를 다시 한 번 반추하고, 이렇게 시간을 내어 마음챙 김을 계발하는 자신에게 감사의 마음을 보낸다.

D 부록: 보충자료

Books: *Mindfulness and Psychotherapy*

Aronson, H. B. (2004). *Buddhist practice on western ground: Reconciling eastern ideals and western psychology.* Boston: Shambhala.

Brantley, J. (2007). *Calming Your anxious mind: How mindfulness and compassion can free you from anxiety, fear, and panic* (2nd ed.). Oakland, CA: New Harbinger.

Epstein, M. (2004). *Thoughts Without a thinker: Psychotherapy from a Buddhist perspective.* New York: Perseus Publishing.

Germer, C., Siegel, R., & Fulton, P. (2005). *Mindfulness and psychotherapy.* New York: Guilford Press

Hayes, S., Follette, V., & Linehan, M. (Eds.). (2004). *Mindfulness and acceptance: Expanding the congnitive-behavioral tradition.* New York: Guilford Press.

Kabat-Zinn, J. (1990). *Full catastrophe living: Using the Wisdom of your body and mind to face stress, pain, and illness.* New York: Delacorte Press.

Kornfield, J. (2008). *The wise heart: A guide to the universal teachings of Buddhist psychology.* New York: Bantam Books.

Segal, Z., William, M., & Teasdale, J. (2001). *Mindfulness-based cognitive therapy for depression: A new approach to preventing relapse.* New York: Guilford Press.

Shapiro, D. H., & Astin, J. (1998). *Control therapy: An integrated approach to psychotherapy, health, and healing.* New York: Wiley.

Walsh, R., & Vaughan, F. (Eds.). (1993). *Paths beyond ego.* Los Angeles: Tarcher.

Books: *Meditation Practice*

Goldstein, J., & Kornfield, J. (2001). *Seeking the heart of wisdom: The path of insight meditation.* Boston: Shambhala.

Gunaratana, H. (2002). *Mindfulness in plain English* (2nd ed.). Boston: Wisdom.

Hanh, T. N. (1999). *The miracle of mindfulness* (2nd ed.). Boston: Beacon Press.

Kabat-Zinn, J. (2005). *Wherever you go, there you are: Mindfulness meditation in everyday life* (10th ed.). New York: Hyperion.

Kornfield, J. (1994). *A path with heart: A guide through the perils and promises of spiritual life.* New York: Bantam Books.

Salzberg, S., & Kabat-Zinn, J. (2008). *Lovingkindness: The revolutionary art of happiness.* Boston: Shambhala.

Thera, N. (1973). *The heart of Buddhist meditation: Satipatthna: A handbook of mental training based on the Buddha's way of mindfulness.* New York: Weiser Books.

Web Sites: Mindfulness

Calgary MBSR Interest Group: http://www.mindfulnesscalgary.ca

Center for Contemplative Mind in Society: http://www.contemplativemind.org

Center for Mindfulness in Medicine, Health Care, and society: http://www.umassmed.edu/cfm

Centre for Mindfulness Research and Practice: http://www.bangor.ac.uk/mindfulness

Healing and the Mind, Bill Moyers's documentary of an MBSR program: http://www.ambrosevideo.com

Institute for Meditation and Psychotherapy: http:// www.meditationand-psychotherapy.org

Journal for Mindfulness Practitioners: http://www.inquiringmind.com

Mind & Life Institute: http://www.mindandlife.org

Mindful Awareness Research Center at the University of California, Los Angeles: http://www.marc.ucla.edu

Web Sites: Clinical Applications of Mindfulness

Acceptance and commitment therapy: http://www.www.contextualpsychology.org

Addictive Behaviors Research Center: http://depts.washington.edu/abrc/
meditation.htm

Center for Mindful Eating: http://www.tcme.org

Dialectical behavior therapy: http://www.behavioraltech.com

Mindfulness-based cognitive therapy: http://www.mrc-cbu.cam.ac.uk/
Research/cognition-emotion/researchtopics/mindfulness.shtml

Mindfulness-based symptom management: http://www.ottawamind-
fulnessclinic.com

Social anxiety and mindfulness: http://www.shyness.com

Web Sites: Buddhist Meditation

Dharma Seed: http://www.dharmaseed.org

Insight Meditation Community of Washington: http://www.imcw.org

Insight Meditation Society: http://www.dharma.org/ims

Spirit Rock Meditation Center: http://www.spiritrock.org

참고문헌
Reference

Abercrombie, P. D., Zamora, A., & Korn, A. P. (2007). Lessons learned: Providing a mindfulness-based stress reduction program for low-income multiethnic women with abnormal pap smears. *Holistic Nursing Practice, 21*, 26-34.

Altmaier, E., & Maloney, R. (2007). An initial evaluation of a mindful parenting program. *Journal of Clinical Psychology, 63*, 1231-1238

Anderson, D. T. (2005). Empathy, psychotherapy integration, and meditation: A Buddhist contribution to the common factors movement. *Journal of Humanistic Psychology, 45*, 483-502.

Angutta Nikaya: Volume 1. (n.d.). P.T.S. Ed.

Arkowitz, H. (2002). Toward an integrative perspective on resistance to change. *Psychotherapy in Practice, 58*, 219-227.

Arkowitz, H., & Mannon, B. (2002). A cognitive-behavioral assimilative integration. In F. Kaslow & J. Lebow (Eds.), *Comprehensive handbook of psychotherapy* (pp. 317-337). New York: Wiley.

Arvay, M. J., & Uhlemann, M. R. (1996). Counsellor stress in the field of trauma: A preliminary study. *Canadian Journal of Counselling, 30*, 193-210.

Astin, J. A. (1997). Stress reduction through mindfulness meditation. Effects on psychological symptomatology, sense of control, and spiritual experiences. *Psychotherapy & Psychosomatics, 66,* 97-106.

Astin, J. A., Berman, B. M., Bausell, B., Lee, W. L., Hochberg, M., & Forys, K. L. (2003). The efficacy of mindfulness meditation plus qigong movement therapy in the treatment of fibromyalgia: A randomized controlled trial. *Journal of Rheumatology, 30,* 2257-2262.

Baer, R. A. (2003). Mindfulness training as clinical intervention: A conceptual and empirical review. *Clinical Psychology: Science and Practice, 10,* 125-143.

Baer, R. A., & Krietemeyer, J. (2006). Overview of mindfulness and acceptance-based treatment approaches. In R. A. Baer (Ed.), *Mindfulness-based treatment approaches: Clinician's guide to evidence base and applications* (pp. 3-27). London: Academic Press.

Baer, R. A., Smith, G. T., Hopkins, J., Krietemeyer, J., & Toney, L. (2006). Using self-report assessment methods to explore facets of mindfulness. *Assessment, 13,* 27-45.

Baer, R. A., Smith, G. T., Lykins, E., Button, D., Krietemeyer, J., Sauer, S., et al. (2008). Construct validity of the five facet mindfulness questionnaire in meditating and nonmeditating samples. *Assessment, 15*(3), 329-342.

Barlow, D. H., & Craske, M. G. (2000). *Mastery of your anxiety and panic* (3rd ed.). San Antonio, TX: Harcourt Brace.

Baron, R. M., & Kenny, D. A. (1986). The moderator-mediator variable distinction in social psychological research: Conceptual, strategic and statistical considerations. *Journal of Personality and Social Psychology, 51,* 1173-1182.

Bateson, G., Jackson, D., Haley, J., & Weakland, J. (1956). Toward a theory of schizophrenia. *Behavioral Science, 1,* 251-264.

Bauer-Wu, S. M., & Rosenbaum, E. (2004). Facing the challenges of stem cell/bone marrow transplantation with mindfulness meditation: A pilot study. *Psycho-Oncology, 13*, S10-S11.

Beddoe, A. E., & Lee, K. A. (2008). Mind-body interventions during pregnancy. *Journal of Obstetric, Gynecologic, & Neonatal Nursing, 37*, 165-175.

Beddoe, A. E., & Murphy, S. O. (2004). Does mindfulness decrease stress and foster empathy among nursing students? *Journal of Nursing Education, 43*, 305-312.

Bien, T. (2006). *Mindful therapy: A guide for therapists and helping professionals.* Boston: Wisdom.

Bishop, S. R. (2002). What do we really know about mindfulness-based stress reduction? *Psychosomatic Medicine, 64*, 71-83.

Bishop, S. R., Lau, M., Shapiro, S., Carlson, L., Anderson, N. D., Carmody, J. F., et al. (2004). Mindfulness: A proposed operational definition. *Clinical Psychology: Science and Practice, 11, 230-241.*

Blegen, M. A. (1993). Nurses' job satisfaction: A meta-analysis of related variables. *Nursing Research, 42*, 36-41.

Bodhi, B. (2002). *The connected discourses of the Buddha: A translation of the samyutta nikaya* (2nd ed.). Boston: Wisdom Publications.

Bohart, A. (1983). *Detachment: A variable common to many psychotherapies?* Paper presented at the 63rd Annual Convention of the Western Psychological Association, San Francisco, CA.

Bohart, A. C., Elliott, R., Greenberg, L. S., & Watson, J. C. (2002). Empathy. In J. C. Norcross (Ed.), *Psychotherapy relationships that work: Therapist contributions and responsiveness to patients* (pp. 89-108). New York: Oxford University Press.

Borkovec, T. D. (2002). Life in the future versus life in the present. *Clinical Psychology: Science and practice, 9,* 76-80.

Bowen, S., Witkiewitz, K., Dillworth, T. M., Chawla, N., Simpson, T. L., Ostafin, B. D., et al. (2006). Mindfulness meditation and substance use in an incarcerated population. *Psychology of Addictive Behaviors, 20,* 343–347.

Bowen, S., Witkiewitz, K., Dillworth, T. M., & Marlatt, A. G. (2007). The role of thought suppression in the relationship between mindfulness mediation and alcohol use. *Addictive Behavior, 32,* 2324–2328.

Brach, T. (2003). *Radical acceptance: Embracing your life with the heart of a Buddha.* New York: Bantam.

Brennan, J. (2001). Adjustment to cancer-coping or personal transition? *Psycho-Oncology, 10,* 1–18.

Brown, K. W., & Cordin, S. (in press). Le sentiment de l'existence: The phenomenological nature and emotional correlates of mindfulness. In F. Didonna (Ed.), *Clinical handbook of mindfulness.* New York: Springer.

Brown, K. W., & Ryan, R. M. (2003). The benefits of being present: Mindfulness and its role in psychological well-being. *Journal of personality and Social Psychology, 84,* 822–848.

Butler, S. K., & Constantine, M. G. (2005). Collective self-esteem and burnout in professional school counselors. *Professional School Counseling, 9*(1), 55–62.

Butterfield, P. S. (1988). The stress of residency. A review of the literature. *Archives of Internal Medicine, 148,* 1428–1435.

Carlson, L. E., & Brown, K. W. (2005). Validation of the mindful attention awareness scale in a cancer population. *Journal of Psychosomatic Research, 58,* 29–33.

Carlson, L. E., & Garland, S. N. (2005). Impact of mindfulness-based stress reduction (MBSR) on sleep, mood, stress and fatigue symptoms in cancer outpatients. *International Journal of Behavioral Medicine, 12,* 278–285.

Carlson, L. E., & Speca, M. (2007). Managing daily and long-term stress. In M. Feurrestein (Ed.), *Handbook of cancer survivorship* (pp. 339–360). New York: Springer.

Carlson, L. E., Speca, M., Patel, K. D., & Faris, P. (2007). One year prepost intervention follow-up of psychological, immune, endocrine and blood pressure outcomes of mindfulness-based stress reduction (MBSR) in breast and prostate cancer outpatients. *Brain, Behavior, and Immunity, 21*(8), 1038-1049.

Carlson, L. E., Speca, M., Patel, K. D., & Goodey, E. (2003). Mindfulness-based stress reduction in relation to quality of life, mood, symptoms of stress, and immune parameters in breast and prostate cancer out-patients. *Psychosomatic Medicine, 65*, 571-581.

Carlson, L. E., Speca, M., Patel, K. D., & Goodey, E. (2004). Mindfulness-based stress reduction in relation to quality of life, mood, symptoms of stress and levels of cortisol, dehydroepiandrosterone-sulftate (DHEAS) and melatonin in breast and prostate cancer outpatients. *Psychoneuroendocrinology, 29*, 448-474.

Carlson, L. E., Ursuliak, Z., Goodey, E., Angen, M., & Speca, M. (2001). The effects of a mindfulness meditation-based stress reduction program on mood and symptoms of stress in cancer outpatients: Six month follow-up. *Supportive Care in Cancer, 9*, 112-123.

Carmody, J., Crawford, S., & Churchill, L. (2006). A pilot study of mindfulness-based stress reduction for hot flashes. *Menopause, 13*, 760-769.

Carmody, J., Reed, G., Merriam, P., & Kristeller, J. (2008). Mindfulness, spirituality and health-related symptoms. *Journal of Psychosomatic Research, 64*, 393-403.

Carson, J. W., Carson, K. M., Gil, K. M., & Baucom, D. H. (2004). Mindfulness-based relationship enhancement. *Behavior Therapy, 35*, 471-494.

Carson, J. W., Carson, K. M., Gil, K. M., & Baucom, D. H. (2006). Mindfulness-based relationship enhancement in couples. In R. A. Baer (Ed.), *Mindfulness-based treatment approaches: Clinician's guide to evidence base and applications* (pp. 309-331). Amsterdam: Elsevier.

Carson, J. W., Keefe, F. J., Lynch, T. R., Carson, K. M., Goli, V., Fras, A. M., et al. (2005). Loving-kindness meditation for chronic low back pain: Results from a pilot trial. *Journal of Holistic Nursing, 23*, 287-304.

Cartwright-Hatton, S., & Wells, A. (1997). Beliefs about worry and intrusions: The meta-cognitions questionnaire and its correlates. *Journal of Anxiety Disorders, 11*, 279-296.

Cash, E. (2008, March 12). *Dharma talk*. Woodacre, CA: Spirit Rock Meditation Center.

Christopher, J. C., Christopher, S. E., Dunnagan, T., & Schure, M. (2006). Teaching self-care through mindfulness practices: The application of yoga, meditation, and qigong to counselor training. *Journal of Humanistic Psychology, 46*, 494-509.

Cohen-Katz, J., Wiley, S., Capuano, T., Baker, D. M., Deitrick, L., & Shapiro, S. (2005). The effects of mindfulness-based stress reduction on nurse stress and burnout: A qualitative and quantitative study, part III. *Holistic Nursing Practice, 19*, 78-86.

Cohen-Katz, J., Wiley, S. D., Capuano, T., Baker, D. M., & Shapiro, S. (2004). The effects of mindfulness-based stress reduction on nurse stress and burnout: A quantitative and qualitative study. *Holistic Nursing Practice, 18*, 302-308.

Cohen-Katz, J., Wiley, S. D., Capuano, T., Baker, D. M., & Shapiro, S. (2005). The effects of mindfulness-based stress reduction on nurse stress and burnout, part II: A quantitative and qualitative study. *Holistic Nursing Practice, 19*, 26-35.

Coppenhall, K. (1995). The stresses of working with clients who have beem sexually abused. In W. Dryden (Ed.), *The stresses of counseling in action* (pp. 28-43). Thousand Oaks, CA: Sage.

Coster, J. S., & Schwebel, M. (1997). Well-functioning in professional psychologists. *Professional Psychology: Research and Practice, 28,* 5-13.

Cozolino, L. (2004). *The making of a therapist: A practical guide for the inner journey.* New York: Norton.

Creswell, J. D., Way, B. M., Eisenberger, N. I., & Lieberman, M. D. (2007). Neural correlates of dispositional mindfulness during affect labeling. *Psychosomatic Medicine, 69,* 560-565.

Cullen, M. (2006). Mindfulness: The heart of Buddhist meditation? A conversation with Jan Chozen Bays, Joseph Goldstein, Jon Kabat-Zinn, and Alan Wallace. *Inquiring Mind: A Semiannual Journal of the Vipassana Community, 22*(2), 4-7.

Curiati, J. A., Bocchi, E., Freire, J. O., Arantes, A. C., Braga, M., Garcia, Y., et al. (2005). Meditation reduces sympathetic activation and improves the quality of life in elderly patients with optimally treated heart failure: A prospective randomized study. *Journal of Alternative and Complementary Medicine, 11,* 465-472.

Daley, D. C., & Marlatt, G. A. (1997). Relapse prevention: Cognitive and behavioral interventions. In J. Lowinson, P. Ruiz, R. B. Millman, & J. Langrod (Eds.), *Substance abuse: A comprehensive textbook* (3rd ed., pp. 458-466). Baltimore, MD: Williams & Wilkins.

Davidson, R. J., Kabat-Zinn, J., Schumacher, J., Rosenkranz, M., Muller, D., Santorelli, S. F., et al. (2003). Alterations in brain and immune function produced by mindfulness meditation [comment]. *Psychosomatic Medicine, 65,* 564-570.

Davis, L. W., Strasburger, A. M., & Brown, L. F. (2007). Mindfulness: An intervention for anxiety in schizophrenia. *Journal of Psychosocial Nursing and Mental Health Services, 45*(11), 23-29.

Deikman, A. J. (1982). *The observing self.* Boston: Beacon Press.

DeRubeis, R. J., Bortman, M. A., & Gibbons, C. J. (2005). A conceptual and methodological analysis of the nonspecifics argument. *Clinical*

Psychology: Science and Practice, 12, 174-183.

di Pellegrino, G., Fadiga, L., Fogassi, L., Gallese, V., & Rizzolatti, G. (1992). Understanding motor events: A neurophysiological study. *Experimental Brain Research, 91,* 176-180.

Diebold, J. C. (2003). *Mindfulness in the machine: A mindfulness-based cognitive therapy for the reduction of driving anger.* Unpublished manuscript, Hofstra University, Hempstead, NY.

Ditto, B., Eclache, M., & Goldman, N. (2006). Short-term autonomic and cardiovascular effects of mindfulness body scan meditation. *Annals of Behavioral Medicine, 32,* 227-234.

Dobkin, P. L. (2008). Mindfulness-based stress reduction: what processes are at work? *Complementary Therapies in Clinical Practice, 14,* 8-16.

Elliot, T. S. (1943). *Four quartets.* Orlando, FL: Harcourt Inc.

Enochs, W. K., & Etzbach, C. A. (2004). Impaired student counselors: Ethical and legal considerations for the family. *The Family Journal, 12,* 396-400.

Epstein, M. (2004). *Thoughts without a thinker: Psychotherapy from a Buddhist perspective.* New York: Perseus Book Group.

Evans, S., Ferrando, S., Findler, M., Stowell, C., Smart, C., & Haglin, D. (in press). Mindfulness-based cognitive therapy for generalized anxiety disorder. *Journal of Anxiety Disorders.*

Farb, N., Segal, Z. V., Mayberg, H., Bean, J., McKeon, D., Fatima, Z., et al. (2007). Attending to the present: Mindfulness meditation reveals distinct neural modes of self-reference. *Social Cognitive and Affective Neuroscience, 2,* 313-322.

Fehr, T. G. (2006). Transcendental meditation may prevent partial epilepsy. *Medical Hypotheses, 67,* 1462-1463.

Figley, C. R. (2002). Compassion fatigue: Psychotherapists' chronic lack of self care. *Journal of Clinical Psychology, 58*(11, Suppl. 1), 1433-1441.

Finucane, A., & Mercer, S. W. (2006). An exploratory mixed methods study of the acceptability and effectiveness of mindfulness-based cognitive therapy for patients with active depression and anxiety in primary care. *BMC Psychiatry, 6*(14).

Fowler, J. (1995). *Stages of faith: The psychology of human development and the quest for meaning.* San Francisco: HarperOne.

Fredrickson, B. (2001). The role of positive emotions in positive psychology. *American Psychologist, 56*(3), 218-226.

Fredrickson, B. L., Cohn, M. A., Coffey, K. A., Pek, J., & Finkel, S. M. (2008). Open hearts build lives: Positive emotions, induced through loving-kindness meditation, build consequential personal resources. *Journal of Personal and Social Psychology, 95*, 1045-1062.

Freedman, B. (2009). *Rescuing the future.* Unpublished manuscript.

Fresco, D. M., Moore, M. T., van Dulmen, M., Segal, Z. V., Ma, H., Teasdale, J. D., et al. (2007). Initial psychometric properties of the experiences questionnaire: Validation of a self-report measure of decentering. *Behavior Therapy, 38*, 234-246.

Garland, S. N., Carlson, L. E., Cook, S., Lansdell, L., & Speca, M. (2007). A non-randomized comparison of mindfulness-based stress reduction and healing arts programs for facilitating post-traumatic growth and spirituality in cancer outpatients. *Supportive Care in Cancer, 15*, 949-961.

Germer, C. K., Siegel, R. D., & Fulton, P. R. (Eds.). (2005). *Mindfulness and psychotherapy.* New York: Guilford Press.

Gifford, E. V., Kohlenberg, B. S., Hayes, S. C., Antonuccio, D. O., Piasecki, M. M., Rasmussen-Hall, M. L., et al. (2004). Acceptance-based treatment for smoking cessation. *Behavior Therapy, 35*, 689-705.

Gilbert, P. (2005). *Compassion: Conceptualisations, research and use in psychotherapy.* London: Routledge.

Gill, J. (1980). Burnout: A growing threat in ministry. *Human Development, 1*, 21-27.

Goddard, D. (1994). *A Buddhist bible.* Boston: Beacon Press.

Goldenberg, D. L., Kaplin, K. H., Nadeau, M. G., Brodeur, C., Smith, S., & Schmid, C. H. (1994). A controlled study of a stress-reduction, cognitive-behavioral treatment program in fibromyalgia. *Journal of Musculoskeletal Pain, 2,* 53-66.

Goldstein, T. R., Axelson, D. A., Birmaher, B., & Brent, D. A. (2007). Dialectical behavior therapy for adolescents with bipolar disorder: A 1-year open trial. *Journal of the American Academy of Child and Adolescent Psychiatry, 46,* 820-830.

Goleman, D. (1971). Meditation as meta-therapy. Hypothesis toward a proposed fifth state of consciousness. *Journal of Transpersonal Psychology,* 3(1), 1-25.

Goleman, D. (1980). A map for inner space. In R. N. Walsh & F. Vaughan (Eds.), *Beyond ego* (pp. 141-150). Los Angeles: Tarcher.

Goleman, D. (2003). *Destructive emotions: A scientific dialogue with the Dalai Lama.* New York: Bantam Books.

Goleman, D. (2006). *Emotional intelligence: Why it can matter more than IQ* (10th ed.). New York: Bantam Books.

Gratz, K. L., & Gunderson, J. G. (2006). Preliminary data on an acceptance-based emotion regulation group intervention for deliberate self-harm among women with borderline personality disorder. *Behavior Therapy, 37,* 25-35.

Gravois, J. (2005). Meditate on it. *The Chronicle of Higher Education, 52*(9), A10-A12.

Gregg, J. A., Callaghan, G. M., Hayes, S. C., & Glenn-Lawson, J. (2007). Improving diabetes self-management through acceptance, mindfulness, and values: A randomized controlled trial. *Journal of Consulting and Clinical Psychology, 75,* 336-343.

Grepmair, L., Mitterlehner, F., Loew, T., Bachler, E., Rother, W., & Nickel, M.

(2007). Promoting mindfulness in psychotherapists in training influences the treatment results of their patients: A randomized, double-blind, controlled study. *Psychotherapy and Psychosomatics, 76*, 332-338.

Grepmair, L., Mitterlehner, F., Loew, T., & Nickel, M. (2007). Promotion of mindfulness in psychotherapists in training: Preliminary study. *European Psychiatry, 22*, 485-489.

Gross, C. R., Kreitzer, M. J., Russas, V., Treesak, C., Frazier, P. A., & Hertz, M. I. (2004). Mindfulness meditation to reduce symptoms after organ transplant: A pilot study. *Advances in Mind-Body Medicine, 20*, 20-29.

Grossman, P., Niemann, L., Schmidt, S., & Walach, H. (2004). Mindfulness-based stress reduction and health benefits. A meta-analysis. *Journal of Psychosomatic Research, 57*, 35-43.

Grossman, P., Tiefenthaler-Gilmer, U., Raysz, A., & Kesper, U. (2007). Mindfulness training as an intervention for fibromyalgia: Evidence of postintervention and 3-year follow-up benefits in well-being. *Psychotherapy and Psychosomatics, 76*, 226-233.

Guerrero, J. M., & Reiter, R. J. (2002). Melatonin-immune system relationships. *Current Topics in Medicinal Chemistry, 2*, 167-180.

Guy, J. D., Poelstra, P. L., & Stark, M. J. (1989). Personal distress and therapeutic effectiveness: National survey of psychologists practicing psychotherapy. *Professional Psychology: Research and Practice, 20*, 48-50.

Haimerl, C. J., & Valentine, E. (2001). The effect of contemplative practice on interpersonal, and transpersonal dimensions of the self-concept. *Journal of Transpersonal Psychology, 33*(1), 37-52.

Halbesleben, J., & Rathert, C. (2008). Linking physician burnout and patient outcomes: Exploring the dyadic relationship between physicians and patients. *Health Care Management Review, 33*, 29-39.

Hanh, T. N. (2000). *Path of emancipation: Talks from a 21-day mindfulness retreat.* Berkeley, CA: Parallax Press.

Hankin, V. M. (2008). *Mindfulness-based stress reduction in couples battling multiple sclerosis.* Paper presented at the 80th Annual Midwestern Psychological Association Meeting: stress and Coping in Clinical & Health Psychology, Chicago, IL.

Harley, R., Sprich, S., Safren, S., Jacobo, M., & Fava, M. (2008). Adaptation of dialectical behavior therapy skills training group for treatment-resistant depression. *Journal of Nervous and Mental Disease, 196,* 136-143.

Hayes, S. C. (2002). Acceptance, mindfulness, and science. *Clinical Psychology: Science and Practice, 9,* 101-106.

Hayes, S. C. (2005, July 2). Training. Retrieved February 10, 2009, from Association for Contextual Behavioral Science Web site: http://www.contextualpsychology.org/act_training.

Hayes, S. C., Strosahl, K., & Wilson, K. G. (1999). *Acceptance and commitment therapy.* New York: Guilford Press.

Hayes, S. C., Wilson, K. G., Gifford, E. V., Bissett, R., Piasecki, M., Batten, S. V., et al. (2004). A preliminary trial of twelve-step facilitation and acceptance and commitment therapy with polysubstance-abusing methadone-maintained opiate addicts. *Behavior Therapy, 35,* 667-688.

Hebert, J., Ebbeling, C., Olendzki, D., Hurley, T., Ma, Y., Saal, N., et al. (2001). Change in women's diet and body mass following intensive intervention for early-stage breast cancer. *Journal of the American Dietetic Association, 101,* 421-431.

Heidenreich, T., Tuin, I., Pflug, B., Michal, M., & Michalak, J. (2006). Mindfulness-based cognitive therapy for persistent insomnia: A pilot study. *Psychotherapy and Psychosomatics, 75,* 188-189.

Helgeson, V. S., Reynolds, K. A., & Tomich, P. L. (2006). A meta-analytic review of benefit finding and growth. *Journal of Consulting and Clinical Psychology, 74,* 797-816.

Henry, W. P., Schacht, T. E., & Strupp, H. H. (1990). Patient and therapist introject, interpersonal process, and differential psychotherapy outcome. *Journal of Consulting and Clinical Psychology, 58,* 768-774.

Horton-Deutsch, S., O'Haver Day, P., Haight, R., & Babin-Nelson, M. (2007). Enhancing mental health services to bone marrow transplant recipients through a mindfulness-based therapeutic intervention. *Complementary Therapies in Clinical Practice, 13,* 110-115.

Jain, S., Shapiro, S. L., Swanick, S., Roesch, S. C., Mills, P. J., Bell, I., et al. (2007). A randomized controlled trial of mindfulness meditation versus relaxation training: Effects on distress, positive states of mind, rumination, and distraction. *Annals of Behavioral Medicine, 33,* 11-21.

Jaseja, H. (2006a). A brief study of a possible relation of epilepsy association with meditation. *Medical Hypotheses, 66,* 1036-1037.

Jaseja, H. (2006b). Meditation potentially capable of increasing susceptibility to epilepsy-a follow-up hypothesis. *Medical Hypotheses, 66,* 925-928.

Jaseja, H. (2007). Meditation and epilepsy: The ongoing debate. *Medical Hypotheses, 68,* 916-917.

Jayadevappa, R., Johnson, J. C., Bloom, B. S., Nidich, S., Desai, S., Chhatre, S., et al. (2007). Effectiveness of transcendental meditation on functional capacity and quality of life of African Americans with congestive heart failure: A randomized control study. *Ethnicity & Disease, 17,* 72-77.

Jha, A. P., Krompinger, J., & Baime, M. J. (2007). Mindfulness training modifies subsystems of attention. *Cognitive, affective & Behavioral Neuroscience, 7,* 109-119.

Johanson, G. (2006). A survey of the use of mindfulness in psychotherapy. *Annals of the American Psychotherapy Association, 9*(2), 15-24.

Kabat-Zinn, J. (1982). An outpatient program in behavioral medicine for chronic pain patients based on the practice of mindfulness meditation: Theoretical considerations and preliminary results. *General Hospital Psychiatry 4,* 33-47.

Kabat-Zinn, J. (1990). *Full catastrophe living: Using the wisdom of your body and mind to face stress, pain and illness.* New York: Delacourt.

Kabat-Zinn, J. (2003). Mindfulness-based interventions in context: Past, present, and future. *Clinical Psychology: Science and Practice, 10,* 144–156.

Kabat-Zinn, J. (2005). *Coming to our sense.* New York: Hyperion.

Kabat-Zinn, J., Lipworth, L., & Burney, R. (1985). The clinical use of mindfulness meditation for the self-regulation of chronic pain. *Journal of Behavioral Medicine, 8,* 163-190.

Kabat-Zinn, J., Lipworth, L., Burney, R., & Sellers, W. (1987). Four-year follow-up of a meditation-based program for the self-regulation of chronic pain: Treatment outcomes and compliance. *The Clinical Journal of Pain, 2,* 159-173.

Kabat-Zinn, J., Massion, A. O., Kristeller, J., Peterson, L. G., Fletcher, K. E., Pbert, L., et al. (1992). Effectiveness of a meditation-based stress reduction program in the treatment of anxiety disorders. *The American Journal of Psychiatry, 149,* 936-943.

Kabat-Zinn, J., Wheeler, E., Light, T., Skillings, A., Scharf, M. J., Cropley, T. G., et al. (1998). Influence of a mindfulness meditation-based stress reduction intervention on rates of skin clearing in patients with moderate to severe psoriasis undergoing phototherapy (UVB) and photochemotherapy (PUVA). *Psychosomatic Medicine, 60,* 625-632.

Kabat-Zinn, M., & Kabat-Zinn, J. (1998). *Everyday blessing: The inner work of mindful parenting.* New York: Hyperion.

Kaplan, K. H., Goldenberg, D. L., & Galvin-Nadeau, M. (1993). The impact of a meditation-based stress reduction program on fibromyalgia. *General Hospital Psychiatry, 15,* 284-289.

Kegan, R. (1982). *The evolving self: Problem and process in human development.* Cambridge, MA: Harvard University Press.

Kenny, M. A., & Williams, J. M. (2007). Treatment-resistant depressed patients show a good response to mindfulness-based cognitive therapy. *Behaviour Research and Therapy, 45,* 617-625.

Kingston, J., Chadwick, P., Meron, D., & Skinner, T. C. (2007). A pilot randomized control trial investigating the effect of mindfulness practice on pain tolerance, psychological well-being, and physiological activity. *Journal of Psychosomatic Research, 62,* 297-300.

Kingston, T., Dooley, B., Bates, A., Lawlor, E., & Malone, K. (2007). Mindfulness-based cognitive therapy for residual depressive symptoms. *Psychology and Psychotherapy: Theory, Research and Practice, 80*(Pt. 2), 192-203.

Kinnell, G. (1993). Saint Francis and the sow. *Three books: Body rags: Mortal acts, Mortal words: The past.* New York: Houghton Mifflin.

Klein, G. (1996). The effect of acute stressors on decision making. In J. Driskell & E. Salas (Eds.), *Stress and human performance* (pp. 49-88). Hillsdale, NJ: Erlbaum.

Koerbel, L. S,. & Zucker, D. M. (2007). The suitability of mindfulness-based stress reduction for chronic hepatitis C. *Journal of Holistic Nursing, 25,* 265-274.

Kohlberg, L. (1981). *Essays on moral development: Vol 1. The philosophy of moral development: Moral stages and the idea of justice.* New York: Harper & Row.

Koons, C. R., Robins, C. J., Tweed, J. L., Lynch, T. R., Gonzalez, A. M., Morse, J. Q., et al. (2001). Efficacy of dialectical behavior therapy in women veterans with borderline personality disorder. *Behavior Therapy, 32,* 371-390.

Kornfield, J. (2003, August 4). *Monday night dharma talk.* Woodacre, CA: Spirit Rock Meditation Center.

Kornfield, J. (2008). *The wise heart: A guide to the universal teachings of*

Buddhist psychology. New York: Bantam Books.

Koszycki, D., Benger, M., Shlik, J., & Bradwejn, J. (2007). Randomized trial of a meditation-based stress reduction program and cognitive behavior therapy in generalized social anxiety disorder. *Behaviour Research and Therapy, 45*, 2518-2526.

Kramer, G. (2007). *Insight dialogue: The interpersonal path to freedom.* Boston: Shambhala.

Kreitzer, M. J., Gross, C. R., Ye, X., Russas, V., & Treesak, C. (2005). Longitudinal impact of mindfulness meditation on illness burden in solid-organ transplant recipients. *Progress in Transplantation, 15*, 166-172.

Kristeller, J. L., Baer, R. A., & Quillian-Wolever, R. (2006). Mindfulness-based approaches to eating disorders. In R. A. Baer (Ed.), *Mindfulness-based treatment approaches: Clinician's guide to evidence base and applications* (pp. 75-91). London: Academic Press.

Kristeller, J., & Hallett, C. B. (1999). An exploratory study of a mediation-based intervention for binge eating disorder. *Journal of Health Psychology, 4*, 357-363.

Kross, E., Ayduk, O., & Mischel, W. (2005). When asking "Why" does not hurt. *Psychological Science, 16*, 709-715.

Kutz, I., Leserman, J., Dorrington, C., Morrison, C. H., Borysenko, J. Z., & Benson, H. (1985). Meditation as an adjunct to psychotherapy. An outcome study. *Psychotherapy and Psychosomatics, 43*, 209-218.

Lamanque, P., & Daneault, S. (2006). Does meditation improve the quality of life for patients living with cancer? [La meditation amelioret-elle la qualite de vie des patients vivant avec un cancer?] *Canadian Family Physician Medecin De Famille Canadien, 52*, 474-475.

Lambert, M. J. (1992). Psychotherapy outcome research; implications for integrative and eclectic theories. In J. C. Norcross & M. R. Goldfried (Eds.), *Handbook of psychotherapy integration* (pp. 94-129). New York:

Basic Books.

Lambert, M. J. (2005). Early response in psychotherapy: Further evidence for the importance of common factors rather than "placebo effects." *Journal of Clinical Psychology, 61*, 855-869.

Lansky, E. P., & St. Louis, E. K. (2006). Transcendental meditation: A double-edged sword in epilepsy? *Epilepsy & Behavior, 9*, 394-400.

Lau, M. A., Segal, Z. V., & Williams, J. M. (2004). Teasdale's differential activation hypothesis: Implications for mechanisms of depressive relapse and suicidal behaviour. *Behaviour Research and Therapy, 42*, 1001-1017.

Lazar, S. W., Kerr, C. E., Wasserman, R. H., Gray, J. R., Greve, D. N., Treadway, M. T., et al. (2005). Meditation experience is associated with increased cortical thickness. *Neuroreport, 16*, 1893-1897.

Lee, J. (2006). *Mindfulness-based cognitive therapy for children: Feasibility, acceptability, and effectiveness of a controlled clinical trial.* Unpublished doctoral dissertation, Columbia University, New York.

Lee, S. H., Ahn, S. C., Lee, Y. J., Choi, T. K., Yook, K. H., & Suh, S. Y. (2007). Effectiveness of a meditation-based stress management program as an adjunct to pharmacotherapy in patients with anxiety disorder. *Journal of Psychosomatic Research, 62*, 189-195.

Lehner, P. (1997). Cognitive biases and time stress in team decision making. *Systems, Man and Cybernetics, Part A. IEEE Transactions on, 27*, 698-703.

Lemonick, M. D. (1995, July 17). Glimpses of the mind. What is consciousness? Memory? Emotion? Science unravels the best-kept secrets of the human brain. *Time.* Retrieved February 9, 2009, from http://www.time.com/time/classroom/psych/unit3_article1.html

Lesh, T. V. (1970). Zen meditation and the development of empathy in counselors. *Journal of Humanistic Psychology, 10*, 39-74.

Linehan, M. M. (1987). Dialectical behavior therapy for borderline personality disorder. Theory and method. *Bulletin of the Menninger Clinic, 51*, 261-

276.

Linehan, M. M. (1993a). *Cognitive-behavioral treatment of borderline personality disorder.* New York: Guilford Press.

Linehan, M. M. (1993b). *Skills training manual for treating borderline personality disorder.* New York: Guilford Press.

Linehan, M. M., Armstrong, H. E., Suarez, A., Allmon, D., & Heard, H. L. (1991). Cognitive-behavioral treatment of chronically parasuicidal borderline patients. *Archives of General Psychiatry, 48,* 1060-1064.

Linehan, M. M., Cochran, B. N., Mar, C. M., Levensky, E. R., & Comtois, K. A. (2000). Therapeutic burnout among borderline personality disordered clients and their therapists: Development and evaluation of two adaptations of the Maslach Burnout Inventory. *Cognitive and Behavioral Practice, 7,* 329-337.

Linehan, M. M., Comtois, K. A., Murray, A. M., Brown, M. Z., Gallop, R. J., Heard, H. L., et al. (2006). Two-year randomized trial+follow up of dialectical behavior therapy vs. therapy by experts for suicidal behaviors and borderline personality. *Archives of General Psychiatry, 63,* 757-766.

Linehan, M. M., Dimeff, L. A., Reynolds, S. K., Comtois, K. A., Welch, S. S., Heagerty, P., et al. (2002). Dialectical behavior therapy versus comprehensive validation therapy plus 12-step for the treatment of opioid dependent women meeting criteria for borderline personality disorder. *Drug and Alcohol Dependence, 67,* 13-26.

Linehan, M. M., Schmidt, H., Dimeff, L. A., Craft, J. C., Kanter, J., & Comtois, K. A. (1999). Dialectical behavior therapy for patients with borderline personality disorder and drug dependence. *American Journal on Addictions, 8,* 279-292.

Loevinger, J. (1997). Stages of personality development. In R. Hogan, J. Johnson, & S. Briggs (Eds.), *Handbook of personality psychology* (pp. 199-208). San Diego, CA: Academic Press.

Lohr, J. M., Olatunji, B. O., Parker, L., & DeMaio, C. (2005). Experimental analysis of specific treatment factors: Efficacy and practice implications. *Journal of Clinical Psychology, 61*, 819-834.

Luborsky, L., Rosenthal, R., Diguer, L., Andrusyna, T. P., Berman, J. S., Levitt, J. T., et al. (2002). The dodo bird verdict is alive and well-mostly. *Clinical Psychology: Science and Practice, 9*, 2-12.

Luborsky, L., Singer, B., & Luborsky, L. (1975). Comparative studies of psychotherapies: Is it true that "everyone has won and all must have prizes"? *Archives of General Psychiatry, 32*, 995-1008.

Lundgren, T., Dahl, J., & Hayes, S. C. (2008). Evaluation of mediators of change in the treatment of epilepsy with acceptance and commitment therapy. *Journal of Behavioral Medicine, 31*, 225-235.

Lundgren, T., Dahl, J., Melin, L., & Kies, B. (2006). Evaluation of acceptance and commitment therapy for drug refractory epilespsy: A randomized controlled trial in South Africa——A pilot study. *Epilepsia, 47*, 2173-2179.

Lundgren, T., Dahl, J., Yardi, N., & Melin, L. (in press). Acceptance and commitment therapy and yoga for drug-refractory epilepsy: A randomized controlled trial. *Epilepsy & Behavior.*

Lushington, K., & Luscri, G. (2001). Are counseling students stressed? A cross-cultural comparison of burnout in Australian, Singaporean and Hong Kong counseling students. *Asian Journal of Counseling, 8*, 209-232.

Lutz, A., Brefczynski-Lewis, J., Johnstone, T., & Davidson, R. J. (2008). Regulation of the neural circuitry of emotion by compassion meditation: Effects of meditative expertise. *PLoS ONE, 3*, e1897.

Lutz, A., Greischar, L. L., Rawlings, N. B., Ricard, M., & Davidson, R. J. (2004). Long-term meditators self-induce high-amplitude gamma synchrony during mental practice. *Proceedings of the National Academy of Sciences of the United States of America, 101*, 16369-16373.

Lynch, T. R., Chapman, A. L., Rosenthal, M. Z., Kuo, J. R., & Linehan, M. M.

(2006). Mechanisms of change in dialectical behavior therapy: Theoretical and empirical observations. *Journal of Clinical Psychology, 62*, 459-480.

Lynch, T. R., Morse, J. Q., Mendelson, T., & Robbins, C. J. (2003). Dialectical behavior therapy for depressed older adults: A randomized pilot study. *American Journal of Geriatric Psychiatry, 11*, 33-45.

Lynch, T. R., Trost, W. T., Salsman, N., & Linehan, M. M. (2007). Dialectical behavior therapy for borderline personality disorder. *Annual Review of Clinical Psychology, 3*, 181-205.

Ma, S. H., & Teasdale, J. D. (2004). Mindfulness-based cognitive therapy for depression: Replication and exploration of differential relapse prevention effects. *Journal of Consulting and Clinical Psychology, 72*, 31-40.

Mackenzie, M. J., Carlson, L. E., Munoz, M., & Speca, M. (2007). A qualitative study of self-perceived effects of mindfulness-based stress reduction (MBSR) in a psychosocial oncology setting. *Stress and Health: Journal of the International Society for the Investigation of Stress, 23*(1), 59-69.

Mackenzie, M. J., Carlson, L. E., & Speca, M. (2005). Mindfulness-based stress reduction (MBSR) in oncology: Rationale and review. *Evidence-Based Integrative Medicine, 2*, 139-145.

Mackenzie, C. S., Poulin, P. A., & Seidman-Carlson, R. (2006). A brief mindfulness-based stress reduction intervention for nurses and nurse aides. *Applied Nursing Research, 19*, 105-109.

Magid, B. (2002). *Ordinary mind: Exploring the common ground of zen and psychotherapy.* Boston: Wisdom.

Majumdar, M., Grossman, P., Dietz-Waschkowski, B., Kersig, S., & Walach, H. (2002). Does mindfulness meditation contribute to health? Outcome evaluation of a German sample. *Journal of Alternative and Complementary Medicine, 8*, 719-730.

Manikonda, J. P., Stork, S., Togel, S., Lobmuller, A., Grunberg, I., Bedel, S., et al. (2008). Contemplative meditation reduces ambulatory blood pressure and stress-induced hypertension: A randomized pilot trial. *Journal of Human Hypertension, 22,* 138-140.

Mann, S. (2004). 'People-work': Emotion management, stress and coping. *British Journal of Guidance & Counselling, 32,* 205-221.

Marlatt, G. A., & Chawla, N. (2007). Meditation and alcohol use. *Southern Medical Journal, 100,* 451-453.

Marlatt, G. A., & Gordon, J. R. (Eds.). (1985). *Relapse prevention: Maintenance strategies in the treatment of addictive behaviors.* New York: Guilford Press.

Marlatt, G. A., & Witkiewitz, K. (2005). Relapse prevention for alcohol and drug problems. In G. A. Marlatt & D. M. Donovan (Eds.) *Relapse prevention* (pp. 1-44). New York: Guilford Press.

Martin, J. R. (1997). Mindfulness: A proposed common factor. *Journal of Psychotherapy Integration, 7,* 291-312.

Maslow, A. (1971). *The father reaches of human nature.* New York: Viking Press.

Massion, A. O., Teas, J., Hebert, J. R., Wertheimer, M. D., & Kabat-Zinn, J. (1995). Meditation, Melatonin and breast/prostate cancer: Hypothesis and preliminary date. *Medical Hypotheses, 44,* 39-46.

Matchim, Y., & Armer, J. M. (2007). Measuring the psychological impact of mindfulness meditation on health among patients with cancer: A literature review. *Oncology Nursing Forum, 34,* 1059-1066.

McCartney, L. (2004). *Counsellors' perspective on how mindfulness meditation influences counsellor presence within the therapeutic relationship.* Unpublished master's thesis, University of Victoria, British Columbia, Canada.

McCracken, L. M., & Vowles, K. E. (2007). Psychological flexibility and traditional pain management strategies in relation to patient functioning with chronic pain: An examination of a revised instrument. *The Journal of Pain, 8,* 700-707.

McCracken, L. M., Vowles, K. E., & Eccleston, C. (2005). Acceptance-based treatment for persons with complex, long standing chronic pain: A preliminary analysis of treatment outcome in comparison to a waiting phase. *Behaviour Research and Therapy, 43,* 1335-1346.

Mehling, W. E., Hamel, K. A., Acree, M., Byl, N., & Hecht, F. M. (2005). Randomized controlled trial of breath therapy for patients with chronic low-back pain. *Alternative Therapies in Health and Medicine, 11*(4), 44-52.

Melden, A. I. (Ed.). (1950). *Ethical theories: A book of reading.* New York: Prentice Hall.

Miller, J. J., Fletcher, K., & Kabat-Zinn, J. (1995). Three-year follow-up and clinical implications of a mindfulness meditation-based stress reduction intervention in the treatment of anxiety disorders. *General Hospital Psychiatry, 17,* 192-200.

The mindful parent. (2008). Retrieved September 10, 2008, from http://themindfulparent.org/

Minor, H. G., Carlson, L. E., Mackenzie, M. J., Zernicke, K., & Jones, L. (2006). Evaluation of a mindfulness-based stress reduction (MBSR) program for caregivers of children with chronic conditions. *Social Work in Health Care, 43*(1), 91-109.

Moffitt, P. (2008). *Dancing with life: Buddhist insight for finding meaning and joy in the face of suffering.* New York: Rodale Books.

Monti, D. A., Peterson, C., Kunkel, E. J., Hauck, W. W., Pequignot, E., Rhodes, L., et al. (2005). A randomized, controlled trial of mindfulness-based therapy (MBAT) for women with cancer. *Psycho-Oncology, 15,* 363-373.

Morone, N. E., Greco, C. M., & Weiner, D. K. (2008). Mindfulness meditation for the treatment of chronic low back pain in older adults: A randomized controlled pilot study. *Pain, 134*, 310-319.

Myers, M. F. (1994). *Doctors' marriages: A look at the problems and their solutions* (2nd ed.). New York: Plenum Press.

Myers, S. G., & Wells, A. (2005). Obsessive-compulsive symptoms: The contribution of metacognitions and responsibility. *Journal of Anxiety Disorders, 19*, 806-817.

Mytko, J. J., & Knight, S. J. (1999). Body, mind and spirit: Towards the integration of religiosity and spirituality in cancer quality of life research. *Psycho-Oncology, 8*, 439-450.

Neff, K. D., Kirkpatrick, K. L., & Rude, S. (2007). Self-compassion and adaptive psychological functioning. *Journal of Research in Personality, 41*, 139-154.

Newsome, S., Christopher, J. C., Dahlen, P., & Christopher, S. (2006). Teaching counselors self-care through mindfulness practices. *Teachers College Record, 108*, 1881-1990.

Nielsen, L., & Kaszniak, A. W. (2006). Awareness of subtle emotional feelings: A comparison of long-term meditators and nonmeditators. *Emotion, 6*, 392-405.

Nolen-Hoeksema, S., Morrow, J., & Fredrickson, B. L. (1993). Response styles and the duration of episodes of depressed mood. *Journal of Abnormal Psychology, 102*, 20-28.

Oman, D., Shapiro, S. L., Thoresen, C. E., Plante, T. G., & Flinders, T. (2008). Meditation lowers stress and supports forgiveness among college students: A randomized controlled trial. *Journal of American College Health, 56*, 569-578.

Ong, J. C., Shapiro, S. L., & Manber, R. (2008). Combining mindfulness meditation with cognitive-behavior therapy for insomnia: A treatment development study. *Behavior Therapy, 39*, 171-182.

Orme-Johnson, D. (2006). Evidence that the transcendental meditation program prevents or decreases diseases of the nervous system and is specifically beneficial for epilepsy. *Medical Hypotheses, 67*, 240-246.

Orzech, K., Shapiro, S., Brown, K., & Mumbar, M. (in press). Intensive mindfulness training-related changes in cognitive and emotional experience. *Journal of Positive Psychology.*

Ospina, M. B., Bond, T. K., Karkhaneh, M., Tjosvold, L., Vandermeer, B., Liang, Y., et al. (2007). *Meditation practices for health: State of the research*(Evidence Report/Technology Assessment No. 155). Rockville, MD: Agency for Healthcare Research and Quality.

Ost, L. G. (2008). Efficacy of the third wave of behavioral therapies: A systematic review and meta-analysis. *Behaviour Research and Therapy, 46*, 296-321.

Ott, M. J., Norris, R. L., & Bauer-Wu, S. M. (2006). Mindfulness meditation for oncology patients. *Integrative Cancer Therapies, 5*, 98-108.

Pagnoni, G., & Cekic, M. (2007). Age effects on gray matter volume and attentional performance in zen meditation. *Neurobiology of Aging, 28*, 1623-1627.

Penzer, W. N. (1984). The psychopathology of the psychotherapist. *Psychotherapy in Private Practice, 2*(2), 51-59.

Phongsuphap, S., Pongsupap, Y., Chandanamattha, P., & Lursinsap, C. (in press). Changes in heart rate variability during concentration meditation. *International Journal of Cardiology.*

Plews-Ogan, M., Owens, J. E., Goodman, M., Wolfe, P., & Schorling, J. (2005). A pilot study evaluating mindfulness-based stress reduction and massage for the management of chronic pain. *Journal of General Internal Medicine, 20*, 1136-1138.

Pradhan, E. K., Baumgarten, M., Langenberg, P., Handwerger, B., Gilpin, A. K., Magyari, T., et al. (2007). Effect of mindfulness-based stress reduction in rheumatoid arthritis patients. *Arthritis & Rheumatism, 57*, 1134–1142.

Radeke, J. T., & Mahoney, M. J. (2000). Comparing the personal lives of psychotherapists and research psychologists. *Professional Psychology: Research and Practice, 31,* 82–84.

Rajesh, B., Jayachandran, D., Mohandas, G., & Radhakrishnan, K. (2006). A pilot study of a yoga meditation protocol for patients with medically refractory epilepsy. *Journal of Alternative and Complementary Medicine, 12,* 367–371.

Randolph, P. D., Caldera, Y. M., Tacone, A. M., & Greak, M. L. (1999). The long-term combined effects of medical treatment and a mindfulness-based behavioral program for the multidisciplinary management of chronic pain in West Texas. *Pain Digest, 9,* 103–112.

Reibel, D. K., Greeson, J. M., Brainard, G. C., & Rosenzweig, S. (2001). Mindfulness-based stress reduction and health–related quality of life in a heterogeneous patient population. *General Hospital Psychiatry, 23,* 183–192.

Renjilian, D. A., Baum, R. E., & Landry, S. L. (1998). Psychotherapist burnout: Can college students see the signs? *Journal of College Student Psychotherapy, 13*(1), 39–48.

Robert McComb, J. J., Tacon, A., Randolph, P., & Caldera, Y. (2004). A pilot study to examine the effects of a mindfulness-based stress reduction and relaxation program on levels of stress hormones, physical functioning, and submaximal exercise responses. *Journal of Alternative and Complementary Medicine, 10,* 819–827.

Robinson, F. P., Mathews, H. L., & Witek-Janusek, L. (2003). Psychoendocrine-immune response to mindfulness-based stress reduction in individuals infected with the human immunodeficiency virus: A quasiexperimental study. *Journal of Alternative and Complementary Medicine, 9,* 683–694.

Rogers, C. R. (1957). The necessary and sufficient conditions of therapeutic personality change. *Journal of Consulting Psychology, 21*, 95-103.

Rogers, C. R. (1961). *On becoming a person*. Oxford, England: Houghton Mifflin.

Rogers, S. (2006). *Mindful parenting: Meditations, verses, and visualizations for a more joyful life*. Miami Beach, FL: Mindful Living Press.

Rosch, E. (1999). Is wisdom in the brain? *Psychological Science, 10*, 222-224.

Rosenberg, T., & Pace, M. (2006). Burnout among mental health professionals: Special considerations for the marriage and family therapist. *Journal of Marital and Family Therapy, 32*, 87-99.

Rosenzweig, S. (1936). Some implicit common factors in diverse methods of psychotherapy. *American Journal of Orthopsychiatry, 6*, 412-415.

Rosenzweig, S., Reibel, D. K., Greeson, J. M., Brainard, G. C., & Hojat, M. (2003). Mindfulness-based stress reduction lowers psychological distress in medical students. *Teaching and Learning in Medicine, 15*, 88-92.

Rosenzweig, S., Reibel, D. K., Greeson, J. M., Edman, J. S., Jasser, S. A., McMearty, K. D., et al. (2007). Mindfulness-based stress reduction is associated with improved glycemic control in type 2 diabetes mellitus: A pilot study. *Alternative Therapies in Health and Medicine, 13*(5), 36-38.

Roth, B., & Robbins, D. (2004). Mindfulness-based stress reduction and health-related quality of life: Findings from a bilingual inner-city patient population. *Psychosomatic Medicine, 66*, 113-123.

Roth, H. (2006). Contemplative studies: Prospects for a new field. *The Teachers College Record, 108*, 1787-1815.

Rumi, J. (1995). Childhood friends. In *The essential Rumi* (C. Barks, Trans., p. 139). San Francisco: HarperCollins.

Rumi, J. (1997). The guesthouse. In *The illuminated Rumi* (C. Barks, Trans., p. 77). New York: Broadway Books.

Ryan, R. M., & Deci, E. L. (2000). Self-determination theory and the facilitation of intrinsic motivation, social development, and wellbeing. *American Psychologist, 55*, 68-78.

Ryan, R. M., Kuhl, J., & Deci, E. L. (1997). Nature and autonomy: An organizational view of social and neurobiological aspects of self-regulation in behavior and development. *Development and Psychopathology, 9*, 701-728.

Sadlier, M., Stephens, S. D., & Kennedy, V. (2008). Tinnitus rehabilitation: A mindfulness meditation cognitive behavioural therapy approach. *Journal of Laryngology & Otology, 122*, 31-37.

Safer, D. L., Telch, C. F., & Agras, W. S. (2001). Dialectical behavior therapy for bulimia nervosa. *American Journal of Psychiatry, 158*, 632-634.

Safran, J. (2003). *Psychoanalysis and Buddhism: An unfolding dialogue.* Boston: Wisdom Publications.

Safran, J. D., & Segal, Z. V. (1990). *Interpersonal process in cognitive therapy.* New York: Basic Books.

Saltzman, A., & Goldin, P. (2008). A mindfulness meditation training program for school-age children. In S. Hayes & L. Greco (Eds.), *Acceptance and mindfulness interventions for children, adolescents, and families.* Oakland, CA: New Harbinger.

Santorelli, S. (1999). *Heal the self: Lessons on mindfulness in medicine.* New York: Random House.

Saxe, G. A., Hebert, J. R., Carmody, J. F., Kabat-Zinn, J., Rosenzweig, P. H., Jarzobski, D., et al. (2001). Can diet in conjunction with stress reduction affect the rate of increase in prostate specific antigen after biochemical recurrence of prostate cancer? *Journal of Urology, 166*, 2202-2207.

Schneider, R. H., Alexander, C. N., Staggers, F., Orme-Johnson, D. W., Rainforth, M., Salerno, J. W., et al. (2005). A randomized controlled trial of stress reduction in African Americans treated for hypertension for over one year. *American Journal of Hypertension: Journal of the American*

Society of Hypertension, 18, 88-98.

Schneider, R. H., Alexander, C. N., Staggers, F., Rainforth, M., Salerno, J. W., Hartz, A., et al. (2005). Long-term effects of stress reduction on mortality in persons-55 years of age with systemic hypertension. *The American Journal of Cardioloy, 95*, 1060-1064.

Schure, M. B., Christopher, J., & Christopher, S. (2008). Mind-body medicine and the art of self-care: Teaching mindfulness to counseling students through yoga, meditation and qigong. *Journal of Counseling & Development, 86*(1), 47-56.

Segal, Z. V., Williams, M. G., & Teasdale, J. D. (2002). *Mindfulness-based cognitive therapy for depression: A new approach to preventing relapse.* New York: Guilford Press.

Seligman, M. E. P. (1995). The effectiveness of psychotherapy: The Consumer Reports study. *American Psychologist, 50*, 965-974.

Seligman, M., & Csikszentmihalyi, M. (2000). Positive psychology: An introduction. *American Psychologist, 55*, 5-14.

Semple, R. J., Lee, J., & Miller, L. F. (2006). Mindfulness-based cognitive therapy for children. In R. A. Baer (Ed.), *Mindfulness-based treatment approaches* (pp. 143-166). New York: Academic Press.

Sephton, S. E., Salmon, P., Weissbecker, I., Ulmer, C., Floyd, A., Hoover, K., et al. (2007). Mindfulness meditation alleviates depressive symptoms in women with fibromyalgia: Results of a randomized clinical trial. *Arthritis & Rheumatism, 57*(1), 77-85.

Sephton, S. E., Sapolsky, R. M., Kraemer, H. C., & Spiegel, D. (2000). Diurnal cortisol rhythm as a predictor of breast cancer survival. *Journal of the National Cancer Institute, 92*, 994-1000.

Shanafelt, T. D., Bradley, K. A., Wipt, J. E., & Back, A. L. (2002). Burnout and self-reported patient care in an internal medicine residency program. *Annals of Internal Medicine, 136*, 358.

Shapiro, D. H. (1992). Adverse effects of meditation: A preliminary investigation of long-term meditators. *International Journal of Psychosomatics, 39*(1), 62-67.

Shapiro, S. L., Astin, J. A., Bishop, S. R., & Cordova, M. (2005). Mindfulness-based stress reduction for health care professionals: Results from a randomized trial. *International Journal of Stress Management, 12,* 164-176.

Shapiro, S. L., Bootzin, R. R., Figueredo, A. J., Lopez, A. M., & Schwartz, G. E. (2003). The efficacy of mindfulness-based stress reduction in the treatment of sleep disturbance in women with breast cancer: An exploratory study. *Journal of Psychosomatic Research, 54,* 85-91.

Shapiro, S. L., Brown, K. W., & Astin, J. (in press). Toward the integration of mediation into high education: A review of research evidence. *Teachers College Record.*

Shapiro, S. L., Brown, K. W., & Biegel, G. M. (2007). Teaching self-care to caregivers: Effects of mindfulness-based stress reduction on the mental health of therapists in training. *Training and Education in Professional Psychology, 1,* 105-115.

Shapiro, S. L., Carlson, L. E., Astin, J. A., & Freedman, B. (2006). Mechanisms of mindfulness. *Journal of Clinical Psychology, 62,* 373-386.

Shapiro, S. L., Ebert, S., Pisca, N., & Sherman, J. (2008). *Exploring the value added of meditaion practice in MBSR.* Unpublished manuscript.

Shapiro, S. L., & Izett, C. (2008). Meditation: A universal tool for cultivating empathy. In D. Hick, & T. Bien (Eds.), *Mindfulness and the therapeutic relationship* (pp. 161-175). New York: Guilford Press.

Shapiro, S. L., & Schwartz, G. E. (2000a). Intentional systemic mindfulness: An integrative model for self-regulation and health. *Advances in Mind-Body Medicine, 16,* 128-134.

Shapiro, S. L., & Schwartz, G. E. (2000b). The role of intention in self-regulation: Toward intentional systemic mindfulness. In M. Boekaerts, P.

R. Pintrich, & M. Zeidner (Eds.), *Handbook of self-regulation* (pp. 253-273). New York: Academic Press.

Shapiro, S. L., Schwartz, G. E., & Bonner, G. (1998). Effects of mindfulness-based stress reduction on medical and premedical students. *Journal of Behavioral Medicine, 21*, 581-599.

Shapiro, S. L., Shapiro, D. E., & Schwartz, G. E. (2000). Stress management in medical education: A review of the literature. *Academic Medicine, 75*, 748-759.

Shapiro, S. L., & Walsh, R. (2003). An analysis of recent meditation research and suggestions for future directions. *Humanistic Psychologist, 31*, 86-114.

Shapiro, S. L., & Walsh, R. (2007). Meditation: The farther reaches. In T. Plante & C. E. Thoresen (Eds.), *Spirit, science and health: How the spiritual mind fuels physical wellness* (pp. 57-71). Westport, CT: Praeger/Greenwood.

Shapiro, S. L., Walsh, R., & Britton, W. B. (2003). An analysis of recent meditation research and suggestions for future directions. *Journal for Meditation and Meditaion Research, 3*, 69-90.

Sheppard, L. C., & Teasdale, J. D. (1996). Depressive thinking: Changes in schematic mental models of self and world. *Psychological Medicine, 26*, 1043-1051.

Sibinga, E. M., Stewart, M., Magyari, T., Welsh, C. K., Hutton, N., & Ellen, J. M. (2008). Mindfulness-based stress reduction for HIV-infected youth: A pilot study. *Explore: The Journal of Science & Healing, 4*, 36-37.

Siegel, D. (2007a). *The mindful brain: Reflection and attunement in the cultivation of well-being.* New York: Norton.

Siegel, D. (2007b). Mindfulness training and neural integration: Differentiation of distinct streams of awareness and the cultivation of well-being. *Social Cognitive and Affective Neuroscience, 2*, 259-263.

Silva, J. M. (2007). Mindfulness-based cognitive therapy for the reduction of anger in married men. *Dissertation Abstracts International: Section B: The Sciences and Engineering, 68*(3-B), 1945.

Simons, D. J., & Chabris, C. F. (1999). Gorillas in our midst: Sustained inattentional blindness for dynamic events. *Perception, 28*, 1059-1074.

Simpson, E. B., Yen, S., Costello, E., Rosen, K., Begin, A., Pistorello, J., et al. (2004). Combined dialectical behavior therapy and fluoxetine in the treatment of borderline personality disorder. *Journal of Clinical Psychiatry, 65*, 379-385.

Singh, N. N., Lancioni, G. E., Singh, A. N., Winton, A. S., Singh, J., McAleavey, K. M., et al. (2008). A mindfulness-based health wellness program for an adolescent with Prader-Willi syndrome. *Behavior modification, 32*, 167-181.

Singh, N. N., Lancioni, G. E., Winton, A. S., Adkins, A. D., Singh, J., & Singh, A. N. (2007). Mindfulness training assists individuals with moderate mental retardation to maintain their community placements. *Behavior Modification, 31*, 800-814.

Singh, N. N., Lancioni, G. E., Winton, A. S. W., Fisher, B. C., Wahler, R. G., McAleavey, K., et al. (2006). Mindful parenting decreases aggression, noncompliance, and self-injury in children with autism. *Journal of Emotional and Behavioral Disorders, 14*, 169-177.

Singh, N. N., Lancioni, G. E., Winton, A. S. W., Singh, J., Curtis, W. J., Wahler, R. G., et al. (2007). Mindful parenting decreases aggression and increases social behavior in children with developmental disabilities. *Behavior Modification, 31*, 749-771.

Skosnik, P. D., Chatterton, R. T., Swisher, T., & Park, S. (2002). Modulation of attentional inhibition by norepinephrine and cortisol after psychological stress. *International Journal of Psychophysiology, 36*, 59-68.

Slagter, H. A., Lutz, A., Greischar, L. L., Francis, A. D., Nieuwenhuis, S., Davis, J. M., et al. (2007). Mental training affects distribution of limited brain resources. *PLoS Biology, 5*(6), e138.

Smith, J. E., Richardson, J., Hoffman, C., & Pilkington, K. (2005). Mindfulness-based stress reduction as supportive therapy in cancer care: Systematic review. *Journal of Advanced Nursing, 52,* 315-327.

Snyder, C., & Lopez, S. (Eds.). (2005). *Handbook of positive psychology.* New York: Oxford University Press.

Soler, J., Pascual, J. C., Campins, J., Barrachina, J., Puigdemont, D., Alvarez, E., et al. (2005). Double-blind, placebo-controlled study of dialectical behavior therapy plus olanzapine for borderline personality disorder. *American Journal of Psychiatry, 162,* 1221-1224.

Speca, M., Carlson, L. E., Goodey, E., & Angen, M. (2000). A randomized, wait-list controlled clinical trial: The effect of a mindfulness meditation-based stress reduction program on mood and symptoms of stress in cancer outpatients. *Psychosomatic Medicine, 62,* 613-622.

St. Louis, E. K., & Lansky, E. P. (2006). Meditation and epilepsy: A still hung jury. *Medical Hypotheses, 67,* 247-250.

Swinehart, R. (2008). Two cases support the benefits of transcendental meditation in epilepsy. *Medical Hypotheses, 70,* 1070.

Tacon, A. M., Caldera, Y. M., & Ronaghan, C. (2004). Mindfulness-based stress reduction in women with breast cancer. *Families, Systems, & Health, 22,* 193-203.

Tacon, A. M., McComb, J., Caldera, Y., & Randolph, P. (2003). Mindfulness meditation, anxiety reduction, and heart disease: A pilot study. *Family and Community Health, 26,* 25-33.

Teasdale, J. D., Segal, Z. V., Williams, J. M., Ridgeway, V. A., Soulsby, J. M., & Lau, M. A. (2000). Prevention of relapse/recurrence in major depression by mindfulness-based cognitive therapy. *Journal of Consulting and Clinical Psychology, 68,* 615-623.

Telch, C. F., Agras, W. S., & Linehan, M. M. (2001). Dialectical behavior therapy for binge eating disorder. *Journal of Consulting and Clinical Psychology, 69*, 1061-1065.

Thompson, B. L., & Waltz, J. (2007). Everyday mindfulness and mindfulness meditation: Overlapping constructs or not? [references]. *Personality and Individual Differences, 43*, 1875-1885.

Trungpa, C. (1975). *The Tibetan book of the dead* (F. Fremantle & C. Trungpa, Trans.). Boston: Shambhala.

Turner, R. M. (2000). Naturalistic evaluation of dialectical behavioral therapy-oriented treatment for borderline personality disorder. *Cognitive and Behavioral Practice, 7*, 413-419.

Tyssen, R., Vaglum, P., Grønvold, N. T., & Ekeberg, O. (2001). Factors in medical school that predict postgraduate mental health problems in need of treatment. A nationwide and longitudinal study. *Medical Education, 35*, 110-120.

van den Bosch, L. M., Koeter, M. W., Stijnen, T., Verheul, R., & van den Brink, B. W. (2005). Sustained efficacy of dialectical behaviour therapy for borderline personality disorder. *Behaviour Research and Therapy, 43*, 1231-1241.

van den Bosch, L. N. C., Verheul, R., Schippers, G. M., & van den Brink, W. (2002). Dialectical behavior therapy of borderline patients with and without substance use problems: Implementation and long-term effects. *Addictive Behaviors, 27*, 911-923.

Vaughan, F., & Walsh, R. (Eds.). (1992). *Accept this gift. Selections from A Course in Miracles*. Los Angeles: Tarcher.

Verheul, R., Van Den Bosch, L. M., Koeter, M. W., De Ridder, M. A., Stijnen, T., & van den Brink, W. (2003). Dialectical behavior therapy for women with borderline personality disorder: 12-month, randomised clinical trial in The Netherlands. *British Journal of Psychiatry, 182*, 135-140.

Vijayalaxmi, T. C. R., Jr., Reiter, R. J., & Herman, T. S. (2002). Melatonin:

From basic research to cancer treatment clinics. *Journal of Clinical Oncology, 20*, 2575-2601.

Vowles, K. E., & McCracken, L. M. (2008). Acceptance and values-based action in chronic pain: A study of treatment effectiveness and process. *Journal of Consulting and Clinical Psychology, 76*, 397-407.

Vowles, K. E., McCracken, L. M., & Eccleston, C. (2007). Processes of behavior change in interdisciplinary treatment of chronic pain: Contributions of pain intensity, catastrophizing, and acceptance. *European Journal of Pain, 11*, 779-787.

Vredenburgh, L. D., Carlozzi, A. F., & Stein, L. B. (1999). Burnout in counseling psychologists: Type of practice setting and pertinent demographics. *Counseling Psychology Quarterly, 12*, 293-302.

Wachs, K., & Cordova, J. V. (2007). Mindful relating: Exploring mindfulness and emotion repertoires in intimate relationships. *Journal of Marital and Family Therapy, 33*, 464-481.

Wallace, A. B., & Bodhi, B. (2006). The nature of mindfulness and its role in Buddhist meditation: A correspondence between B. Alan Wallace and the venerable Bhikkhu Bodhi. Unpublished manuscript, Santa Barbara Institute for Consciousness Studies, Santa Barbara, CA.

Wallace, A. B., & Shapiro, S. L. (2009). *Ethics as inquiry.* Manuscript in preparation.

Walsh, R. (1983). Meditation practice and research. *Journal of Humanistic Psychology, 23*, 18-50.

Walsh, R. (2000). *Essential spirituality: The 7 central practices to awaken heart and mind.* New York: Wiley.

Walsh, R., & Vaughan, F. (1993). *Paths beyond ego: The transpersonal vision.* New York: Tarcher.

Walton, K. G., Schneider, R. H., & Nidich, S. (2004). Review of controlled research on the transcendental meditation program and cardiovascular disease. Risk factors, morbidity, and mortality. *Cardiology in Review, 12,* 262-266.

Watzlawick, P. (1990). *Münchhausen's pigtail: Or psychotherapy and "reality" – essays and lectures.* New York: Norton.

Weinberger, J. (2002). Short paper, large impact: Rosenweig's influence on the common factors movement. *Journal of Psychotherapy Integration, 12,* 67-76.

Weiss, L. (2004). *Therapist's guide to self-care.* New York: Routledge.

Weiss, M., Nordlie, J., & Siegel, E. P. (2005). Mindfulness-based stress reduction as an adjunct to outpatient psychotherapy. *Psychotherapy and Psychosomatics, 74,* 108-112.

Weissbecker, I., Salmon, P., Studts, J. L., Floyd, A. R., Dedert, E. A., & Sephton, S. E. (2002). Mindfulness-based stress reduction and sense of coherence among women with fibromyalgia. *Journal of Clinical Psychology in Medical Settings, 9,* 297-307.

Wells, A. (1990). Panic disorder in association with relaxation-induced anxiety: An attentional training approach to treatment. *Behavior Therapy, 21,* 273-280.

Wells, A. (1990). A cognitive model of generalized anxiety disorder. *Behavior Modification, 23,* 526-555.

Wells, A., & Cartwright-Hatton, S. (2004). A short form of the metacognitions questionnaire: Properties of the MCQ-30. *Behaviour Research and Therapy, 42,* 385-396.

Wetter, D. W. (2008). *Smoking relapse prevention among postpartum women* [abstract]. Retrieved March 17, 2008, from http://crisp. cit.nih.gov/crisp/CRISP_LIB. getdoc?textkey=7169647&p_grant_num= 5R01CA089350-06&p_query=&ticket=57814319&p_audit_session_ id=293544573&p_keywords=

Wicks, R. (2007). *The resilient clinician: Secondary stress, mindfulness, positive psychology, and enhancing the self-care protocol of the psychotherapist, counselor, and social worker.* New York: Oxford University Press.

Wilber, K. (1990). *The collected works of Ken Wilber series: Vol. 3. A sociable god/Eye to eye.* Boston: Shambhala.

Wilber, K. (2000). *Integral psychology: Consciousness, spirit, psychology, therapy.* Boston: Shambhala.

Williams, A. L., Selwyn, P. A., Liberti, L., Molde, S., Njike, V. Y., McCorkle, R., et al. (2005). A randomized controlled trial of meditation and massage effects on quality of life in people with late-stage disease: A pilot study. *Journal of Palliative Medicine, 8,* 939-952.

Williams, J. M., Alatiq, Y., Crane, C., Barnhofer, T., Fennell, M. J., Duggan, D. S., et al. (2008). Mindfulness-based cognitive therapy (MBCT) in bipolar disorder: preliminary evaluation of immediate effects on between-episode functioning. *Journal of Affective Disorders, 107*(1-3), 275-279.

Williams, J. M., Duggan, D. S., Crane, C., & Fennell, M. J. (2006). Mindfulness-based cognitive therapy for prevention of recurrence of suicidal behavior. *Journal of Clinical Psychology, 62,* 201-210.

Williams, J. M., & Swales, M. (2004). The use of mindfulness-based approaches for suicidal patients. *Archives of Suicide Research, 8,* 315-329.

Williams, J. M., Teasdale, J., Segal, Z., & Kabat-Zinn, J. (2000). *The mindful way through depression: Freeing yourself from chronic unhappiness.* New York: Guilford Press.

Williams, J. M., Teasdale, J. D., Segal, Z. V., & Soulsby, J. (2000). Mindfulness-based cognitive therapy reduces overgeneral autobiographical memory in formerly depressed patients. *Journal of Abnormal Psychology, 109,* 150-155.

Williams, K. A., Kolar, M. M., Reger, B. E., & Pearson, J. C. (2001). Evaluation of a wellness-based mindfulness stress reduction intervention: A controlled trial. *American Journal of Health Promotion, 15,* 422-432.

Winnicott, D. W. (1965). *Maturational processes and the facilitating environment.* New York: International Universities Press.

Woods, D. W., Wetterneck, C. T., & Flessner, C. A. (2006). A controlled evaluation of acceptance and commitment therapy plus habit reversal for trichotillomania. *Behaviour Research and Therapy, 44,* 639-656.

Young-Eisendrath, P., & Muramoto, S. (Eds.). (2002). *Awakening and insight: Zen Buddhism and psychotherapy.* New York: Routledge.

Zautra, A. J., Davis, M. C., Reich, J. W., Nicassario, P., Tennen, H., Finan, P., et al. (2008). Comparison of cognitive behavioral and mindfulness meditation interventions on adaptation to rheumatoid arthritis for patients with and without history of recurrent depression. *Journal of Consulting and Clinical Psychology, 76,* 408-421.

Zettle, R. D. (2003). Acceptance and commitment therapy (ACT) vs. systematic desensitization in treatment of mathematics anxiety. *The Psychological Record, 53*(2), 197-215.

Zylowska, L., Ackerman, D. L., Yang, M. H., Futrell, J. L., Horton, N. I., Hale, S., et al. (2007). Mindfulness meditation training in adults and adolescents with ADHD: A feasibility study. *Journal of Attention Disorders, 11,* 737-746.

저 | 자 | 소 | 개

샤우나 샤피로(Shauna L. Shapiro, PhD)

산타클라라 대학교의 상담심리학 교수이며, 이전에 애리조나 대학교의 앤드류 웨일 통합의학센터의 겸임교수로 근무했다. 샤피로 박사의 연구는 마음챙김 명상과 그것을 심리치료 및 건강 돌봄에 적용하는 데 초점을 맞춘다. 듀크 대학교에서 심리학과 명상 연구를 시작했으며, 가장 우수한 성적으로 졸업한 후 애리조나 대학교에서 임상심리학으로 박사학위를 받았다. MBSR과 MBCT 훈련을 받은 샤피로 박사는 서구뿐 아니라 태국과 네팔에서도 지속적으로 명상을 연구했다. 마음챙김에 근거한 치료법이 다양한 환자 집단에 미치는 영향을 조사하는 심층 임상 연구를 수행했으며, 50건 이상의 책 챕터와 연구 논문을 발표했다. 그녀는 마음챙김과 심리치료 영역의 대학원 교육에 공헌한 바를 인정받아 미국학회협의회로부터 교수상(teaching award)을 수상하기도 했다. 샤피로 박사는 미국 국내외에서 건강 전문가를 위한 마음챙김 훈련 프로그램을 실시하고 있으며, 심리학과 건강 관리에서 마음챙김의 적용 가능성을 확대하는 데 앞장서고 있다.

린다 칼슨(Linda E. Carlson, PhD)

심리사회종양학에서 엔브리지 재능 연구회장직을 맡고 있으며 앨버타 헤리티지 재단 의학연구 건강학자이자 캘거리 대학교 심리학부 겸임 부교수다. 1997년부터 암 환자와 가족들에게 MBSR을 실시하고 있는 톰 베이커 암센터의 정신사회 자원부에서 연구이사이자 임상심리학자로 활동하고 있다. 칼슨 박사는 몬트리올 맥길 대학에서 임상건강 심리학자로 수련받았으며, 정신신경면역학 분야를 연구하고 있다. 2006년 국제정신종양학에서 주는 카와노 뉴인베스티게이터 상을 수상했으며, 2007년에는 캐나다 암협회의 국립암연구소에서 수여하는 윌리엄 롤스 상도 수상했다. 그녀는 미얀마와 캐나다의 통찰명상회에서 명상 수련을 해 왔으며, 존 카밧진(Jon Kabat-Zinn)과 사키 산토렐리(Saki Santorelli)에게 MBSR 수련을 받았다. 2008년 메이요 클리닉에서 달라이라마와 함께 자신의 연구물을 「마음과 삶 16편」「심신 상관에 관한 연구」「명상의 과학과 임상 적용」등의 논문에서 발표했다. 칼슨 박사는 90건 이상의 책 챕터와 연구 논문을 발표했으며, 6백만 달러 이상의 연구기금을 확보하고 있으며 캐나다와 세계 전역의 학회에서 자신의 연구를 발표하고 있다.

역 | 자 | 소 | 개

안희영

서울불교대학원대학교 심신치유교육학과 교수로 재직 중이다.

컬럼비아 대학교에서 MBSR 지도자 과정에 대한 연구로 성인교육학(성인학습 및 리더십) 박사학위를 취득하였고, 뉴욕 대학교에서 Fulbright 교환교수를 역임하였다. 2013년 11월 현재 한국심신치유학회 회장, 한국불교심리치료학회 운영위원, 한국정신과학학회 부회장, 대한통합의학교육협의회 부회장으로 활동 중이다.

미국 MBSR 본부(Center For Mindfulness) 인증을 받은 국내 유일의 MBSR 지도자이며, 한국 MBSR 연구소(http://cafe.daum.net/mbsrkorea) 소장으로, MBSR 국내 보급 및 지도자 양성에 힘쓰고 있다.

역서: 『8주 나를 비우는 시간』(공역, 불광출판사, 2013), 『처음 만나는 마음챙김 명상』(불광출판사, 2012), 『마음챙김에 대한 108가지 교훈』(공역, 학지사, 2012), 『스트레스와 건강』(공역, 학지사, 2012), 『일상생활명상』(공역, 학지사, 2011), 『마음챙김과 정신건강』(학지사, 2010), 『마음챙김에 근거한 심리치료』(공역, 학지사, 2009), 『현재, 이 순간을 알기』(공역, 보리수선원, 2009) 등

논문: 「현대서구사회에서의 마음챙김 활용」(2012), 「MBSR 프로그램의 불교 명상적 기반」(2010), 「통합미술치료를 위한 MBSR 프로그램 활용방안」(2010), 「A Phenomenological case study of the practicum in mindfulness-based stress reduction」(2006) 등 다수

이재석

서울대학교 노어노문학과를 졸업했다. 평소 불교명상과 몸−마음의 관계에 관심을 갖고 있으며, 독자에게 도움이 되는 좋은 외국 서적의 기획과 번역을 궁리하고 있다. 보리수선원, 호두마을 등에서 위빠사나 수련을 하였고, 서울불교대학원대학교 심신치유교육학과를 다녔다.

역서:『오픈포커스 브레인』(정신세계사, 2010), 『제프리 페퍼 교수의 지혜경영』(국일증권경제연구소, 2008), 『사랑한다 아들아』(국일미디어, 2008), 『워렌 버핏 투자 노트』(공역, 국일증권경제연구소, 2007), 『통증혁명』(국일미디어, 2006), 『요통혁명』(국일미디어, 2006)

한국 MBSR 연구소
– 깨어 있는 삶의 기술, 건강하고 행복한 삶으로의 초대 –

MBSR(Mindfulness Based Stress Reduction) 프로그램은 미국 매사추세츠 주립대학병원에서 개발되어 33년 이상의 임상결과로 인정된 세계적인 심신의학 프로그램으로 Time, Newsweek 등 세계 유수 언론매체에 많은 보도가 되어 왔습니다. 임상적 효과에 대한 연구가 가장 많이 이루어지고 있으며, 의사의 지지가 매우 높은 프로그램으로서 만성통증, 불안, 우울, 범불안장애 및 공황장애, 수면장애, 유방암 및 전립선암, 건선, 외상, 섭식장애, 중독, 면역강화 등의 다양한 정신적 증상의 완화 또는 치료, 그리고 스트레스에 기인한 고혈압, 심혈관 질환 등 많은 만성질환의 증상 완화, 예방 및 치료에 효과가 있는 것으로 보고되어 있습니다.

최근 구글에서 MBSR 프로그램의 영향을 받은 사내 명상교육프로그램이 『너의 내면을 검색하라』는 책과 함께 많은 인기를 끌고 있고, General Mills 등 많은 Fortune 500 기업들이 명상을 도입하고 있는 추세입니다. 이러한 프로그램에게 강력한 영향을 미친 프로그램이 바로 MBSR입니다. 동양의 마음챙김 명상과 서양 의학이 이상적으로 접목된 MBSR은 끊임없는 임상적 발표를 기반으로 이제 의료분야에서 가장 성공적으로 인정되는 프로그램이 되었으며 더 나아가, 학교 교육, 기업체 교육, 리더십, 코칭, 스포츠 분야 등으로 빠르게 확산되고 있는 추세입니다.

국내에서도 KBS TV 대장경 천년 특집 4부작 다르마 중에서 2부(치유편, 2011년 10월 16일 방영)에서 소개된 바 있습니다. 2012년 11월에는 한국 MBSR 연구소의 초청으로 창시자 카밧진 박사가 방한하여 관심 있는 많은 분들에게 깊은 인상을 준 바 있습니다. MBSR은 특히 고대 수도원 전통의 마음챙김 명상을 의료, 사회, 교육을 포함한 현대 주류사회에 특정 종교 색채 없이 체계화했다는 평을 받고 있습니다.

미국 MBSR 본부인 Center for Mindfulness에서 한국인 최초로 MBSR 지도자 인증을 취득한 안희영 박사의 지도로 MBSR 일반과정(주 1회 3시간 + 7시간 집중, 총 8주 프로그램)과 MBSR 지도자과정(초급 · 중급 · 슈퍼비전까지 4단계 프로그램)이 진행됩니다.

TEL (02)525-1588 FAX (02)522-5685 E-MAIL mbsr88@hanmail.net
다음카페 http://cafe.daum.net/mbsrkorea 홈페이지 www.mbsrkorea.org

예술과 과학이 융합된 마음챙김
−심신건강 분야에서 마음챙김의 활용−

The Art and Science of Mindfulness

2014년   1월 10일 1판 1쇄 인쇄
2014년   1월 20일 1판 1쇄 발행

지은이 • Shauna L. Shapiro · Linda E. Carlson
옮긴이 • 안희영 · 이재석
펴낸이 • 김진환
펴낸곳 • (주) **학지사**
　　　　　121-837 서울시 마포구 서교동 352-29 마인드월드빌딩 5층
대표전화 • 02-330-5114   팩스 • 02-324-2345
등록번호 • 제313-2006-000265호

홈페이지 • http://www.hakjisa.co.kr
커뮤니티 • http://cafe.naver.com/hakjisa

ISBN 978-89-997-0139-9 93180
정가 16,000원

역자와의 협약으로 인지는 생략합니다.
파본은 구입처에서 교환해 드립니다.

이 책을 무단으로 전재하거나 복제할 경우 저작권법에 따라 처벌을 받게 됩니다.

인터넷 학술논문 원문 서비스 뉴논문 www.newnonmun.com

이 도서의 국립중앙도서관 출판시도서목록(CIP)은 서지정보유통지원
시스템 홈페이지(http://seoji.nl.go.kr)와 국가자료공동목록시스템
(http://www.nl.go.kr/kolisnet)에서 이용하실 수 있습니다.
(CIP 제어번호: CIP2013024750)